소통과 긍정의 리더십

허철선
이택호
박정우

사람과경영

머리말

리더가 갖추어야 할 역량, 세상을 읽을 수 있는 지혜!

어린 마음에는 이상적인 것을 꿈꾸며 미래를 설계한다. 나이 들어가면서 조금씩 현실을 보게 되며 불확실성이 높은 미래에 대한 의사결정을 위험성이 높은 것보다는 안정적이고 실현 가능성이 있는 것에 초점을 맞춘다. 그리고 성공적인 자신의 모습을 남기고 싶어 한다. 그러나 우리가 살고 있는 사회는 다양성, 다변화, 전문화 등과 같은 속성들로 인하여 변화의 속도는 빠르며, 사회구조 또한 다양하게 나타나고 있다.

사회와 불가분의 관계인 조직은 개인으로는 충족하기 어려운 욕구를 충족하기 위하여 형성되며, 조직의 성과를 위하여 다양한 노력을 하게 된다. 이러한 조직은 사회의 변화와 밀접한 관련이 있으며, 적응력이 높을 때 생존하게 된다. 그러나 현대사회의 모습은 과거와 다르게 변화의 속도가 빠르다. 이 과정에서 요구되는 것은 리더의 역량이다. 이는 변화하는 환경을 어떻게 이해하고, 조직이 가지고 있는 역량을 어떻게 활용하는가에 따라 조직의 성패가 좌우되기 때문이다. 더 나가 조직을 성공적으로 이끌려고 하는 리더, 그리고 21세기의 도전적 가치를 갖고 열정적으로 미래를 설계하는 내일의 리더들의 선결 과제는 미래에 대한 막연함을 현실에 맞게 설계하는 능력이 필요하다.

본 서의 중심은 조직성과를 위해 조직 경영뿐만 아니라 조직이 속한 사회를 보는 지혜를 넓히는 것에 초점을 두고 있다. 즉 리더가 조직의 외부환경을 이해하고, 조직 내부의 역량을 파악하여 그에 상응하는 대응력 함양에 주안점을 두고 있다.

리더에게 요구되는 역량, 반전의 기회 포착!

대부분의 사람들은 스포츠를 즐겨 본다. 미국의 주요 스포츠는 다른 여타의 스포츠보다도 더 많은 작전 타임이 있다. 필자는 이 부분을 유의 깊게 본 적이 있다. 어쩌면 이러한 사회적 함의가 미국의 지속적인 성장의 동력이 되지 않았을까 라고 생각하였다. 스포츠에서의 작전 타임은 우리 팀이 불리하거나 의도한 대로 경기가 풀리지 않을 때 요청한다. 그리고 그 짧은 순간이지만 이를 극복할 수 있는 대안을 생각하고, 같이 고민하며, 풀어갈 방법을 논의하고 이를 실행에 옮긴다. 즉 반전의 기회로 작전타임을 활용한다. 1960년대부터 1980년대까지 미국의 경제가 어려울 때 많은 기업들이 자신들을 돌아보면서 문제점을 파악하고, 해결하기 위한 다양한 방법들을 찾아내려고 노력하였다. 필자는 이러한 조직의 노력은 반전의 기회를 포착하기 위한 작전타임으로 이해하였다. 즉 이 과정에서 전략과 혁신의 기법이 개발되었고, 이를 실행하기 위한 리더십의 중요성이 부각된 점은 자명한 사실이다.

리더십, 본 서에서는 이렇게 기술하고 있다.

본 서는 조직이 성장이라는 목표를 위해서 리더가 현실을 직시하고, 제기된 문제점은 어떻게 풀어갈 것인가를 생각할 수 있게 구성하였다. 그리고 문제 해결을 통한 반전의 기회를 삼을 수 있는 길을 제시하고 있는데 이런 관점에서 본다면 보다 효과적일 것이다.

첫째, 현장에서 관리업무를 수행하거나, 리더십에 대한 이해가 필요한 사람들에게 리더십의 제반 이론과 기법을 보다 쉽게 이해할 수 있도록 간결하고, 명료하게 기술하였다.

둘째, 조직 성장의 조건은 리더의 사고와 행동에 따라 좌우된다. 조직 경영활동에 실제 적용할 수 있는 이론을 중심으로 리더의 의사결정에 도움이 될 수 있고, 현장 실무에 적용 가능한 내용으로 구성하였다.

셋째, 불확실한 미래를 예측하기 위하여 환경의 변화를 어떻게 이해하고 적응해 나갈 것인가 하는 전략적인 사고와 이를 실행하기 위한 경영혁신 기법을 다루고 있다.

이를 중심으로 본 서는 다음과 같이 13장의 세부적인 내용을 기술하였다.

첫째, 1장에서 4장까지는 조직의 생성과 경영, 리더와 리더십의 이해, 그리고 리더들이 가장 고민하는 부문인 의사결정과 동기부여 등을 다루고 있는데 이는 조직이 나아가야할 미래에 리더의 역할이 강조되고 있어 이를 기술하였다.

둘째, 5장에서 9장까지는 리더십의 발전과정과 제반 리더십 이론을 기술하고 있다. 리더의 특성을 중심으로 하는 특성이론, 리더의 행동과 관련된 행동이론, 상황변수에 의한 상황이론, 그리고 변화를 추구하는 오늘날에 필요한 리더십인 변혁적 리더십과 구성원을 이해하고자 하는 서번트 리더십 등을 기술하였다.

셋째, 10장에서 13장까지는 조직 성과와 관련하여 갈등관리, 커뮤니케이션, 설득 그리고 역동성을 다루고 있고, 조직의 지속적인 성장에 필요한 부문으로 환경에 대한 이해와 생존하기 위한 전략 그리고 조직 변화를 핵심과제로 본 혁신 등을 기술하였다.

마지막으로 독자들의 이해를 돕기 위해 각 장에 생각해 볼 수 있는 내용을 첨가하였다.

아직도 모자람이 많음을 다시 한 번 깨닫는다. 미약한 출발이지만 학문적 영역과 현장의 실무적인 부문에 대한 고언을 중심으로 더 충실하고 발전된 모습으로 보완해 나갈 것을 약속드린다. 이 도서가 나오기까지 도움을 주신 모든 분들에게 감사의 마음을 드린다.

2017년 2월 저자 識

차 례

1장 조직과 경영

2장 왜 리더십인가?

4장 동기부여, 일 할 수 있게 만드는 힘

5장 특성이론, 리더는 타고나는 것이 아닐까

6장 행동이론, 리더의 독특한 행동이 성과를

9장 서번트 리더십, 그 중심은 섬김이다.

10장 리더십 효과성, 갈등과 커뮤니케이션 그리고 설득

13장 변화의 중심 리더, 그 해답 혁신

1장 조직과 경영

01. 경영, 왜 많은 사람들이 관심을 갖을까?

02. 인간! 조직과는 불가분 관계이다.

03. 경영 활동은 어떻게 이루어질까?

01 경영, 왜 많은 사람들이 관심을 갖을까?

1. 경쟁사회, 그 속성을 알면 대응할 역량을 갖출 수 있다

우리가 살고 있는 사회를 표현하는 말들을 보면 무한경쟁 사회, 불확실한 사회, 불안과 소외된 사회 등의 부정적인 측면과 지식과 정보가 부의 원천이 되는 사회, 새로운 사회·문화적 가치가 창출되고 누구에게든지 열려있는 개방과 도전을 중시하는 사회, 변화를 주도하는 창의적 능력이 있는 사람에게 기회가 주어지는 사회 등과 같은 긍정적인 측면이 있다. 이러한 사회구조가 우리에게 요구하는 것은 현실을 직시하면서 당면한 문제나 어려움 등을 해결하고 극복해 나갈 수 있는 역량이다.

역량(competence)이란 어떤 일을 해 낼 수 있는 능력으로 특정한 상황이나 직무에서 탁월한 성과를 도출해내는 개인의 내적 특성을 의미한다. 조직 내에서는 주어진 직무에 효과적이거나 우수한 성과를 만들어 내는 개인의 잠재적 능력이라고 할 수 있다.

현대사회에서 성공의 조건은 미래에 일어날 제반 조건들을 이해하고, 그 상황에 적절한 대응능력을 갖춘 사람이 성공할 수 있다. 분명한 것은 불확실성이 높은 경쟁사회이지만 성공을 위해 누구에게나 열려 있는 사회이다. 그렇지만 변화하는 환경을 읽을 수 있는 능력을 갖출 수 있다면 이 사회는 충분히 도전할 가치가 있다. 따라서 현재 살고 있는 사회를 우선적으로 이해하고 이에 맞는 적절한 능력을 함양하는 것이 중요한 과제이다.

피터 드럭커(P. Drucker)는 현대사회를 이렇게 표현하고 있다. 예전에는 지나간 시간의 추세로 내일을 예측할 수 있는 연속성이 있는 시대였으나, 오늘 현재의 사회에서는 일상적인 변화를 뛰어 넘는 불연속적인 변화에 의해 정치·경제·사회의 전반적인 구조가 변화하고 있는 단절의 시대라고 하였다. 즉 변화에 대한 개념을 새롭게 접근하고 있다. 또한 많은 학자들이 미래사회를 예측할 수 없는 불확실한 사회라고 예견하고 다양한 방법으로 방향을 제시하고는 있지만, 어떤 방향이 의미 있게 우리가 원하는 사회이다라고 말할 수 있는 것은 없다. 이는 산업 전반에 걸친 기술의 첨단화 속도와 다양성과 다변화를 추구하는 사회 전반에 걸친 변화의 속도를 가늠할 수 없어 어떤 특정한 방향의 설정이 어렵기 때문이다. 더욱 더 이런 환경에서 조직이나 기업은 다른 경쟁자보다 경쟁의 우위적 능력을 확보하지 못한다면 더 많은 위험에 빠질 수 밖에 없다.

따라서 조직이 목적을 달성하고 생존경쟁에서 살아남기 위해서는 조직을 둘러싸고 있는 환경의 이해와 조직 내부의 역량에 대한 분석이 우선적으로 이루어져야 하며, 이를 토대로 앞으로 나아가야 할 조직의 목표를 수립하고 이 과업을 가장 합리적이고 경제적으로 수행해야 한다.

왜 경쟁사회가 되었을까? 그것은 사회를 구성하고 있는 사람들의 이기심 때문일 것이다. 사람들은 누구나 본인에게 필요한 욕구를 충족하려고 하고 또한 생활에 필요한 제품이나 서비스를 충분히 갖기를 원한다. 즉 사람은 기본적인 삶을 위해 필요한 것을 얻기 원하고 이러한 사람의 욕구를 충족시키기 위해 기업은 존재한다. 기업(enterprise)이란 현대사회의 중요한 경제단위로써 국민경제를 구성하는 기본적인 단위이며, 소비자가 원하는 제품이나 서비스를 제공하고, 그 반대 급부로 이익을 창출하는 조직체를 의미한다.

기업의 존재 이유는 이익 창출과 지속성을 지니는 것이다. 이러한 결과물이 나올 때 성공한 기업으로 자리매김한다. 성공이라는 성과를 가져 오기 위해서는 기업을 경영하는 경영자가 수행해야 할 일이 있다. 경영자는 불확실하고, 예측 불가능하며,

그림 1-1 | 21세기가 요구하는 경영자 像

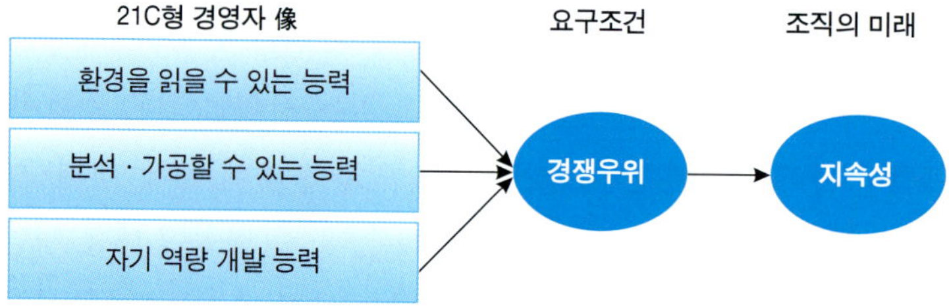

위험성 높은 경영환경을 읽을 수 있는 안목과 이를 분석하고 가공할 수 있는 능력이 있어야 한다. 또한 가치 창조를 위해 미래를 준비하고 이를 달성하기 위한 역량을 개발하여야 한다. 이렇게 준비된 경영자에 의해 경쟁 환경 속에서 경쟁 우위를 유지하며, 기업경영에 풀어야 할 많은 과제를 적극적으로 해결하여 궁극적인 조직(기업)의 목적을 이룰 수 있기 때문이다.

2. 경영과 사회 그리고 환경의 밀접한 관계

서점에 가 보면 가장 흔하게 볼 수 있는 도서가 경영(management)과 관련되어 있다. 왜 일까? 이는 경영관련 도서들이 우리가 살고 있는 사회와 밀접하며, 필요로 하는 곳이 많이 있기 때문일 것이다. 경영도서들이 다루고 있는 공통적인 영역은 사회 현상의 전반적인 상황에 대한 이해력과 관련 있고, 하고 있거나 하려고 하는 사업과 관련되어 있으며, 어떤 사안에 대하여 매순간의 의사결정의 도움이 절대적으로 필요한 영역과 관련되어 있다. 특히 사업을 꿈꾸거나, 현재 하고 있는 사업의 문제가 있거나, 보다 나은 성공을 원하는 사업가들이 더 많이 찾게 되는 것이 경영도서일 것이다.

여기에서 우리가 볼 수 있는 사업은 무엇을 의미하는가 하는 문제이다. 사업(business)은 이익을 창출하고자 제품과 서비스를 제공하는 활동을 의미한다. 사업을 시작한다는 것은 이익을 얻는 것이 기본 조건이지만, 이러한 성과를 이루기까지는 순간순간마다 다양하게 나타나는 상황과 문제들을 인지하고 이를 해결하기 위한 노력을 기울려야 한다. 그 이유는 이익을 얻기 위해서는 많은 투자가 있고 이에 합당한 결과로 이어져야 하기 때문이다. 그러나 그렇지 못한 경우가 발생하게 되면 사업은 위험에 빠지게 된다. 사업에서 위험(risk)이란 수익성이 확실하지 않은 사업에서 발생하는 시간과 금전적 손실을 사업가가 감당하게 되는 것을 의미한다.

사업과정에서 발생하는 문제가 어떤 결과로 나타날지 예측이 가능하면 사업은 수월하게 할 수 있다. 그러나 조직이나 기업을 둘러싸고 있는 환경은 불확실하고 예측이 어렵다. 따라서 성공으로 이어져야 할 사업이 매우 높은 위험성하에 있다. 이 과정에서 성공으로 이어지게 하기 위해서는 매순간마다 최적의 의사결정을 내려야 한다. 의사결정 행위는 현재시점에서 이루어지지만 결과가 나타나는 것은 미래이기

그림 1-2 | 경영의 핵심, 의사결정

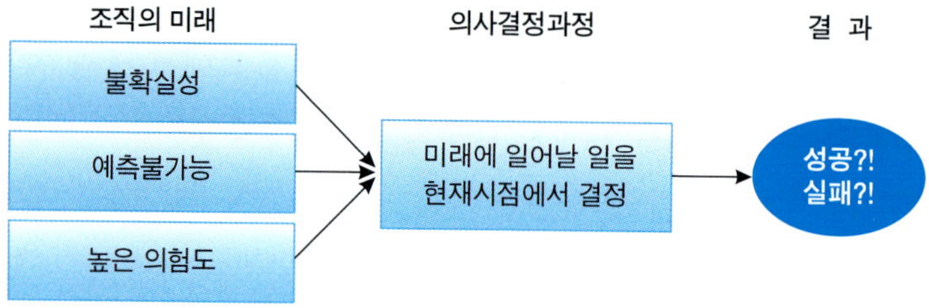

때문에 어렵고 힘든 과정이다. 따라서 의사결정은 개인이나 조직 모두에게 결과에 따른 책임 부분으로부터 자유로울 수가 없다.

의사결정이 더 어려워진 이유는 최근의 경영환경의 변화에 있다. 국경의 개념은 희석되어진 글로벌 환경으로 변화되었고, 보편적이고 상용화된 기술은 표준화되어 이를 통한 경쟁력은 무의미 하다. 반면에 첨단산업 분야에서는 그 기술력 격차가 더 커져서 일반 기업들은 이 환경 속에서 경쟁력을 구축하기는 더욱 어려워졌다. 뿐만 아니라 정치·경제·사회·문화 등의 변화와 인간의 삶에 대한 새로운 개념과 직접적인 관계가 있는 자연환경 등은 사회적 압력으로 작용하였고, 여기에서 파생되는 문제에 대한 대응 능력을 구축하지 않으면 생존도 보장 받을 수 없는 환경이 되었다. 이러한 경영환경은 기업이 경쟁 우위를 유지하려면 경영과 관련된 다양한 영역에서 의사결정에 도움이 되는 제반정보와 자료들을 이해할 수 있는 역량과 이를 실행하고

그림 1-3 | 의사결정이 어려워진 이유

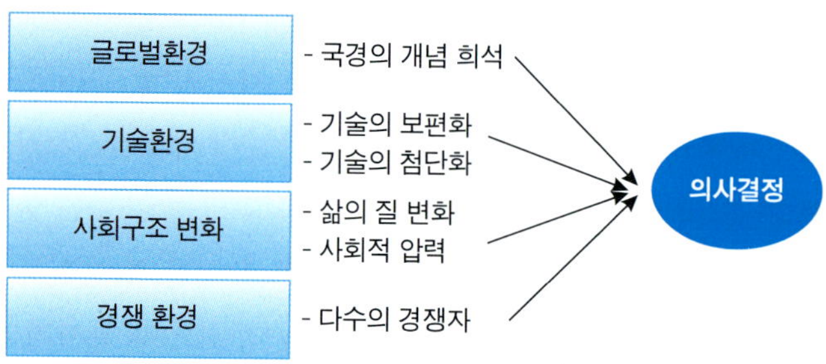

성과를 도출하기 위한 노력이 절대적으로 요구된다.

3. 경영! 어떻게 이해해야 할까

인간이 모든 것에 만족을 누리며 살 수 있는 에덴동산은 없다. 고단한 인간의 삶은 희소한 자원을 얻기 위해 부단한 노력을 해야 하고, 생존을 위해서는 적대적인 자연환경을 극복해야 하는 과제를 안고 있다. 이렇게 부족하고 적대적인 환경에서 생존하기 위해 필요한 것을 획득하고자 노력하는 것을 욕구라고 할 수 있다. 즉 욕구란 자신의 필요를 충족하고자 하는 것을 의미한다.

이러한 욕구가 발생하였다 하더라도 많은 부분에서는 개인이 해결하는데 한계가 있다. 개인이 가지고 있는 한계를 극복하고, 욕구를 충족시키려면, 개인적으로는 불가능하지만 같은 목적을 가진 사람들 간의 협력을 통하여 목적을 보다 쉽게 이룰 수 있다. 이렇게 욕구 충족을 위한 수단으로 만들어진 구조가 조직이다.

조직(organization)은 개인의 목적을 달성하기 위하여 다른 사람들과 상호작용하

그림 1-4 | 조직 생성과 경영

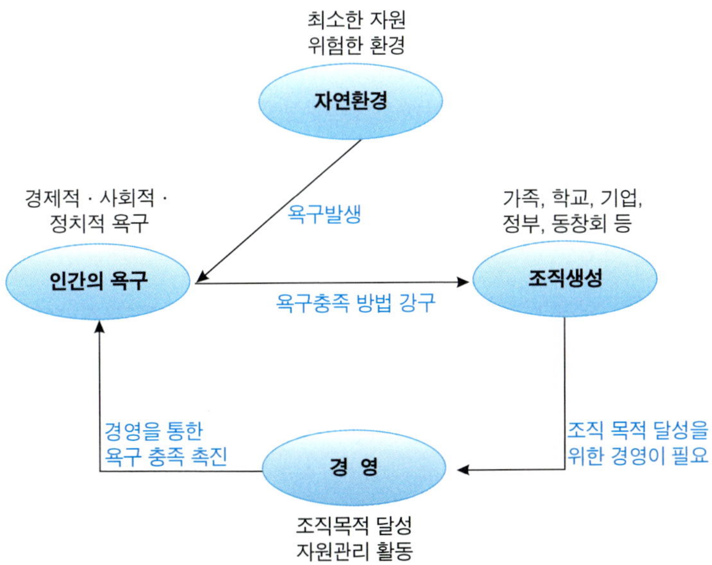

는 유기적인 집합체로 조직의 목적을 달성하기 위하여 필요한 자원을 효과적으로 획득하고 분배하는 활동을 한다. 이러한 활동에 필요한 것이 경영이다.

경영(management)은 조직이 목표를 효율적으로 성취하기 위하여 가용 가능한 자원을 최적으로 활용하고 관리하는 모든 활동이다. 다시말해 조직의 목적 달성을 위하여 조직의 자원 활용 계획수립과 계획에 따른 실행 및 그 과정에서 또는 결과물에 대한 성과 여부를 관리하는 제반 모든 활동을 의미한다.

02 인간! 조직과는 불가분 관계이다.

1. 조직의 생성과 인간의 벗어날 수 없는 한계

인간은 태어나서 죽을 때까지 조직의 영향을 받고 살아간다. 태어나서는 가족이라는 조직 속에서 성장하게 되고, 학교와 학원이라는 조직을 통해 교육을 받으며, 어떤 목적에 의해 구성된 조직에 고용되어 생계를 유지한다. 이렇게 다양한 조직 속에서 생활하고 조직의 영향을 직·간접적으로 받는 인간은 기본적으로 삶의 질을 보다 나은 것을 추구하고, 이를 위해 조직을 만들어 상호 의지·협력하면서 이익을 도모하고 가치를 창출한다.

조직(organization)은 개인이 성취할 수 없는 어떤 공동의 목적을 수행하기 위해 2인 이상 서로 상호작용하는 구조화된 집합체를 의미한다. 즉, 개인으로는 성취할 수 없는 목표를 이루기 위해 다른 사람과 상호작용하는 구성체로 조직 목적을 달성하기 위하여 직무구조를 가지고 권한을 공식기반으로 하는 영향력으로 움직이며, 조직 환경과 상호작용을 하는 사람들의 구성체라고 할 수 있다.

조직이 만들어지는 목적은 개인 혼자서는 자신의 욕구충족이 어렵다는 한계를 알기때문에 이를 해소하기 위한 방법으로 조직에 참여한다. 또 다른 목적은 인간은 사회성을 지니고 있어 사회적 욕구를 조직에 참여하여 이를 충족하고자 한다. 이러한

그림 1-5 | 조직의 특성

- 조직의 존재 이유인 목표가 있다.
- 권한 구조를 가지고 있다.
- 목표달성 여부에 따라 조직 존폐가 결정된다.

조직의 목적을 통해 능률을 향상시킬 수 있고, 목적을 달성할 수 있기 때문이다.

조직의 공통적 특징은 공통의 관심사가 있는데 이는 조직이 만들어지는 가장 큰 특징으로 볼 수 있다. 공통의 특징을 살펴보면, 첫째, 공동의 목적을 지닌 목표가 있다. 즉 목표는 조직의 존재의 이유이며, 추구하는 지향점으로 조직 참여 여부에 가장 큰 영향을 미치는 것이다. 둘째, 위계의 권한구조를 가지고 있다. 조직의 목표를 효과적으로 수행하기 위해서는 목표 달성에 필요한 권한과 의무 그리고 책임이 수반되어야 하기 때문이다. 셋째, 조직의 목표 달성 여부가 조직이 유지되느냐 아니면 없어지느냐가 결정된다.

따라서 조직의 특성에서 살펴본 것처럼 사람들은 목표를 달성하기 위하여 서로 관계를 형성하게 되고, 상호작용하며, 궁극적으로는 공통의 목적을 이룰뿐만 아니라 그것이 개인의 목표와도 관련있는 수단이 된다.

2. 조직과 경영

조직은 개인적으로 달성하기에는 불가능한 목표를 조직이라는 수단으로 이루고자 하는 목적에 의해 생성된다. 즉 조직이 가지고 있는 자원들을 조직 역량에 맞게 획득하고 분배하여 궁극적으로 인간이 이루고자 하는 욕구를 충족하는 것이다. 이렇듯 조직이 추구하는 목적을 달성하기 위하여 자원을 계획하고, 계획에 의한 실행을 하며, 수립된 계획과 실제실행에 의한 비교과정, 그리고 얻어진 결과를 살펴보는 활동 등과 같은 행위를 수반하는데 이 모든 과정을 경영이라고 한다.

다시말하면 경영(management)은 조직의 목표달성에 필요한 제반활동이나 과정

그림 1-6 | 조직과 경영

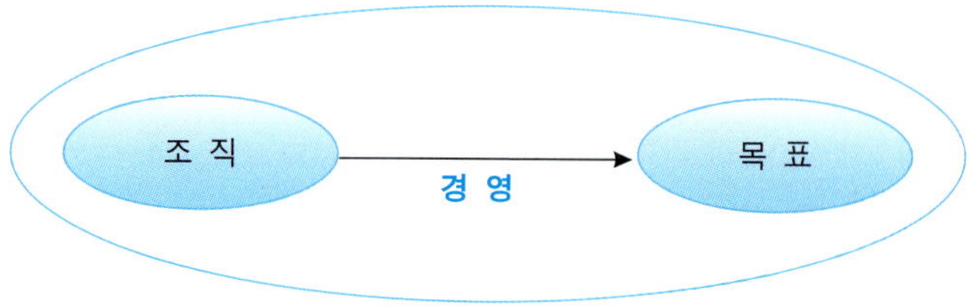

또는 수단을 의미한다. 따라서 모든 조직은 경영이 된다고 할 수 있다. 경영의 정의를 보면 개인이나 사회전체의 안락과 복리를 위해 필요한 재화와 서비스를 생산·분배하고 관리하는 모든 활동으로 목표를 성취하기 위하여 사람·물질·금융 등의 경영자원을 최적으로 활용하는 과정으로 볼 수 있다.

경영에서 목표를 이루기 위해서 고려해야 하는 요소는 조직의 지향점인 목적과 경영활동의 주체로서 사람, 생산 능력을 구축하고 또한 이익을 기대하기 위해 투자되는 자본, 기업 생존의 기본적인 역량인 기술과 의사결정을 위한 정보 등으로 구성되어 있다. 경영요소를 세부적으로 보면 다음과 같다.

첫째, 목적이 있어야 한다. 목적(purpose)은 조직이 이루고자 하는 지향점으로 기업은 이윤을 추구하고 지속적으로 발전을 도모하는 것이다.

둘째, 인적 자원으로 노동력을 제공하는 사람이다. 조직은 사람의 활동에 의하여 움직인다. 따라서 조직의 목적을 성취하려면 인적자원에 의한 관리 과정이 절대적이다. 조직은 인재선발과 효과적인 관리 및 활용 등과 같은 인적자원을 어떻게 관리하느냐에 따라 성과가 다르게 나타나기 때문에 인적자원은 경영을 구성하는 중요한 요소이다.

셋째, 물적 자원으로 자본이다. 이 자본은 조직의 목표를 달성하고자 할 때 실행하게 되는 제반 활동을 원활하게 운영하기 위해 필요한 것으로 최적의 생산 환경 조성에 절대적으로 필요한 요소이다.

넷째, 전략과 정보로 기업 내의 모든 자원을 경영 목적을 달성하기 위하여 실행에 옮기는 과정을 전략으로 볼 수 있으며, 의사결정에 도움을 주는 자료를 정보로 볼 수 있다. 전략과 정보는 다양하고 복잡한 현대의 조직 환경에서 발생할 수 있는 문제를 극복하고 해결하는데 지대한 영향을 준다.

이러한 요소들이 어떻게 효율적이고 효과적으로 투입되었고 산출되었는가에 따라 성과를 평가하게 된다. 효율적 경영은 투입된 자원의 양에 비하여 상대적으로 많은 산출을 내는 경영을 의미하고, 효과적인 경영은 조직이 지향하고 있는 목표를 제대로 달성하는 것에 초점을 맞춘 경영을 의미한다.

03 경영 활동은 어떻게 이루어질까?

1. 경영, 순환과정

조직의 목표 달성에 필요한 제반 활동을 수행하는데 공통적으로 나타나는 과정이 있다. 즉 조직의 목표를 달성하기 위하여 계획(plan)을 수립하고, 수립된 계획에 의하여 실제로 실행(do)하며, 실행에 따른 평가, 또는 결과(see)를 살펴보고 그리고 보다 나은 결과물을 얻기 위하여 이를 다시 수정하여 계획을 수립하는 등과 같은 과정을 거치게 된다. 이 과정은 한번으로 끝나지 않고 조직의 성과를 위해서 지속적이고 연속적으로 이루어지는 것으로 이를 경영 또는 관리의 순환과정(business management cycle)이라고 한다. 경영의 순환과정의 각 단계별로 그 의미를 살펴보면 다음과 같다.

그림 1-7 | 경영관리의 순환과정(PDS cycle)

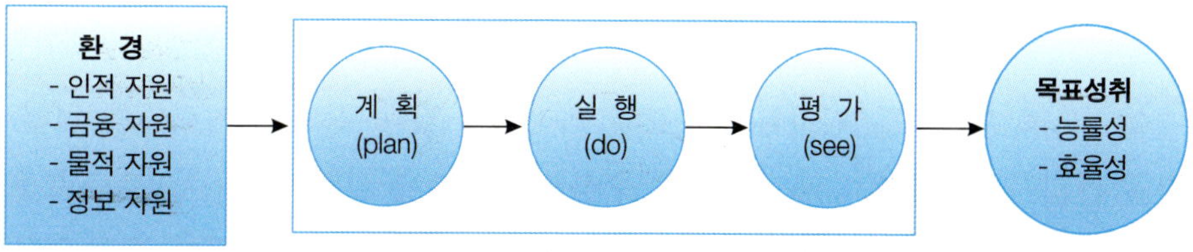

① 계획수립

계획수립(planning)은 조직이 달성하려는 미래의 목표를 달성하기 위하여 조직구성원들이 어떤 일을 어떻게 수행하며, 언제까지 해야 하는가를 정하는 단계이다. 계획은 미래의 일들을 예측하는 것으로 불확실한 상황과 환경 변화에 대한 면밀한 이해가 요구된다. 또한 계획은 실행되는 경영활동을 평가하는 기준도 되기 때문에 그 의미가 매우 중요하다. 즉 경영활동이 계획했던 것의 성취 여부를 판단하는 기준으로 계획을 수립할 때는 계획의 실행과 그 실행 결과를 평가할 때의 상황도 고려되어야 한다.

② 실행

수립된 계획을 실제로 운용하는 단계로 이를 실행(do)이라고 한다. 이 단계에서는 수립된 계획에 따라 실천하기 위해 누가 할 것인가를 결정하는 조직화를 이루어야 하고 계획에 맞게 성과를 내기 위한 리더의 지휘와 조정이 요구된다.

③ 평가와 피드백

평가(see)는 경영활동의 실행결과가 당초 수립되었던 계획과 얼마나 일치하는가를 판단하는 활동으로 이 결과에 따라 다음의 계획 수립할 때 피드백(feedback)되어 반영된다. 평가과정은 계획과 결과만을 보는 것이 아니라 실행하는 과정에서도 계획에 맞게 진행되는지도 살펴보아야 하고, 계획보다 성과가 좋을 경우에는 보상이 주어져야 하며, 계획보다 성과가 미치지 못한다면 그 원인을 분석하여 다음 계획에 반영될 수 있도록 해야 한다. 이렇게 연속적으로 이루어지는 경영의 순환과정을 PDS Cycle이라고 하며, 이 과정을 경영의 관리과정으로 그 의미를 부여할 수 있다.

2. 목표의 최적화, 리더가 해야할 경영관리 과정이다

경영관리의 순환과정의 핵심은 목표의 최적화에 있다. 목표의 최적화를 위해 경영자나 관리자들은 효율성과 효과성을 중심으로 목표를 설정하고 실행한다. 효율성(efficiency)이란 최소의 자원을 투입하여 최대의 산출을 얻을 수 있게 하는 활동을

그림 1-8 | 구체적인 경영관리의 순환과정

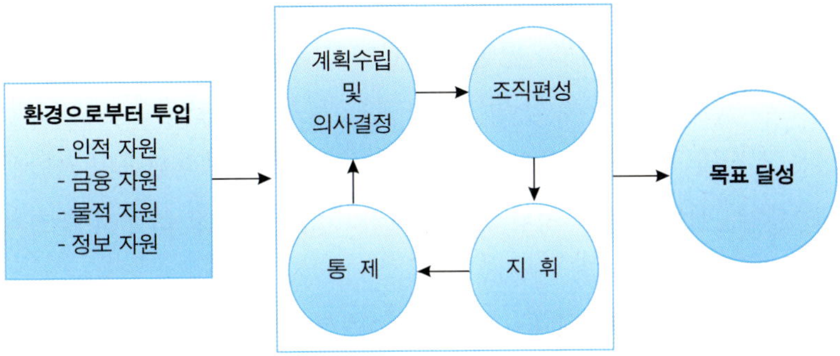

의미하며, 효과성(effectiveness)은 조직의 목표를 적합하게 설정하고 그 목표를 성공적으로 달성하게 하는 활동을 의미한다.

따라서 경영자나 관리자들은 직무를 어떻게 수행 할 것인가하는 효율성과 목표를 어떻게 이룰 것인가 하는 효과성을 중심으로 경영관리의 순환과정을 보다 면밀하게 살펴보면 조직이 추구하는 최적화된 목표를 위해 계획을 수립하고, 이를 이루기 위해 조직 내의 역량을 목표 달성에 맞도록 조직화하고, 그 가운데 구성원들을 동기부여하는 지휘과정과 의도한 대로 실행 되고 있는지 그리고 계획한 것과 결과가 어떻게 되었는지 살피고 확인하는 통제과정을 수행해야 한다. 최적화된 목표를 달성하기 위한 세부적인 기능은 다음과 같다.

첫째, 계획 수립이다. 계획(planning)이란 미래에 이루고자 하는 것을 현재 시점에서 예측하는 것으로 조직에 맞는 최선의 목표를 달성하기 위하여 적절한 조직 목표와 행동방향을 선택하는 과정이다. 즉 기업이 경영목표를 수립하여 이를 달성하기 위해 누가, 언제, 어디서, 어떤 일을 어떻게 할 것인가를 결정한다. 계획수립의 주요 과제는 미래의 다양한 기회와 위협요인을 분석·평가·선택하는 과정에서 달성 가능한 목표를 계획하고 체계적으로 개발하는 것이다. 이 단계가 중요한 것은 경영관리의 제반 활동의 선행과정으로 향후에 이루어질 모든 활동을 예측하여 의사결정하고, 구성원의 행동지침과 통제의 근거가 되기 때문이다.

둘째, 조직화 과정이다. 조직화(organizing)란 조직의 목표를 달성할 수 있도록 조직 구성원의 직무 범위를 결정하고 그에 따르는 권한과 책임에 관한 것과 조직 구성원 상호간의 관계를 규정하는 것을 말한다. 조직화의 목적은 업무를 효과적으로 수행하기 위해서 여러 가지 업무와 활동을 분류하고, 각 업무에 필요한 인적자원과 수행방법, 자원의 활용 방안 등을 합리적으로 배분 및 할당과 조정하는데 있다. 조직화의 중요성은 조직의 목적을 달성하기 위해서는 업무와 인적자원과의 적합성과 조직 내의 각 부서와의 상호관계를 어떻게 연결시키고 합리적으로 조정하여 성과를 높일 수 있는지를 고려하는 것이다.

셋째, 지휘과정이다. 지휘(leading)과정은 조직의 목표를 달성하기 위하여 조직 구성원들에게 적절한 활동방향을 제시하는 과정으로 개인과 집단이 상호 협력할 수 있도록 동기부여, 조정 및 활성화를 촉진하는 것을 말한다. 리더들이 할 수 있는 관리활동은 다음과 같다. 먼저는 리더십으로 리더가 다른 사람에게 조직 목표를 달성하기 위하여 특정행동에 영향을 미치는 것을 말하며, 다음으로는 동기부여가 있다. 동기부여는 어떤 목적을 달성하기 위하여 특정 방향으로 조직구성원들의 행동을 유도하는 것을 말한다. 보다 효과적인 목표를 달성하기 위해서는 리더와 조직구성원 간에는 활발한 상호작용이 일어나야 하는데 이 과정에서 요구되는 것은 의사소통이다. 지휘과정에서의 이러한 제반 활동은 조직의 목표 달성에 절대적인 영향을 미치는 것이다.

넷째, 통제과정이다. 통제(control)란 조직의 목표를 수립하고 이를 달성하기 위하여 수립된 계획에 맞는 결과가 나오는지를 살펴보는 제반 행동이다. 통제는 조직의 목표 달성 여부를 최종적으로 확인하는 활동이기도 하지만 일련의 경영관리 과정 전반에 걸쳐서 다음과 같은 통제활동이 이루어진다. 먼저 사전통제활동이다. 이는 실제 과업이 실행되기 전 단계에서 실시하는 통제활동으로 목표달성을 위한 방향이 적절하게 설정되었는지, 그리고 적절한 자원을 활용할 수 있는지 등을 사전에 검토하는 것을 의미한다. 다음으로는 진행통제활동이다. 진행통제는 과업이 진행되는 과정에서도 수립된 계획과 운영 간의 관계를 살펴보며 문제 발생할 경우 즉각적인 대응이 가능하도록 통제하는 것으로 실제의 통제활동이 실시간 되는 것을 말한다. 그리고 사후통제활동이 있는데 이는 과업의 종료에 따른 결과물을 확인하고 평가하는 단계로 계획과 성과 간의 관계를 살펴보는 통제이다. 이 과정에서의 중요하게 고려해야 하는 것은 계획과 실제 성과 간의 차이를 비교하고 그 관계에서 차이가 있거나 문제가 노출되었으면 다음 계획 수립할 때 이를 기초자료로 활용하여야 한다.

이렇게 기업이 경영관리 활동을 철저하게 분석하고 관리해야 하는 이유는 기업이 사업을 수행할 때 투입되는 노동력, 자본, 기술, 정보 등의 자원을 기업 목적에 맞게 운용하여 산출물인 제품과 서비스를 생산하고, 소비자에게 판매하여 궁극적인 기업의 목적인 이윤창출과 지속적인 성장을 하기 위한 것이다.

3. 리더의 성공 조건, 경영마인드

조직의 가치는 성과 있는 목표를 달성하여 지속적으로 유지·발전하는 것이다. 기업도 조직의 한 영역으로써 수익을 창출하고, 지속적인 발전을 도모하는 것이 기업의 목표이다. 경영의 가치는 자원을 효율적으로 배분하고 운용하여 목적에 부합하는 것이다. 이러한 목적을 위해서는 리더들이 고려해야 할 조건들이 있다. 그것은 리더가 경영마인드를 지녀야 한다는 것이다.

첫째, 기업의 궁극적 목적인 이익을 제공해 주는 고객을 이해하는 것이다. 이는 조직이나 기업의 목표를 달성하기 위해서는 고객으로부터 출발하기 때문이다. 기업의 모든 기능은 고객 중심적으로 조정되고 통합할 때 고객만족을 통하여 기업의 목표를 달성할 수 있다. 따라서 리더의 중심적 사고가 고객지향적 사고를 지닐 때 구성원에게도 영향을 미칠 수 있기 때문이다.

둘째, 경쟁 환경 속에서 지속 가능한 발전을 위한 경쟁 우위를 확보하는 것이다. 경쟁우위는 경쟁자보다 유리한 조건으로 제품이나 서비스를 생산해 낼 수 있는 체계화된 인적·물적 우위요소를 말한다. 즉 투입되는 비용이 경쟁제품과 동일하다면 보다 많은 혜택을 제공해야 하고, 혜택이 경쟁제품과 동일할 경우에는 비용을 절감할 수 있는 능력을 구축하여야 한다.

셋째, 조직의 가치를 극대화하기 위한 가치 창출 능력을 배양할 수 있는 자기 개발 노력이다. 이러한 경영자의 사고가 조직의 성과는 물론 구성원의 역량을 배가하는 효과로 나타난다. 이러한 경영 마인드의 중심은 조직을 구성하고 있는 인적자원을 어떻게 최적화 할 것인가를 리더들이 풀어야 할 과제이다. 즉 주어진 모든 과제는 조직구성원에 의해서 수행되어지기 때문이다.

4. 리더가 알아야 하는 경영학, 이런 것을 익힌다

우리가 살고 있는 현대사회는 우리들에게 끊임없는 변화를 요구하고 있다. 산업사회는 사람들에게 삶의 풍요로움을 가져왔고, 더 나가 교육에 대한 열망은 전문적 지식을 습득하게 하였고, 다양한 방법으로 획득한 정보는 새로운 부의 원천이 되었다. 이러한 사회구조는 정보처리와 지식창조라는 새로운 환경을 조성하였고, 이에 따른 사회의 요구는 정보와 지식을 가공할 수 있는 능력을 중요하게 여기는 사회로 변화되었다.

이렇듯 변화하는 환경에서 조직은 조직을 구성하고 있는 구성원을 과거의 복종만 요구하는 것에서 벗어나 오늘날에는 구성원이 지니고 있는 보다 많은 정보와 지식을 활용하여 경쟁 사회에서 경쟁의 우위를 확보하는데 디딤돌로 삼고자 노력하고 있다. 특히 기업 경영은 변화하는 환경에 대한 이해와 해결해 나가는 역량을 지니고 있을 때 경쟁력을 갖는다.

조직의 목적을 이룰 수 있는 가용할 수 있는 자원의 최적화와 이를 실행할 수 있는 구성원을 어떻게 동기부여 할 것인가는 조직이 풀어야 할 숙제로 이러한 경영환경을 이해하는 학문영역이 경영학이다.

경영학(business administration)은 자본주의 경제체제하에서 생성되고 발전한 학문으로 조직과 기업을 연구대상으로 하는 학문이다. 기업의 궁극적인 목적인 이윤창출과 지속가능한 발전을 위해서는 다양한 방법의 경영관리가 요구되었는데 이와 같은 이유가 경영학의 학문적 체계를 더 중요하게 만들었고, 발전하게 되었으며, 기업뿐만 아니라 모든 조직의 경영현상을 중심으로 연구하게 되었다.

경영학은 기업 경영의 목표를 합리적으로 달성하기 위하여 경영활동을 효율적으로 수행하고 관리하는 행동원리를 학문적 지식 체계로 다루는 종합학문으로 정의할 수 있다. 이는 기업이라는 복합적인 조직체를 연구대상으로 하기 때문에 하나의 체계 속에서 여러 가지 이질적인 요소인 경제적·사회적·기술적인 속성과 관련성을 통합하는 과학이다. 특히 경영학은 유기체와 같은 조직을 대상으로 하기 때문에 실용적인 성격이 강할 뿐만 아니라 조직의 목적 달성에 도움이 될 수 있는 다른 영역의 학문분야도 응용하여 적용하기도 한다. 따라서 경영학은 기업조직의 제반 현상을 기술(description)하고, 설명(explanation)하며, 예측(prediction)하는 것을 목적으로 하는 이론과학(theoretical science)이며, 기업 경영의 실무를 위한 규범적 방향을 제시하는 실천과학(practical science) 내지는 응용과학(applied science)이다.

5. 경영학, 체계는 이론과 실천과 응용이 중심이다

경영자의 고민은 경영과정에서 나타나는 현상을 어떻게 이해하고, 예측하며, 의사결정 할 것인가에 있다. 경영자의 사고나 행동의 지침이 될 수 있는 경영학의 기본적 원칙은 수익성, 경제성, 생산성, 효과성 등이 있다.

수익성의 원칙은 자본에 대한 이익의 관계를 말하는 것으로 투자한 자본에 비해 이익이 크면 클수록 좋다는 원칙이다. 즉 보다 많은 이익을 창출하여 투자 자본의 가치를 증대시키는 것을 의미한다.

경제성의 원칙은 경영활동을 위하여 투입된 비용이 그로 통해 얻어진 성과와 비교하는 것으로 최소의 희생을 통하여 최대의 효과를 얻는 것을 의미한다.

생산성의 원칙은 생산을 위해 소비된 생산요소들이 투입량과 생산과정을 거쳐 생산된 산출량의 비율로 생산 요소가 얼마나 유효하게 이용되는가를 나타내는 것이다.

효과성의 원칙은 조직이 추구하는 목표의 적절성과 조직이 목표를 달성하는 수준에 대한 적합성의 정도를 의미한다. 효과성은 경영의사결정에 있어서 경영목표의

그림 1-9 | 경영학의 기본 원칙

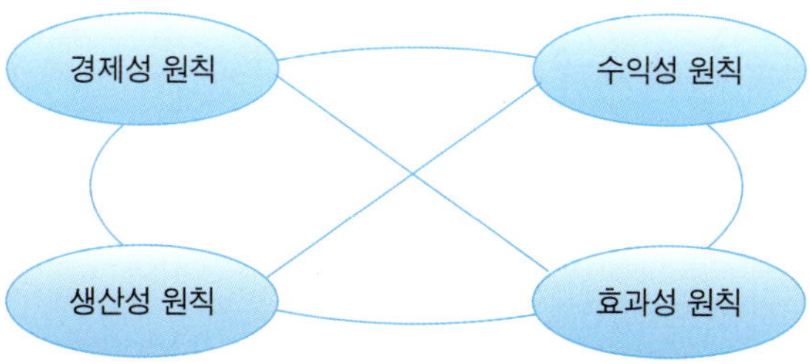

적합한가와 설정된 목표가 적절하게 달성되었는가를 파악하는 원칙이다. 이러한 경영학의 기본적 원칙은 독립적이기보다는 상호보완적이고 긴밀한 연관성이 있다.

경영학의 체계화는 연구자들의 견해에 따라 차이는 있지만 보편적으로는 다음과 같다. 먼저 경영활동을 유사한 업무의 전문성에 따라 집단화·조직화하는 기능적 체계화이다. 기업의 업무를 생산, 마케팅, 재무, 인사, 회계, 연구 개발 등과 같은 기능영역에 따라 조직화하고 각각의 기능영역 간의 상호작용을 통하여 원칙과 논리를 체계화하는 것이다.

또한 전반적인 경영관리활동으로 경영자가 목표달성을 위하여 수행하는 과정에서 볼 수 있는 활동인 계획, 조직, 지휘, 통제의 기능으로 체계화하는 것이다. 그리고 경영활동과 관련된 외부 환경의 영향관계·상호관계를 다루는 경영환경론, 생산주체로서 기업의 실체와 자본의 출자 및 손익의 귀속처리와 관련된 기업형태론, 소유와 경영이 분리된 상태에서 경영자의 기능, 역할, 사회적 책임 문제를 규명하는 경영주체론 등과 같은 경영의 전반적인 영역을 다루는 전반관리론이 있다.

EXAMPLE

세상을 보는 지혜! 성공의 지름길이다!

나를 극복하는 그 순간, 나는 칭기즈칸이 되었다!!!

세계 역사에 가장 강력하고 넓은 영토를 지배하였던 왕은 누구일까? 그 누구도 부인하지 못할 몽골 왕인 칭기즈칸을 꼽을 것이다. 13세기에 등장하여 아시아 전역과 유럽의 일부까지 지배하고, 영향력 안에 두었던 왕이다. 미국의 워싱턴 포스트가 지난 1000년간 인류 역사상 가장 위대했던 인물을 선정해서 발표한 적이 있다. 그 때 1위로 선정된 인물도 바로 칭기즈칸이다.

워싱텅 포스트가 칭기즈칸을 가장 위대했던 인물로 선정한 이유는 인터넷이 발명되기 800여 년 전에 오늘날 우리에게 지대한 영향을 주고 있는 네트워크체계와 같은 형태의 구조로 세계를 지배하고 경영했다는 것이다. 당시의 몽골은 초원의 유목민이었고, 인구도 대략 200만 명 정도 밖에 되지 않은 소수로 어떻게 그 많은 지역과 민족을 지배할 수 있었을까?

(칭기즈칸의 초상화)

칭기즈칸의 몽골 군대는 10만 명 정도의 적은 숫자였지만 강력한 힘을 발휘할 수 있었던 것은 전쟁에 임할 때 예리한 환경분석과 몽골군에 대한 명확한 분석이 있었기 때문이다. 칭기즈칸이 활동하던 시절의 대부분의 전쟁은 보병위주로 이루어져 있어서 장수가 선봉에 서고 군사들은 대오를 갖추고 진행하면서 실제 전투에서는 백병전과 같은 형태로 이루어졌다. 이렇게 보편적인 전투방법에서 소기의 성과를 얻으려면 용맹한 장수, 많은 군사, 좋은 무기, 군사의 사기 등이 필요하였다. 따라서 전쟁을 수행하기 위한 군사력을 유지하기 위해서는 많은 비용이 소요되었다. 병사 모집과 훈련, 전쟁에 필요한 자원과 물자. 전쟁 수행 중에 요구되는 군수물자의 보급 등은 전쟁의 승패에 직접적인 영향을 주는 요인이었다.

그러나 칭기즈칸은 이러한 전쟁에 대한 환경적 요인을 명확하게 파악하였고, 몽골군이 지니고 있는 역량을 십분 활용하여 매번 적을 제압하고 굴복시켰다. 어떻게 하였을까? 몽골민족의 삶은 어느 특정지역에 정착하고 살기보다는 늘 이동하면서 사는 유목민이다. 그렇기 때문에 그들의 삶은 단순하였고, 특별한 지배계층이 없었으며, 이동하기 수월한 구조를 가지고 있다. 또한 다양한 문화와 접촉할 수 있었고, 많은 짐승을 데리고 다니기 때문에 가족이 함께 동행 하는 구조로 되어 있었다.

칭기즈칸은 이러한 유목민의 특징을 접목하여 군을 조직화하여 십호, 백호, 천호 등의 소규모 단위로 만들었고, 장수에게는 많은 권한을 위양하여 자율성을 부여하였다. 그리고 말 다루는 기술을 활용하여 기병 체제로 조직화하여 기동성을 확보하였다. 전쟁 수행에 필요한 자원인 식량과 물자 조달 문제를 해결하기 위하여 가축의 젖과 '보르츠'라는 말린 고기를 사용하였는데 이는 휴대하기가 간편하여 이동하기에도 매우 유용하였다. 그리고 몽골말은 자생력이 강하여 별도의 먹이를 가지고 다닐 필요가 없었다. 더군다나 천막을 주로 사용하던 유목민의 특징은 병참이 필요 없는 군대가 될 수 있었다.

이러한 군 조직은 당시 대부분 보병위주의 군 체계를 유지하던 다른 여타의 민족보다는 기동성이 매우 좋았던 것이다. 예를 들어 유럽의 기사단이 무장하였을 때 대략 60kg 이었는데 몽골군은 20kg 정도였다.

전쟁방법도 병사의 숫자가 적다보니 접근전 보다는 활을 이용한 전투를 수행함으로써 인력의 손실을 줄였고, 자신들의 강점인 평지싸움을 주로 하였다. 뿐만 아니라 가족이 동행하는 경우가 많아 후방 병원의 역할과 정서적 안정을 가져올 수 있어서 전투력을 극대화시켰다.

따라서 칭기즈칸의 몽골군의 모습은 그때 당시에는 가히 혁신적인 조직과 기술을 지니고

출처; 영화 '몽골'(2007)

있었으며, 권한의 위임은 현장에서 접한 상황에 맞게 의사결정을 할 수 있어 이것이 경쟁우위의 힘을 발휘할 수 있는 계기가 되었다. 또 정복하면서 피지배민족에게 동등한 대우를 해 줌으로써 더 많은 전쟁을 수행할 수 있었다.

오늘날 전쟁을 수행하는 국가들이 대부분 역점을 두고 있는 것이 정보력과 기동성 그리고 병참부문이다. 지금까지 역사를 볼 때 소통 수단과 이동수단이 발달한 민족이 세계에 많은 영향을 준 것을 본다면 시대적 환경을 제대로 읽고 그것에 상응하는 조직화를 추구한 몽골의 칭기즈칸은 조직을 둘러싸고 있는 환경이 빠르게 변하고, 경쟁이 심화된 현대사회에 있어서 경쟁우위를 확보하고 조직의 목적을 달성하며 지속적인 성장을 이루기를 원하는 조직에게 어떤 전략적 사고로 나아가야할 것인가라는 방향성을 제시하고 있다고 볼 수 있다.

2장

왜 리더십인가?

01 현대사회에서 조직의 성과, 리더의 능력에 있다

02 리더십, 어떻게 표현해야 할까

03 리더십과 경영관리, 그 미묘한 차이점

01 현대사회에서 조직의 성과, 리더의 능력에 있다

1. 현대사회가 요구하는 인재상(像)

오늘 현재 국제사회에서 강력한 영향력을 행사하는 미국은 1, 2차 세계대전에서 핵심적인 전승국으로 그 지위를 누렸으나, 1960년대 들어오면서 일본이나 독일과 같은 패전국가의 경제적 재도약에 힘입어 우수한 품질, 가격 경쟁력 등을 바탕으로 미국 시장을 잠식하면서 많은 미국의 기업들은 경제적 어려움과 위협에 직면하게 되었다.

이러한 어려운 환경에서 어떻게 하면 반전의 기회를 가져갈 것인가를 생각한 미국 기업들은 이 시기를 새로운 전환점으로 생각하고, 자신들의 모습을 돌아보면서, 노출된 문제점들을 중심으로 이를 해결하기 위한 다양한 방법들을 찾아내고자 노력하였다. 지금 우리가 사용하고 있는 많은 전략적 사고와 혁신 기법들이 만들어지고 연구되어진 시기도 이 시기인 점으로 볼 때 얼마나 많은 경쟁력 회복을 위한 자구책을 찾으려 노력했는지를 여실히 보여주는 것이다.

미국 기업들이 조직이나 기업이 직면한 여러 가지 문제를 파악하고 분석하면서 그 속에서 새롭게 본 것은 산업 전 분야의 기술 발전과 소비 환경의 다양성, 그리고 개성을 중시하는 소비 패턴 등은 지금까지 그들이 가지고 있던 경영환경을 새롭게 조명하게 되었고, 도전받고 있는 시장을 다시 한 번 돌아보는 계기가 되었다.

이 과정에서 그들이 눈 여겨 본 것은 역사 속에서 어떤 위험한 환경에 놓였을 때 그것을 어떻게 극복하였는가를 살펴보면서 그 중심에는 그 상황을 극복하기에 적합한 리더들이 있었음을 직시하였고, 현재 자신이 속한 조직이나 기업도 이를 타계하는 방책으로 리더십의 필요성을 인지하였으며, 이에 대한 연구를 수행하게 되었다.

조직은 공동의 목표를 추구하는 유기체이다. 조직의 목표 달성을 위하여 조직을 효율적으로 지휘하는 능력을 갖추어야 하는 리더는 조직의 제반 사항이 사람을 중심으로 전개되고 있음을 볼 때 리더의 역할이 매우 중요하며, 조직구성원들에게 영향

그림 2-1 | 리더십의 필요성

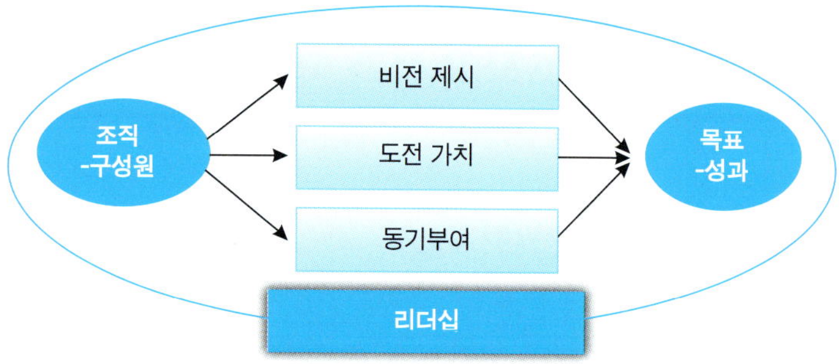

력을 발휘하여 조직의 목표 달성에 공헌할 수 있도록 사기 앙양과 잠재적인 능력을 활성화시킬 수 있는 리더십의 기술이 필요하다.

리더의 역량이 부각되기 시작한 이유는 우리가 살고 있는 현재의 환경 변화의 속도가 빠르고 사회를 구성하고 있는 구성원들은 다양성을 추구할 뿐만 아니라 이러한 환경에 적응하기 위한 조직이나 기업들의 노력으로 경쟁 사회가 되었기 때문이다. 경쟁 환경에서 생존을 하거나 지속적인 발전을 하기 위해서는 환경에 대한 이해와 자신이 속한 조직의 역량을 파악할 수 있는 리더의 역량이 필요하고, 이를 바탕으로 조직 구성원에게 비전을 제시하고, 목표를 이룰 수 있다는 도전적 가치를 갖게 하고, 이를 실행할 수 있도록 하는 리더의 능력이 요구된다.

조직목표 달성을 위해서는 실제적으로 구성원들의 노력 여하에 달려 있다. 따라서 리더는 구성원들에게 리더에 대한 신뢰를 갖게 해야 하며, 과업 수행에 동기를 부여하여야 하고, 자기 계발과 조직의 지속가능 발전에 헌신할 수 있게 하여야 한다. 즉 조직의 목적을 이루기 위해서는 함께 노력하게 하는 리더의 리더십이 요구된다고 할 수 있다.

2. 성공하는 리더, 실패하는 리더

사람들은 다 성공을 원한다. 성공(成功)의 사전적 의미는 뜻이나 목적한 바를 이루었거나, 사회적으로 지위나 부(富)를 얻은 것을 말한다. 그렇기 때문에 성공한 사람들은 존경의 대상이 된다. 성공을 평가하는 기준을 보면 외면적인 면을 보게 되는 사회적 지위, 권력, 경제력 등의 사회의 성취정도가 있고, 내면적인 면을 보는 자아 성취감, 보람 및 자기만족 등과 같은 자아실현의 정도 등으로 나누어 볼 수 있다. 그러나 바람직한 성공은 이 두 가지의 평가 기준이 함께 어우러질 때를 의미한다.

스티븐 코비(Stephen Covey)는 성공한 사람들의 공통적인 점을 대체로 창의적이고 개방적인 사고를 가지고 있으며, 적극적이고 긍정적인 마인드, 도전과 열정적인 태도를 보인다고 하였다. 그렇다면 우리나라에서는 성공한 리더들이 지니고 있는 특징을 어떻게 보고 있는가에 대한 물음에는 부를 창출한 기준으로 보았을 때 동아일보 경제부에서 발간한 「한국 대기업의 리더들」에서 그 의미를 찾을 수 있다.

한국에서 본 부로 성공한 주요 기업들의 CEO들은 일을 통해서 자신의 꿈을 실현하려는 강한 의지를 가지고 있으며, 성취하고자 하는 열정이 성공하는 결과를 가져왔다. 성공한 사람들의 모습을 보면 다음과 같다.

첫째, 이루고자 하는 목표에 대하여 핵심적인 이슈를 정확히 파악하는 통찰력을 갖추고 있다. 현재 조직이 가지고 있는 풀어야 할 과제들을 해결하기 위하여 다양한 정보와 필요한 정보를 얻기 위한 정보 수집 능력이 뛰어나고, 이 정보를 토대로 면밀한 분석을 하여 명확한 진단과 기회를 포착한다.

둘째, 자신의 아이디어를 실현하기 위하여 인간관계를 적극 활용하고 업무의 효과성을 높이기 위하여 분명한 관계를 정립하는 능력이 뛰어나다. 이는 개인의 목표보다는 조직의 목표를 우선시하고, 친화적인 관계를 유지하며, 설득할 수 있는 능력이 있고, 평소에도 네트워크 형성과 팀워크에 많은 관심을 두고 있어서 문제가 발생할 때 이에 대한 적극적인 대처 능력과 해결능력을 갖고 있다.

셋째, 불확실한 상황에서도 성공을 확신하는 강한 추진력이 있다. 기업가는 끊임없이 변화를 추구할 뿐만 아니라 혁신적 환경에서는 자신이 먼저 실천하고 그리고 타인으로 하여금 참여할 수 있도록 유도하며, 과업에 대해서는 성공의 확신을 가지고 독자적이고 주도적인 행동을 함으로써 성공의 확률을 높인다. 이러한 역량은 성공하는 사람들의 보편적인 모습에서 볼 수 있는 성실성과 신뢰성에서 찾을 수 있고, 시대적 변화를 읽을 수 있는 지식, 경험, 직관, 정열 등이 있기 때문이다.

넷째, 성과 지향적인 조직문화를 조성하고, 성과관리의 역량이 매우 높다. 경쟁 환

그림 2-2 | 성공하는 리더의 역량

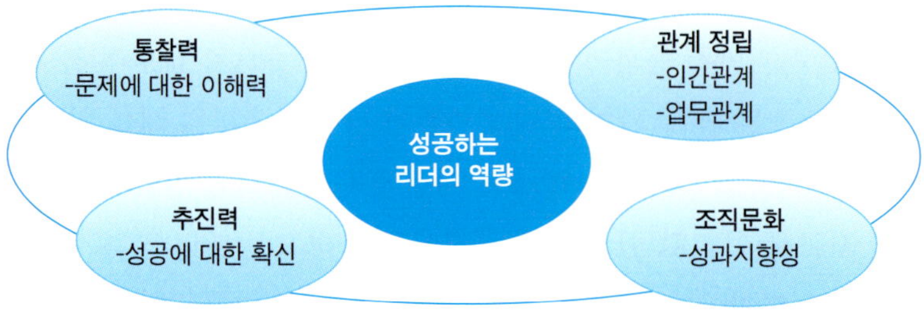

경과 다변화의 사회 구조 속에서 조직 구성원의 성과관리는 조직의 비전과 목표에 따라 그것을 실행하는 과정에서 수시로 지시 및 감독과 같은 통제가 이루어질 때 조직 구성원들은 긴장과 성과에 대한 책임을 다할 수 있기 때문이다.

반면에 실패한 리더들은 구성원들에게 불필요하고 과도한 스트레스를 주는 행동을 보이거나, 혼란을 가져올 수 있는 우유부단한 행동과 같은 것이 보편적으로 나타나는 모습이다. 실패(失敗)는 잘못하여 뜻을 이루지 못한 것으로 그 사전적 의미를 찾을 수 있는데 시드니 핑켈스타인(Sydney Finkelstein)은 경영자가 실패하는 원인을 관리자의 전략적 마인드가 부족하고, 자의적으로 현실을 인지할 뿐만 아니라 의사소통 시스템의 장애로 인한 소통부재, 관리자의 리더십 특성 등으로 보고 있다.

시드니 핑켈스타인이 지적한 실패한 관리자에게서 나타나는 리더십 특성은 첫째로는 자신과 기업이 환경을 지배한다고 보며, 중요한 장애물을 저평가하고, 과거에 통했던 방식에 대한 집착 등과 같은 변화관리에서의 실패와 둘째로는 자신과 회사를 동일시 여기며, 자신이 모든 해답을 가지고 있다는 믿음이 강하고, 자신이 회사의 이미지를 대변한다는 생각 등과 같은 리더 자신의 능력에 대한 과신을 지적하고 있다. 그리고 셋째로는 인적자원을 효과적으로 활용하지 못하는 것이 관리자들의 경영관리실패 요인으로 보고 있다.

LG경제연구원의 자료에서 보면, 리더십 실패를 초래한 일반적인 함정을 제시하고 있는데 첫째, 실행력 부족이다. 리더가 조직을 이끌어갈 계획의 추진력이 없다면 조직은 미래상황에 대응할 능력을 상실하게 된다.

둘째, 현장과의 괴리이다. 현장 감각을 갖지 못하는 것은 실패의 주요 요인이다.

그림 2-3 | 실패를 초래하는 함정

현장의 파악은 최적의 의사결정과 구성원들의 역량 개발을 위해 필요한 리더십 활동이다.

셋째, 권위주의적인 태도와 행동이다. 실패하는 리더의 큰 특징 중에 하나로 원만하지 못한 대인관계로 오는 경우가 많다. 이는 구성원에 대한 배려부족과 거만함은 다른 사람과의 소통부재로 나타나게 되고, 항상 자신의 스타일에 맞추길 원하기 때문에 새로운 아이디어의 창출과 구성원의 능동적인 기회는 잃게 된다.

넷째, 인기주의이다. 리더들이 인기나 호감에 연연해서 구성원의 잘못에 대하여 질책을 꺼리거나 소극적인 태도를 보임으로 해서 오는 문제는 높은 성과자의 사기저하를 가져 오는 등의 부정적인 결과를 초래하게 된다.

따라서 리더의 성공과 실패는 조직의 성과뿐만 아니라 생존에 까지 영향을 미치게 되는 것으로 리더에게는 조직의 핵심자원인 인적자원에 대한 관리를 위해 절대적인 리더십 훈련이 요구된다고 할 수 있다.

3. 리더십에 대한 관심, 왜 증가할까?

리더십의 효과를 기대하기 위해서는 리더들이 기본적으로 갖추어야 할 조건이 있다. 그것은 리더와 조직을 둘러싸고 있는 환경을 이해해야 한다. 그 이유는 다원화된 사회에서 다양한 이해관계자들과의 공존을 해야 하고, 환경 변화에 적극적 대응할 수 있는 역량을 구비해야 하기 때문이다. 특히 산업 기술의 발달은 인간의 노동력에서 기계설비와 같은 자동화를 이루었고, 육체노동의 비율을 감소시킴과 동시에 보다

그림 2-4 | 현실을 볼 수 있는 능력, 리더십

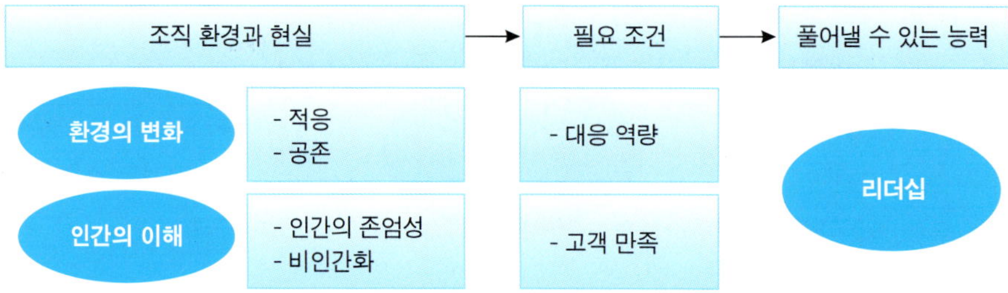

높은 지적 수준을 요구하고 있다.

또 다른 요구 조건은 인간에 대한 이해이다. 기술의 진보는 사람들의 삶의 내용을 변화시키고 있다. 조직의 구성원으로서의 역할이 신기술에 의해 축소되어지고 있고, 비인간화의 위협과 인간의 존엄성에 대한 도전은 인간으로 하여금 기술에 대한 저항감을 갖게 하고 있다. 더 나가 기업 존재의 기본이 되는 고객 만족은 더 많은 부분에서 인간을 이해해야 하는 숙제를 남기고 있다.

이렇듯 산업기술의 발달에 따른 환경의 변화와 구성원과 고객이라는 인간들의 속성은 오늘날 많은 기업들이 생존경쟁에서 우위를 유지하기 위해서 기업의 비전으로 고객만족 경영과 인간존중 경영을 표방하고 있다. 이는 구성원들이 조직에 대하여 만족할 때 기업의 생존의 근간이 되는 고객만족을 제공할 수 있기 때문이다. 따라서 경영의 전반적인 사고가 인간을 중심으로 이루어지고 있고, 경영활동도 인간을 통하여 수립된 목표를 달성할 수 있음은 자명한 사실이며, 조직성과를 위해서는 리더십에 대한 개념의 이해가 매우 중요하다고 할 수 있다.

리더십이 인간존중 경영을 실현하는데 중요하게 여겨지는 이유는 개개인의 역량을 결집시켜 조직에서 시너지 효과를 가져 올 수 있기 때문이다. 그리고 리더가 얼마나 효과적으로 리더십을 발휘하는가에 따라 조직의 성과가 좌우되기 때문이기도 하다. 따라서 효과적인 리더십은 구성원으로 하여금 조직목표 달성에 적극적으로 기여할 수 있는 동기부여 요인이 되며, 코치로서의 역할을 수행할 때는 구성원 각자의 역량을 배양하도록 촉진하는 요인이 된다. 더 나가 개인이나 조직의 발전을 위한 변화를 촉진한다.

그림 2-5 | 리더십의 필요성

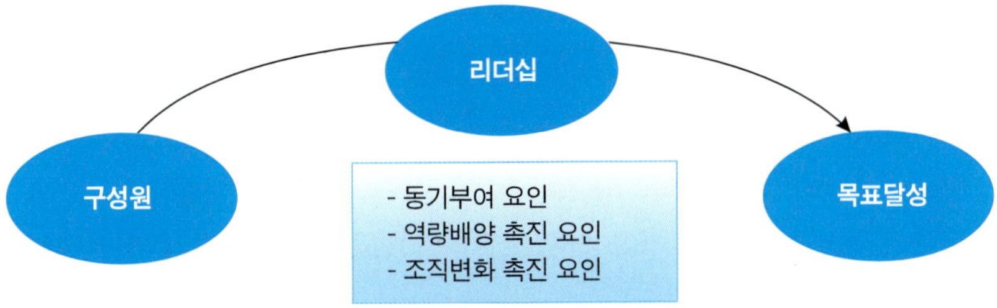

02 리더십, 어떻게 표현해야 할까?

1. 리더십이 지니고 있는 의미

리더와 리더십에 대한 사전적 의미를 보면 리더(leader)는 어떤 바람직한 방향을 사람들에게 제시하고 이끌어 가는 역할을 감당하는 사람, 지도자, 지휘자 등을 뜻한다. 그리고 리더십(leadership)은 특정 목적을 공유하는 집단의 구성원들이 최대한의 개인적 만족을 느끼면서 동시에 집단의 목적을 달성하도록 이끌어 가는 능력 및 자질로 볼 수 있다.

사회를 구성하고 있는 조직의 모습은 어떤 성격을 가지고 있든지 아니면 조직의 규모가 어떠하든지 간에 한 조직을 효과적으로 관리하는 일은 결코 쉬운 일이 아니다. 이러한 조직에 필요한 것은 조직의 목적을 이루기 위해 리더에게 많은 것을 요구하게 된다. 따라서 그 조직의 성공을 위해 중요하게 요구되는 것은 리더의 특별한 능력이다.

리더의 능력이나 자질로 표현된 리더십(leadership)에 대한 연구는 많이 이루어 졌으나 리더십 정의에 대해서는 연구자들 마다 다양하게 내리고 있다. 코터(J. P. Kotter)는 바람직한 목표를 성취시키기 위하여 다른 사람들을 동기부여하고, 지휘하

그림 2-6 | 리더십의 정의

공동의 목표를 달성하기 위하여 한 구성원이 조직과 그룹의 다른 구성원들에게 영향력을 미치는 과정

며, 영향력을 행사하는 능력이라고 하였고, 바스(Bass) 등은 리더십이란 부하들을 변화시키고, 성취할 수 있는 목표의 비전을 창조하고, 그 목표들을 성취할 수 있는 방법을 명확하게 표명하는 것이라고 하였다. 노스하우스(P. G. Northouse)는 리더십이란 공동의 목표를 달성하기 위하여 한 구성원이 조직과 그룹의 다른 구성원들에게 영향력을 미치는 과정으로 정의하였다. 이를 중심으로 볼 때 리더십은 일정한 상황에서 목표 달성을 위하여 개인이나 집단의 행동에 영향력을 행사하는 과정으로 볼 수 있다. 목표를 달성하기 위한 일련의 과정으로 이해할 수 있는 리더십은 목표달성을 위한 과정이요, 영향력 행사의 과정임을 볼 때 리더십의 핵심 요소는 부하에 대한 동기부여 능력이나 영향력을 발휘하는 기술임을 알 수 있다.

2. 리더십, 어떻게 영향력을 발휘할 것인가

리더가 구성원들로 하여금 조직의 목표달성을 위해 어떤 행동을 하도록 하기 위해서는 그에 상응하는 영향력을 지니고 있어야 한다. 이 영향력은 리더십의 가장 핵심적인 요소로서 리더십의 필수 조건이며, 구체적인 표현으로는 권력으로 나타낼 수 있다. 권력(power)은 다른 사람의 의지나 저항에 관계없이 자신이 하고자 하는 것을 할 수 있는 능력을 의미한다. 즉 어떤 조직화된 저항에도 관계없이 어떤 목적을 달성하도록 자원을 이동시키는 원천적 능력으로 다른 사람에게 무엇인가를 하도록 하는 힘이라고 그 개념을 이해할 수 있다.

조직에서 리더가 구성원에게 영향력을 행사하는 가장 기본적인 방법은 두 가지로 구분할 수 있다. 첫째, 강압적인 방법이다. 이는 직위 권한에 기초한 것으로 주로 부정적인 보상 방법을 활용하여 구성원에게 리더가 원하는 행동을 하도록 하는 것을 의미한다. 조직 내에서 공식적인 관계에서 많이 볼 수 있는 방법이다.

둘째, 비강압적인 방법이다. 이는 합리적이고 인지적인 측면에 호소하거나 감성적이고 가치 지향적인 측면에 호소하는 방법으로 이성과 논리에 기초하여 공유된 목표 달성이 구성원 자신에게도 최선의 이익이 된다고 믿도록 리더가 구성원에게 영향을 미치는 것을 의미한다.

이러한 직위권력은 구성원이 호의적 또는 비호의적으로 지각하여 조직이나 과업에 몰입하거나 저항하게 되고, 조직성과에는 상이한 결과를 가져 오게 된다. 이렇듯 구성원들의 행동에 영향을 미치게 되는 잠재적 영향의 수단인 권력의 기반을 살펴보면 다음과 같다.

첫째, 강제적 권력(coercive power)이다. 무력·위협·감봉·해고·벌 등과 같은 부정적 보상을 의미하며, 이것을 피하려는 사람들에게 행사하는 권력이다. 이 방법은 조직에 극히 해가 되는 행동을 억제하는데 유용하다.

둘째, 합법적 권력(legitimate power)이다. 리더에게 주어진 직위에 기반을 둔 권력이다. 합법적 권력은 제도적으로 서로의 약속에 의해 특정범위내에서 권력을 행사할 수 있다.

셋째, 전문적 권력(expert power)이다. 특정분야나 특정상황에 대해 어떤 지식이나 해결방안을 알고 있는 사람이 그것을 모르는 사람에 대하여 갖는 권력으로 설명할 수 있다. 즉 리더가 소유한 전문성과 기술 그리고 지식에 기반한 것이다.

넷째, 보상적 권력(reward power)이다. 구성원에게 경제적·정신적 보상을 근거하여 상대방이 보상을 원하고 있을 때 행사하는 권력이다. 임금·승진·인정 등과 같은 긍정적인 유인을 추구한다. 보상적 권력은 구성원에게 조직의 규율이나 리더의 특수한 요구에 추종하도록 영향을 주는데 효과적이다.

다섯째, 준거적 권력(referent power)이다. 리더의 개인적 특성에 기반을 둔 권력으로 대상 인물이 행위자를 찬양하거나 동일시하며 그의 인정을 받기 원하기 때문에 생기는 권력이다.

이외에도 타인이 가치 있다고 지각하는 정보를 보유하거나 그 정보에 보다 쉽게 접근할 수 있다는 사실에 근거한 정보적 권력(information power)과 조직 내·외의 영향력 있는 사람들과 연결되거나 교섭력, 인맥을 보유하고 있을 때 나타나는 배경적 권력(connection power)이 있다.

그림 2-7 | 권력의 기반

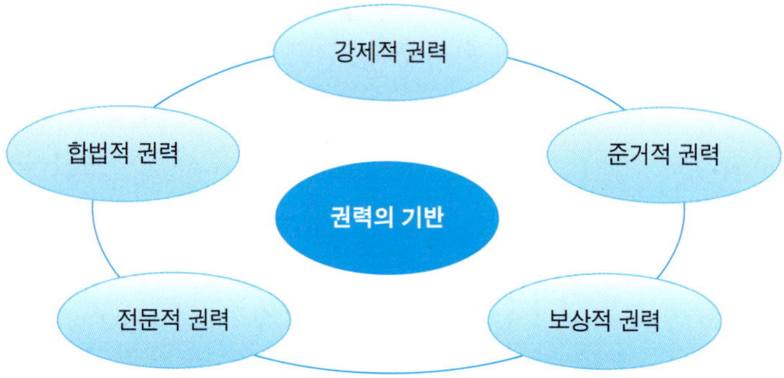

보편적으로 전문적 권력과 준거적 권력은 구성원의 몰입을 가져오는 경향이 있고, 합법적 권력과 보상적 권력은 구성원이 순응하는 경향을 보인다. 그리고 강제적 권력은 구성원의 저항을 초래할 수도 있다.

3. 리더십, 효과성

우리가 살아가고 있는 사회에서 리더십은 보편적으로 존재한다. 다시말하면 인간관계를 형성하고 있고 상호작용하는 모든 곳에는 리더와 리더십이 있다. 사회에서 가장 기초적인 것이 조직이며, 조직에서의 리더는 조직의 목표를 달성하게 하는 것이다. 따라서 효과적인 조직이란 높은 수준의 과업성과를 이루고 구성원들에게 만족을 제공하는 것으로 볼 수 있다.

리더십에 대한 효과성 측정은 어떻게 할 수 있을까? 첫째, 과업성과 측면이다. 과업성과란 리더가 구성원에게 주어진 과업을 성공적으로 수행하고 그 목표를 달성한 정도를 의미한다. 과업성과에 많이 활용되는 측정지표는 매출액, 순이익, 시장점유율, 투자수익률, 생산성, 단위당 원가, 주가 등의 객관적 측정변수들이 주로 해당된다.

둘째, 구성원의 태도로 리더십 효과성을 측정하는데 사용되는 주관적 측정변수들이 해당된다. 구성원의 태도에는 직무에 대한 태도, 조직에 대한 태도, 리더에 대한 태도 등으로 구분할 수 있다.

그림 2-8 | 리더십 효과성 측정 방법

효과성 지표	측정기준	주요 고려 요소
과업성과 측면	객관적	매출액, 순이익, 시장점유율, 생산성, 단위당 원가, 주가, 투자 수익률 등
구성원 태도 측면	주관적	- 직무에 대한 태도 : 직무만족도, 직무몰입도 등 - 조직에 대한 태도 : 정서적 몰입, 규범적 몰입, 지속적 몰입 - 리더에 대한 태도 : 리더에 대한 만족도
환경 적응력	주관적	- 적응 능력 - 혁신 능력 유연성 정도

먼저, 직무에 대한 태도로 직무 만족을 볼 수 있는데 이는 직무나 직무 경험에 의한 평가결과에 대한 긍정적 감정이나 정서적 상태를 말한다. 주로 직무만족도, 직무몰입도, 직무스트레스 등을 들 수 있다.

다음으로는 조직에 대한 태도로 조직 몰입을 들 수 있다. 조직몰입은 구성원이 조직에 대한 정서적 일체감의 정도를 의미하며, 구성원들이 조직에 대해 느끼는 심리적 일체감의 정서적 몰입, 조직 구성원으로서 가져야 할 의무감에 따른 규범적 몰입, 조직에 남아있으려는 정도를 의미하는 지속적 몰입 등으로 측정할 수 있다.

또 다른 조직에 대한 태도의 표현으로 조직시민행동이 있는데 조직시민행동이란 개인 본연의 직무는 아니지만 조직성과를 제고하는데 기여하는 직무 이외의 행동으로 조직의 효과적 운영에 공헌하는 개인의 행동을 말한다.

그리고 리더에 대한 태도를 볼 수 있는데 조직 구성원이 자신의 리더에 대한 만족의 정도로 리더의 행동은 구성원의 반응에 의해 그 효과가 발휘된다.

셋째, 리더십 효과성을 측정하는 변수로 환경에 대한 적응력을 들 수 있다. 조직의 지속가능발전을 위해서라면 적응능력 및 혁신능력을 바탕으로 하는 유연성이 있어야 함을 의미한다.

03 리더십과 경영관리, 그 미묘한 차이점

1. 경영과 경영자 그리고 관리자

조직은 개인으로는 성취할 수 없는 어떤 목적을 이루기 위해 다른 사람과 상호작용하는 구성체이다. 따라서 그 목적을 달성하기 위하여 조직 내에 있는 필요한 자원을 효과적으로 획득하고 분배하는 활동을 수행한다. 이러한 과정에서 목적 달성에 필요한 자원을 최적화할 수 있는 계획을 수립하고, 이를 실행하며, 결과를 살펴 보는 활동을 수행하게 되는데 이 모든 과정을 경영이라고 한다. 경영은 조직의 목표달성에 필요한 제반 활동이나 과정을 의미한다.

경영자는 경영의 실질적인 주체로서 조직의 목표 달성과 유지 및 발전을 위하여 조직이 가용할 수 있는 모든 자원 활용을 계획·조직화·지휘·통제하는 사람으로 기업의 방향을 결정하고, 경영활동을 직접 수행하는 경영의 주체이며, 조직의 리더이다. 오늘날과 같이 조직의 미래가 불확실하고 위험이 높은 환경일 때 지속적인 성장을 위한 경영자의 역할은 구성원과 상호작용을 통하여 종합적이고 발전적으로 통합할 수 있는 능력을 갖추어야 하고, 목표 달성을 위해 조직의 방향을 제시하여야 하며, 구성원들의 활동을 조정하는 등의 일을 수행해야 한다.

조직은 성장하면서 분화를 하게 된다. 이 분화과정을 보면 과업의 중요도와 직무의 내용에 따라 위계수준과 직무의 범위가 만들어지고 그 역할에 대하여 계층구조를 이루게 된다. 전술한 내용과 같은 경영자는 기업 전체를 총괄적으로 접근한 전반적인 경영자로서 최고 경영자층으로 설명할 수 있다. 그러나 직무수행과정에서 부문적인 활동에 대한 책임을 지는 조직구성원이 있는데 이를 관리자라고 한다. 관리자는 조직을 보다 효과적이고 효율적으로 운영하기 위한 과업의 관리 기능을 수행한다. 관리자의 역할은 최고 경영층이 설정한 경영방침이나 전략을 자신이 관리하는 세부 부문에서 더 구체적인 목표와 계획으로 전환하여 다른 부문들과 업무 조정을 통하여 이를 실행하는 활동을 수행한다. 따라서 관리자는 단순히 조직의 목표 달성을 위해 구성원들에게 지시·통제자의 역할을 주로 수행하는 것으로 볼 수 있다.

조직에서 대표적으로 볼 수 있는 관리자의 문제에 대한 접근방법은 증명된 안전한 방법을 선호하며, 기존의 질서와 안정을 유지하려고 한다. 주어진 목표는 자신의 감정이나 욕구보다는 조직이 우선시 하는 목표의 관리 관점에서 이를 수행한다. 업무에 대해서도 관리자는 보상과 처벌 또는 협상 등의 강압적인 방법을 사용하여 문제를 해결하고 통제하려는 경향이 강하다. 그리고 의사결정과정에서도 규정된 역할에 충실하며, 과업은 어떻게 수행되고 있는가에 관심을 갖는다. 이러한 관리자의 모습은 안정, 질서, 효율성, 절차, 통제 등을 중시하고, 과업을 수행하는 방식에 관심을 가지며, 주어진 업무는 완수하려고 노력한다.

그러나 현대사회의 경영환경은 조직의 변화와 함께 새로운 리더십이 요구되고 있다. 즉 감독자의 역할에 충실한 전통적인 관리자의 역할 이외에 팀 리더로서 구성원에게 비전을 제시하고, 목표를 명확히 하여 그것을 달성할 수 있는 보다 나은 방법을 찾도록 도와주는 코치로서의 역할, 그리고 타인의 아이디어와 그 제시된 아이디어 간의 긍정적인 결과를 도출할 수 있도록 촉진자로서의 역할 등과 같은 돕거나 지원하는 자로서의 역할을 수행할 것을 강조하고 있다.

2. 리더십과 경영관리, 이런 차이가 있다.

경영관리차원에서 보면 리더십과 경영은 개념적으로 다소의 차이점이 있다. 경영은 조직운영의 전체적인 활동을 의미하고, 리더십은 인간관계에 관한 부문적인 활동을 의미한다. 조직을 실제 운용·관리하는 관리자와 리더의 본질적인 것은 조직의 목표달성을 위해 영향력을 행사하는 것이다. 그러나 관리자는 다른 사람과 상호작용이 없이도 조직 목표달성을 이룰 수 있지만, 리더는 다른 사람과의 상호작용을 하지 않고서는 조직 목표달성을 이룰 수 없다. 이는 관리자는 설정된 목표에 맞게 단기적이고 현실에 따르는 관리기능을 수행한다. 그러나 리더는 미래지향적인 사고로 조직의 발전을 위해 구성원들에게 명확한 비전을 제시하고, 과업을 수행하는 과정에서 조직에 기여할 수 있도록 지원하며, 더 나가 구성원들을 효과적으로 도울 수 있는 코치의 역할도 수행한다.

그림 2-9 | 경영관리와 리더십의 차이

경영 관리	리더십
- 목표에 따라 계획과 실행 - 목표달성을 위한 조직화 - 통제 및 능률적인 문제해결을 통한 목표 달성에 노력 - 협상 유지 - 제도와 구조에 중심	- 미래의 비전 제시와 방향 설정 - 구성원들에게 비전 전파와 혁신하도록 솔선하는 것 - 동기부여를 통한 미래지향성 - 도전적 - 사람에 초점

경영관리와 리더십의 차이를 세부적으로 살펴보면, 경영관리와 리더십의 공통적 요소는 모든 조직에서 특정한 권한을 갖는 공식적인 지위가 바탕이 된다는 점이다. 그러나 경영관리가 필요한 경우는 조직이 복잡해지고 비대해질 때 조직의 효율성과 일관성을 위해 필요하다. 즉 관리자가 제시한 비전과 방향에 따라 실행하는 것으로 목표에 맞게 계획 수립하고, 구성원에게 맞는 업무를 분담시키고, 권한과 책임을 적절하게 배분하며, 갈등을 조정하여 조직성과를 달성하게 적절한 통제를 하는 것이다. 따라서 경영관리는 설정된 목표에 맞게 실제적인 활동이 이루어지는 것을 기본 전제로 계획과 실행과정이 의도된 계획대로 될 수 있도록 과업과정에서 조직의 각 부분을 조절해 가는데 있다.

반면, 환경은 변화를 요구하고, 조직은 확실한 미래를 보장할 수 없어서 역동성과 창조성이 절대적으로 요구될 때는 리더십이 필요하다. 리더십은 구성원에게 조직이 나가야할 방향을 제시하여 조직의 미래를 개척하는 것으로 구성원들에게 할 수 있다는 확신과 열정을 갖도록 동기부여 하는 미래지향적인 노력이 중심이다. 리더는 미래지향적으로 무엇을 해야 할 것인지를 정해 주고 구성원 스스로 해 나갈 수 있도록 코치해 주는 역할을 한다. 리더는 구성원들에게 비전을 제시하여 구성원 각자의 능력 이상의 동기 유발을 시키면서 이끌어 가는 사람이다. 따라서 리더는 내·외부적인 환경에서 기회를 발견하고, 이를 구성원들이 수용하여 성공할 수 있게 능력을 발휘할 수 있도록 하고, 또한 모든 구성원들이 공통된 가치관으로 역동성이 일어나도록 할 때 효과적인 리더십이 될 수 있다.

EXAMPLE

리더십과 잭 웰치(Jack Welch)

변화가 요구되는 21세기의 리더십 표상

21세기 산업 환경은 예측이 어렵고, 불확실성이 높으며, 많은 위험이 따르는 사회로 변하고 있다. 국민경제의 중추적인 역할을 수행하는 조직인 기업은 이러한 환경의 변화에 적응하기 위한 다양한 노력을 기울이고 있다. 이는 조직을 둘러싸고 있는 환경에 대한 이해와 조직의 내적 역량을 분석하여 기업경영에 접목한다면 21세기 경영환경은 위협적이기도 하지만 새로운 성장의 기회를 제공하기 때문이다.

불확실성과 위험이 높고 급변하는 환경에서 조직이나 기업에게 필요한 것은 무엇일까? 그것은 현재의 조직이 이 난제를 어떻게 해결할 것인가를 생각하면서 이를 누가 실행할 것인가를 생각하는 것이다. 조직은 다양한 요소에 의해 유지 및 관리되지만 가장 핵심적인 요소는 인적 자원이다. 왜냐면 사람이 일을 수행하기 때문이다. 따라서 인적자원의 중요성은 조직성과와 직결되는 것으로 이를 이끌어 가는 능력, 그것이 리더십이다.

(영상의 한 장면)

1980년대 미국의 경영환경은 매우 어렵고 힘든 시기였다. 이 시기에 성공한 기업 이미지를 구축한 GE의 성공비결은 무엇일까? 많은 사람들은 잭 웰치(Jack Welch)를 CEO로 영입한 것이고, 그 가운데 크론톤빌 리더십 센터(Crontonville Leadership Center)를 적극적으로 활용한 것으로 보고 있다.

잭 웰치는 GE의 CEO가 되면서 거대한 기업이지만 위기에 놓여 있는 GE를 새로운 모습으로 변화를 시도하였다. 그러기 위해 먼저 한 것은 기존의 규칙을 과감하게 깨뜨렸고, 위기극복을 위해서 절대적으로 필요한 것은 인적자원으로 보았다. 즉 GE는 사업 보다는 사람이 중심이다 라는 인식하에 인적자원 관리를 위기극복의 가장 우선과제로 삼았다. 조직이 비대해지면 관료화되고 변화를 싫어한다. 변화에는 위험과 불확실성에 대한 두려움과 기존의 이점을 포기해야 하기 때문이다. 그러나 사업의 생명을 유지하기 위해서는 새로운 도전의 기회를 포착하여야 하고 이 기회는 변화를 추구할 때 가능하다.

잭 웰치는 변화를 추구하면서 가장 역점을 두었던 것은 리더십이다. 리더십은 조직의 내일을 위해 필요하고 조직성과에 절대적 영향을 미치는 것으로 보았고, 그러기 위해서는 리더가 지녀야 할 리더십 덕목을 현실적이며, 공격적이고, 에너지가 충만해야 하고, 예리하며, 겸손하고, 긍지가 강할 때 가능한 일로 보았다.

잭 웰치가 추진한 변화와 리더십 훈련을 보면, 가장 먼저 비전을 제시하였다. 그리고 성과를 위한 조직관리는 공정한 평가가 될 수 있도록 하였고, 조직의 구조조정을 실행할 때에는 과업 성과에 따라 최상위 20%, 핵심인력 70%, 믿음과 열정이 낮은 구성원 10%로 구분하여 그 10%는 해고하였다.

또한 리더십 훈련센터를 운용하여 리더십 훈련을 실시하였으며, 교육의 중심은 리더의 자질과 능력개발에 두었다. 잭 웰치는 리더가 지녀야 할 자질로는 1P4E라는 개념을 도입하였다. 리더는 열정(Passion)이 있어야 하고, 급변하는 환경에 대처할 수 있는 힘인 에너지(Energy), 그리고 다른 사람에게 힘을 불러 넣어 줄 수 있는 에너자이즈(Energize), 싫고 좋음에 대한 확실한 표현의 엣지(Edge), 약속을 지키는 실행력(Execute) 등을 갖게 하였다.

잭 웰치는 관리자 타입을 4 가지로 구분하였는데 첫째, 가치 있고 수익을 이끌어 내는 사람으로 여기에 해당하는 리더는 칭찬과 승진의 기회를 제공하였다. 둘째, 가치 없고 성과를 못내는 사람은 조직에서 퇴출되어야 한다고 하였으며, 셋째, 가치는 있지만 성과가 없는 사람에게는 재기할 기회 제공해야 하며, 넷째, 직원을 괴롭혀서 성과를 내는 사람은 조직에 위해를 가하는 사람으로 조직에서는 불필요한 존재라고 하였다. 잭 웰치의 GE는 이러한 기업 경영을 통하여 누구나가 인정하는 성과 평가는 평등한 직장 분위기를 조성하였다.

잭 웰치의 이러한 노력은 끊임없는 변화만이 사고(思考)를 넓히고 개인의 성장을 이룩할 수 있다는 신념에서 비롯된 것으로 21세기에 가장 성공한 리더로서 그 가치를 인정받게 되었다.

출처 ; EBS 세계적 CEO 21세기 경영전략-잭 웰치, 리더십의 표상

3장

리더, 의사결정의 주체

01 누구나 꿈꾸는 리더로서의 경영자

1. 경영자, 어떤 사람인가

미래가 보장되어 있지 못하고 불확실성이 높으면 사람들은 대부분 이 난세를 풀어갈 수 있는 능력을 겸비한 사람이 나타나길 원하고 그리고 그 어려움을 극복해 나가길 기대한다. 기업도 마찬가지로 내·외부로부터 위협 요소가 감지되게 되면 이를 극복하기 위하여 부단한 노력을 한다. 앨빈 토플러의 제3의 물결에서 보면 농경사회에서나 산업사회에서는 그래도 미래에 대한 어느 정도의 환경변화가 예측이 가능했지만 지식정보화 사회로의 진입은 많은 위험에 노출된 불확실성이 높은 사회가 될 것을 예견하였다. 이러한 예견은 자원 확보, 기술의 진보, 소비자 태도의 변화와 같은 정치·경제·사회·문화·기술 등 모든 분야에 적용되었으며, 기업은 이러한 환경에 적응하기 위하여 리더의 역할을 더욱 중요한 능력으로 인지하게 되었다.

따라서 이 시기에 관심을 갖게 된 것은 경영자에 대한 자질부분으로 리더가 어떻게 조직에 영향력을 행사하여 위험한 환경을 극복하였는가는 초미의 관심사항이 되었다. 특히, 기업 경영은 주어진 자원을 활용하여 조직의 목적을 달성하는데 필요한 여러 가지 활동들을 계획-실행-평가하는 과정을 거쳐야 한다. 이러한 경영활동 과정을 수행하는데 있어서 환경을 이해하고, 조직의 역량을 파악하여 의사결정 하는데 중추적인 역할을 하는 사람이 경영자이다.

경영자란 경영의 실질적인 주체로서 조직의 목표 달성을 위하여 조직이 가용할 수 있는 모든 자원 활용을 계획·조직·지휘·통제하는 사람이라고 할 수 있다. 경영자가 취하는 행동의 대부분은 기업경영과 관련된 의사결정이며, 비일상적이고 창의적인 내용이다. 따라서 경영자가 수행해야할 일은 기업이 달성하고자 하는 목표를 이루기 위해 계획을 수립하고 수립된 계획을 효율적으로 수행하기 위하여 실제 운용 관리하는 것으로 조직이 가용할 수 있는 자원을 적절하게 배분하고, 최적의 시스템이

될 수 있도록 조직화하는 역량이 있어야 한다. 그리고 수립된 목표와 계획을 실행할 때 조직구성원들이 이를 수용할 수 있도록 의사소통을 하고, 더 나가 성과를 나타내도록 지원과 훈련을 지휘·감독하는 역할을 수행하여야 한다.

경영자는 기업을 구성하는 조직구성원이면서 기업이 추구하는 목표를 달성하기 위해 조직구성원의 역할과 행동을 규정하는 사람으로서 기업경영에 없어서는 안 될 중요한 위치에 있다. 특히 오늘날과 같이 불확실한 미래와 위험이 높은 기업 환경에서 지속적인 성장과 보다 높은 성과를 달성하기 위해서는 조직 구성원과 상호작용을 통해 종합적이고 발전적으로 통합할 수 있는 능력을 갖추어야 하고, 목표달성을 위해 조직의 방향을 제시하며, 조직 구성원들의 활동을 조정하는 등의 과업을 수행하는 사람이라고 할 수 있다.

2. 경영자는 이런 역할을 해야 한다.

경영자는 기업의 방향을 결정짓고 경영활동을 직접 수행하는 경영의 주체이며 조직의 리더이다. 경영자가 수행해야할 대표적인 일들은 공식적인 직무와 관련하여 대표자로서의 역할을 수행해야 하고, 기업의 목표달성과 경영관리 활동에서는 의사결정과정을 수행해야하며, 기업의 성과를 높이기 위한 정보관리 등을 해야 한다. 이렇게 경영자가 수행해야 할 역할에 대하여 세부적으로 살펴보면 다음과 같다.

① 대인관계자로서의 역할

대인관계 역할(interpersonal roles)은 기업의 경영활동을 수행하는 과정에서 경영자라는 공식적인 직위를 토대로 이해관계자들과의 관계를 고려하여 기업이 원활하게 운영될 수 있도록 노력해야 하는 것을 말한다. 경영자가 담당해야 할 대인관계의 역할에는 먼저, 대표자로서의 역할이다. 그리고 리더로서의 역할을 수행해야 하는데 이는 기업 목표 달성을 위하여 구성원들에게 동기부여하고, 업무의 지침을 제시하며, 갈등을 조정하는 등 구성원들을 통솔하고 조정하는 역할이라고 할 수 있다. 그리고 경영자는 기업의 내부와 외부의 연결자로서의 역할도 수행해야 한다.

② 의사결정자로서의 역할

경영자는 경영활동 과정에 끊임없이 의사결정을 해야 한다. 의사결정과 관련한 역할(decisional roles)의 내용을 보면, 기업가로서의 역할이다. 이는 기업의 새로운 성장 동력을 발굴하고, 창의적이고 혁신적인 경영활동을 주도해야하는 것을 의미한다. 또 자원배분자로서의 역할이다. 기업 가치를 가장 높일 수 있는 부분에 우선순위를 두고 자원을 적절히 배분하는 역할이다. 그리고 분쟁해결자로서의 역할이다. 기업 내에서 야기되는 애로사항이나 문제가 발생했을 때 이를 적극적으로 해결방안을 모색해야 하는 역할을 해야 한다. 마지막으로 협상자로서의 역할이다. 기업을 대표하여 이해관계자들과의 교섭, 계약 체결 등에 필요한 협상 등을 수행해야 한다.

③ 정보관리자로서의 역할

정보관리 역할(informational roles)은 경영자가 기업 경영을 위하여 필요한 정보를 수집하고 이를 활용하는 역할을 의미하는 것으로 정보 수집과 정보전달, 그리고 대변인 등의 역할이 있다.

정보 수집자로서의 역할은 기업 경영에 필요한 정보를 지속적으로 탐색해야 하는 것과 정보 전달자로서의 역할은 수집한 정보를 기업 구성원들에게 전달하고 공유하여야 하는 역할을 의미한다. 그리고 대변인으로서의 역할은 수집된 정보를 통해 자신의 부서나 기업 내·외부의 이해관계자들에게 기업의 공식입장을 전달하는 역할을 수행해야 한다.

3. 경영자, 위치에 따라 하는 일도 다르다.

조직은 성장해 가면서 전문 직능으로, 또는 과업의 중요도 등에 따라 분화한다. 이렇게 분화된 조직은 수행하는 직무의 내용에 따라 위계수준과 직무의 범위가 정해지며, 계층구조를 이루게 된다. 계층별로 경영자가 수행하는 주요 임무는 다음과 같다.

① 최고 경영자

최고경영자(top manager)은 한 기업의 경영 전반에 관한 책임과 권한을 가진 사람

그림 3-1 | 경영자의 계층 구조

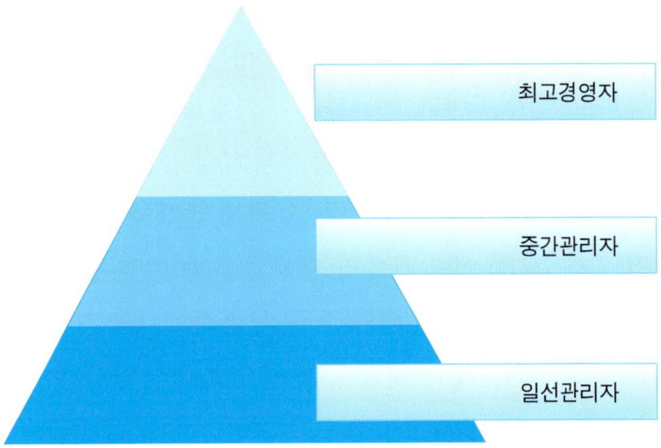

들로 구성되어 있으며, 기업의 장기적 목표와 전략 등의 기업 전체에 영향을 미치는 전략적 의사결정과 경영활동을 통합·조정하는 역할을 수행한다. 대부분의 기업들은 이사급 이상의 경영자를 지칭한다.

② 중간 경영자 또는 중간 관리자

중간 경영자 또는 중간 관리자(middle manager)라고 한다. 최고경영층이 설정한 경영방침이나 전략을 실행으로 옮기기 위한 여러 활동들을 수행하는 계층으로, 경영방침이나 전략을 자신이 관리하는 세부 부문에서 구체적인 목표나 계획으로 전환시키고, 다른 세부 부문들과의 업무 조정을 하는 활동을 수행하며, 일선관리자들을 지휘·감독한다. 중간 관리자층은 최고경영층과 일선관리자층 간의 조정하는 역할을 수행하며, 대체로 부장·차장·과장급 등이 이에 해당된다.

③ 일선 관리자

일선 관리자(first-line manager)는 중간관리자의 명령과 지시에 따라 업무의 현장에서 구성원을 지휘·감독하는 관리자이다. 실무에 종사하는 직원들의 업무 수행을 감독하고 업무 현장에서 발생하는 일상적인 문제 해결에 대한 책임을 진다. 특히 일선 관리자에게 요구되는 것은 구성원들을 가르치고 그들의 일상적인 작업을 지도·감독할 수 있는 기술적 전문성을 가지고 있어야 한다. 생산현장에서는 직장·조장·반장 등이며 사무현장에서는 계장·대리급이 이에 해당된다.

4. 경영자, 위치에 따라 갖추어야할 능력도 다르다.

과업을 수행하기 위하여 경영자가 갖추어야 할 능력은 기업 경영의 개념적인 부분과 인간관계, 그리고 기술적인 능력이다. 이 세 가지 능력은 경영 계층에 따라 비중이 다르다. 즉 최고 경영자에게는 개념적 능력이 중요하지만 일선 관리자에게는 과업 수행에 있어서 전문성이 더 크게 작용함을 의미한다.

① 개념적 능력

개념적 능력(conceptual skills)은 기업이 당면한 환경이나 문제를 전사적이고 장기적인 관점에서 파악하고, 기업의 목표와 일치하는 방향으로 의사결정 할 수 있는 능력으로 조직 내의 모든 이해관계자의 관심과 행위를 통합하고 조정하는 능력을 의미한다. 개념적 능력은 최고경영층에게 더 많은 것을 요구하는데 그 이유는 현대사회가 무한 경쟁시대이며, 기술의 발전과 급변하는 경영환경으로 이를 적극적으로 대처해 나가는데 중요한 역량이기 때문이다.

그림 3-2 | 계층별 경영자가 지녀야 할 능력

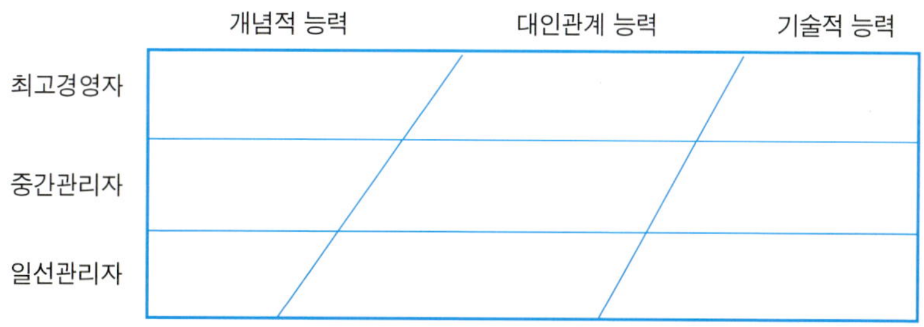

② 대인관계 능력

대인관계 능력(human relations skills)은 모든 계층의 경영자들에게 요구되는 능력으로 개인 또는 조직을 이해하고, 동기부여하며, 함께 일을 하는 능력이다. 구성원과 조화를 이루고 원활한 의사소통을 할 때 보다 높은 조직의 성과를 이끌어 낼 수 있으며, 최고 경영자들에 의해 수립된 조직의 목표나 계획을 실행할 때 부문 간의 조정 역할과 부하 직원 관리를 해야 하는 중간 관리자들에게 더 강조되는 능력이다.

③ 기술적 능력

기술적 능력(technical skills)은 특정 분야에 대한 전문적인 지식, 기술 및 경험을 가지고 이를 업무와 관련하여 문제해결에 활용할 수 있는 능력으로 현장실무 또는 업무 능력이라고도 한다. 실제 현장에서 실무를 수행하는 실무자들을 관리 감독하기 위해서는 전문적인 지식을 갖추고 있어야 하며, 일선 경영자들에게 매우 중요한 능력이 될 수 있다.

5. 강조되는 경영자의 관리직능

경영자에게 주어진 책임은 조직 목표의 달성이다. 조직 목표는 능률적이고 효과적인 방법으로 계획되어져야 하며, 수립된 계획에 따라 실행할 때 구성원들은 각각의 영역에서 주어진 경영자원을 어떻게 잘 활용하는가에 따라 평가를 받게 된다. 따라서 경영자는 기업을 둘러싸고 있는 환경과 기업이 가지고 있는 역량을 중심으로 기업이 달성할 수 있는 목표를 수립하는 것이 먼저 해야 할 일이며, 이에 따른 최적의 의사결정이 수반 되어야 한다.

경영자는 구성원들이 과업을 잘 수행할 수 있도록 뒷받침하고 지원해 주어야 한다. 그리고 구성원의 동기부여와 생산성을 향상시킬 수 있는 방법을 모색하는 것이 경영자의 직무이다. 이러한 경영관리 과정에서 가장 어려운 것은 매 순간마다 의사결정을 해야 하는 것이다.

경영자의 기본적인 관리 직능(managerial function)은 계획수립, 조직화, 경영지휘, 경영통제 등의 4가지이다. 이 4가지 직능은 상호 유기적으로 관련되어 있고, 통합적인 조화를 이루고 있다.

① 계획 수립

계획(planning)은 미래를 예측하고 조직의 목표를 달성하기 위한 최선의 전략에 대한 의사결정을 하는 과정이다. 계획 과정에서는 기업의 환경을 분석하고, 사업의 기회를 탐색하며, 예상되는 위협요인들을 파악하는 것이다. 경영자가 계획 수립할 때 중요하게 여겨야 하는 것은 기업의 미래에 대한 전반적인 방향을 설정하는 것과 조직의 목표달성에 필요한 자원을 확보하는 것, 그리고 조직목표 달성을 위한 과업 활동을 결정하는 것이다.

② 조직화

조직화(organizing)란 조직의 구조를 설계하고 조직이 가용할 수 있는 자원들이 목표 달성을 위하여 함께 작동하는 체계를 구축하는 과정이다. 조직을 편성할 때에는 조직구성원에게 수행 가능한 직무와 직무내용을 결정하고 책임과 권한을 명확히 하며 직무 상호간의 관계를 합리적으로 편성하여야 한다. 조직화에서 중점적으로 다루어야 할 것은 구성원 간의 관계, 책임 소재, 보고 체계 등이 어떻게 되었는지 등이 나타나야 한다.

③ 경영 지휘

조직의 목표와 계획을 실행하기 위해서 조직화 단계에서는 구성원이 주어진 과업과 최적화가 될 수 있도록 적재적소의 인적자원의 배치가 우선 되어야 한다. 경영지휘(leading)는 구성원에게 조직의 목표를 더 효과적으로 달성할 수 있도록 방향을 제시하고, 의사소통하며, 활력을 주는 영향력을 행사하는 과정이다. 경영자에게 요구되는 역할은 구성원에게 동기부여와 비전 제시, 구성원 상호 간이나 집단 간의 갈등에 대한 조정 등의 리더십이 필요하다. 그리고 성과를 위해 구성원에게 지도·교육·훈련과 같은 개인의 역량을 강화하는 것도 경영자가 해야 할 역할이다.

④ 경영 통제

경영활동 과정에서 계획된 목표에 맞게 일이 진행되고 있는지, 계획된 대로 결과가 나오는지 등을 지속적으로 확인해야 한다. 경영통제(controlling)란 이렇게 수립된 목표와 실제와의 관계를 살펴보는 것으로 계획은 평가의 기준이 되며, 이를 토대로 구성원들의 과업 수행정도에 따라 성과를 비교하는 것이다. 따라서 경영통제는 개인이나 집단이 의식적으로 성과를 검색하고, 시정행동을 취하는 과정이다. 경영통제는 계획과 다른 결과에 대하여 조정할 수 있는 것으로 오늘날과 같이 변화가 많은 환경에서는 빠르게 의사결정 할 수 있는 성공적인 관리체계의 핵심과정이라고 할 수 있다.

02 리더에게는 가장 중요한 기능, 의사결정

1. 의사결정의 의미

경영자가 취하는 행동의 대부분은 기업경영과 관련된 의사결정이다. 환경과 상호작용을 하는 유기체인 기업은 환경으로부터의 문제와 기업 내부에서 발생하는 여러 가지 문제들을 해결해야 하는 과제를 안고 있으며, 따라서 매 순간 대안들에 대한 의사결정을 해야 하는 상황을 접하게 된다.

의사결정은 조직의 모든 계층에 있는 경영자 및 관리자들이 수행해야 하는 중요한 역할이다. 따라서 의사결정(decision-making)이란 문제점을 인식하여 그 문제를 해결할 수 있는 여러 대안 중에서 최적의 대안을 선택하고 실행하는 과정이다. 이러한 의사결정은 조직의 성과와 효율성을 결정하는 가장 근본적인 요소로서 조직경영의 생명과정(life process)이라 할 수 있다.

의사결정의 중요성은 경영자가 의사결정이라는 행위를 수반하지 않고 경영활동을 전개할 수 없다. 올바른 의사결정이 뒷받침되지 않을 때 기업의 경영성과는 기대할 수 없고, 기업이나 기업과의 이해관계가 있는 집단에게까지 영향을 주게 됨으로 경영에 있어서 의사결정은 매우 중요하다고 할 수 있다. 다시말하면 의사결정은 경영자나 관리자들이 관리직능을 수행하는 과정에서 반드시 필요한 행동으로 의미있는 의사결정을 위한 능력 구축은 절대적으로 필요하다.

기업경영에 있어서 의사결정의 어려움은 첫째, 의사결정의 시점은 현재이지만 미래의 불확실성을 고려하여야 하기 때문에 얻어질 결과에 대하여 확신할 수 없다. 둘째, 의사결정은 기업을 둘러싼 다양한 이해관계집단에게 의사결정에 관한 이해와 만족을 주어야 한다. 셋째, 해결해야 하는 문제에 대하여 대안에 대한 선택의 기준이 다양하게 있을 수 있고, 이를 평가하는 평가자의 가치관에 따라 다르게 나타나기 때문에 의사결정은 어려운 과제이다.

2. 이럴 땐 이런 의사결정이 필요하다.

경영자의 의사결정은 다양한 상황과 요인에 의해 영향을 받고, 또 여러 가지 상이한 환경 조건 하에서 의사결정을 하게 된다. 경영자가 의사결정할 때 충분한 정보와

그림 3-3 | 의사결정의 기본적인 틀

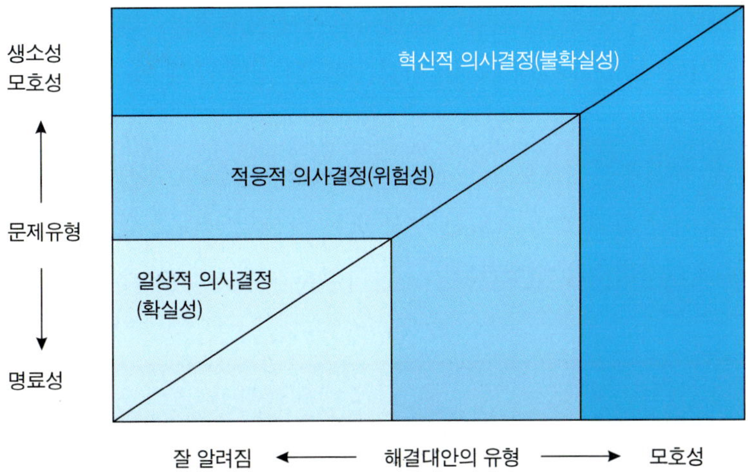

잠재적 영향에 대한 예측이 가능한 경우에는 그 조건이 확실한 상태에서 의사결정을 하게 되어 객관적·합리적인 의사결정을 할 수 있다. 반면에 정보나 잠재적인 영향에 대한 예측이 불가능한 상태에서는 추측에 의한 판단으로 의사결정을 해야 한다.

① 확실한 조건 일 때 우리는 일상적인 의사결정을 한다.

의사결정자가 주어진 대안 중에서 선택한 대안의 결과가 어떻게 나타날 것인지에 대한 미래의 상황을 사전에 알 수 있는 조건일 때는 의사결정이 어렵지 않다. 문제에 대하여 충분한 정보가 있고, 해결 대안이나 해결 결과에 대하여 잘 알고 있는 상태인 경우에는 일상적인 의사결정을 한다. 일상적 의사결정(routine decision making)은 문제의 내용이 분명하고, 잘 알려져 있으며, 해결 대안도 일상적이고 반복적으로 되어 있는 과정에서의 의사결정이다. 일상적 의사결정은 조직 내에서 통상적으로 발생하는 문제이므로 과거의 경험과 자료가 충분하여 의사결정 방법이나 결과에 대해서도 예측이 가능한 것을 의미한다. 그러나 오늘날의 경영환경은 빠르게 변화하기 때문에 이러한 환경에 대한 부분은 점차 줄어들고 있다.

② 위험성이 있는 조건일 때, 그 땐 적응적 의사결정이 필요하다.

위험성이 있는 조건이란 경영자가 대안을 선택했을 때 실행 결과를 확실하게 예측할 수는 없으나 원하는 성과가 실현될 확률을 예측할 수 있는 상황으로 문제를 정의하고, 문제에 대한 확률을 인식하며, 해결대안이나 바람직한 결과를 가져올 수 있는 가능성을 인지할 수 있는 상태를 의미한다. 이러한 상황일 때 할 수 있는 의사결정은 적응적 의사결정이다. 적응적 의사결정(adaptive decision making)은 문제가 다소 생소하고, 애매하며, 부분적으로 알려진 문제와 해결대안을 다루는 유형의 의사결정으로, 과거에 유사한 일의 경험이 있는 자사 또는 타사의 사례를 변형하거나 수정하여 적응함으로써 의사결정을 수행한다.

③ 불확실한 조건일 때는 혁신적이어야 한다.

불확실성 조건은 경영자가 문제와 해결 대안에 대하여 필요한 정보가 없어 문제를 정의하거나 해결 대안과 가능한 결과를 인식할 수 없는 상태를 의미한다. 즉, 대체안들의 실행 결과가 어떻게 일어 날 것인가의 확률을 전혀 알 수 없는 상황으로 이때 할 수 있는 의사결정은 혁신적 의사결정이다. 혁신적 의사결정(innovative decision making)은 문제 자체가 분명하지 않고 막연한 경우의 의사결정을 의미한다. 혁신적 의사결정은 생소하고 막연한 문제에 대하여 독창적이고 혁신적인 해결대안을 탐색하는 것으로 문제에 대한 정확한 진단과 창의적인 발상의 전환으로 해결방안에 접근하는 것이 필요하다.

3. 의사결정 과정

경영자의 의사결정 과정은 여러 가지 접근방법으로 설명할 수 있으나 보편적으로 활용되는 것을 보면 다음과 같다.

① 문제의 진단과 규명

의사결정자가 문제의 본질과 문제 발생원인을 파악하는 단계로 의사결정에 있어서 중요한 첫 번째 요인이다. 이 과정에서 중점두어야 할 것은 제기된 문제에 대한 이해이며, 효과적인 문제해결을 위해 필요한 것은 제기된 문제를 면밀하게 분석할 수 있는 능력을 갖추어야 한다.

그림 3-4 | 의사결정 과정 모형

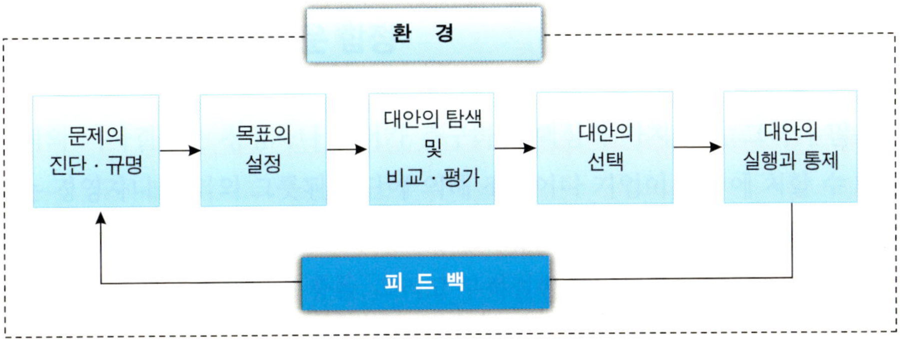

4장

동기부여, 일 할 수 있게 만드는 힘

01 일하게 하는 방법, 동기부여

02 내용이론; 인간의 욕구, 결핍에서 오는 동기부여

03 과정이론; 어떤 과정이 동기부여를 가져 올까?

04 조직구성원에게 동기부여, 이렇게 하면 어떨까

01 일하게 하는 방법, 동기부여

1. 환경의 변화 그리고 조직구성원

조직은 개인으로서 충족하기 어려운 욕구와 감당하기 힘든 한계를 극복하기 위하여 형성되며 이를 바탕으로 이루고자 하는 목표가 설정될 뿐만 아니라 그 목표를 달성하기 위하여 각자에게 주어진 역할을 성실히 수행하는 것을 전제로 생성된다. 그러므로 조직은 목표달성 여부가 존재의 이유이며, 성과가 있을 때 조직 내에 머무르게 된다. 이러한 조직은 다양하게 나타나고 있으며 그 중에서도 우리 사회의 근간을 이루고 있고, 국민경제를 지탱하고 있는 기업은 조직의 가장 보편적인 모습이다.

기업은 개인 소득의 원천이 되기도 하며, 일상에 필요한 욕구를 충족시켜 주는 생산과정을 담당하는 생산의 주체이기도 하다. 따라서 기업도 일반적인 조직과 같이 존재의 분명한 목적이 있고, 지속적으로 성장해야 하며, 성과가 있어야 한다. 즉 기업의 궁극적인 목적인 가치 창출과 지속적인 발전이 요구되며 이런 기업의 목적을 달성하기 위해서는 기업이 가지고 있는 제반 자원을 어떻게 설계하고, 활용하여 최적의 결과 값을 도출해 낼 것인가에 대한 고민을 하여야 한다.

경영은 기업을 포함한 모든 형태의 조직에서 볼 수 있는 보편적이고 포괄적인 개념으로, 특히 인적자원 관리가 가장 핵심적인 요소이다. 이는 조직의 목표를 이루기 위해서는 조직의 인적자원이 그 일들을 수행해야 하기 때문이다. 그렇기 때문에 효과적인 목표관리를 위해서는 조직구성원의 과업에 대한 이해와 이를 실천하고자 하는 의지가 절대적으로 요구될 뿐만 아니라 조직구성원 각자가 지니고 있는 능력과 역량을 최대한 발휘할 수 있도록 인적자원을 관리하는 것이 매우 중요한 과제이다.

오늘날 조직을 둘러싸고 있는 사회적 환경은 다원화되어 있고, 복잡하며, 매우 빠르게 변화하고 있다. 또한 삶의 질 향상과 지식·정보화 환경으로의 변화는 사회 구성원 개개인에게 전문적인 역량을 갖게 함으로써 각자가 추구하는 가치관에도 영향

그림 4-1 | 조직과 환경

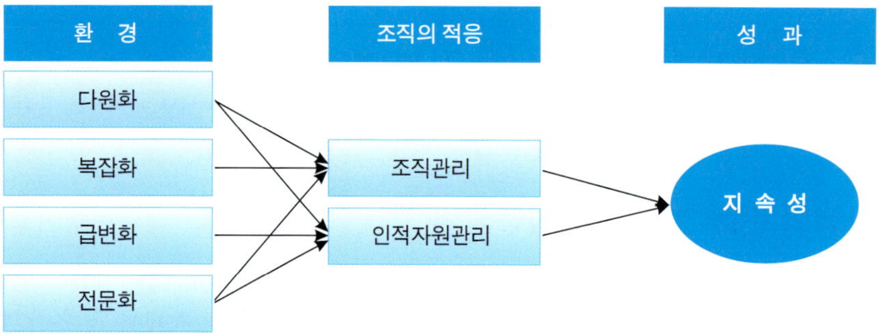

을 주게 되었다. 이러한 변화는 모든 조직이 그들의 목적 달성을 위해서는 조직관리와 인적 자원관리가 얼마나 중요한지를 반증하고 있다고 할 수 있다.

2. 높은 성과, 그 중심엔 관심 받고 싶어 하는 인간이 있다.

조직은 공동의 목표를 위해 상호작용하는 유기체로 그 목표를 달성하기 위하여 조직이 가지고 있는 자원을 가용하여 그 결과물을 만들어 가는데 이러한 활동을 수행하는 모든 과정을 경영이라고 한다. 경영은 인간이 집단을 이루고 삶을 시작한 시기부터 시작되었지만 학문적 영역으로의 발전은 20세기 초 테일러(F. W. Taylor)의 과학적 관리가 출발점이 되었다.

과학적 관리의 근간은 생산성 향상을 위해 근로자들에게 어떻게 과업을 수행하게 할 것인가에 초점을 맞춘 것으로 시간과 동작을 연구하여 생산성 향상을 도모하였다. 초기의 과학적 관리의 효과는 높았지만 과학기술의 발달과 사회·경제·문화의 변화는 다양한 학문 영역으로 그 영향력을 넓혀 가면서 인간 행동에 대한 새로운 접근을 시도하게 되었고, 이를 중심으로 조직의 성과 제고를 위해 조직구성원들을 어떤 조건을 제시했을 때 보다 많은 성과를 가져 올 것인가를 연구하였다.

과업의 성과와 관련된 연구 중에서 미국의 Western Electric사의 호손 공장에서의 실험은 작업공정에서 조명의 밝기를 다르게 하는 작업 환경의 변화와 생산량 간의 상관관계를 비교하는 실험, 근로자들의 요구조건을 들어 주고 실행한 계전기 조립 실험 등에서 나타난 결과가 생산성 증가에 영향을 주는 것은 인간의 심리적인 요인임을 밝힘으로써 조직성과를 높이기 위한 새로운 접근 방법을 찾게 되었다.

호손실험의 결과를 보면, 생산성 변화에 영향을 미친 요인은 작업을 수행했던 근로자들이 실험에 참여한 한 구성원으로서 조직 내에서 주목의 대상이 되었으며, 실험 과정 중에서 자신들의 의견이나 때로는 의사결정 과정에 참여한다는 의미가 부여됨으로써 조직에서 중요한 존재라는 생각에 따른 심리적인 요인이 영향을 주었음을 알게 되었다.

호손실험에서 얻어진 결과는 호손효과(Hawthorne Effect)로 표현되는데 이는 사람은 자신이 관찰되고 있다는 것을 알기 때문에 다르게 행동하는 경향이 있음을 나타내는 것으로 볼 수 있다.

본 서에서는 11장에서 조직구성원의 행동을 이해하고 분석하는 부분에서 구체적으로 설명한다.

3. 조직구성원을 움직이게 하는 힘, 동기부여

사람은 부족한 것을 충족하기 위해서 또는 어떤 필요가 발생할 때 움직인다. 어떤 목적이 없다면 사람은 열심히 일하지 않으려는 경향을 보이게 된다. 이렇게 개인의 목적을 이루기 위한 행동을 유발시키는 것을 동기(motive) 또는 동인라고 한다. 따라서 사람의 행동은 욕구가 결핍되어 있을 때 이를 충족시키기 위해서 일어나는 것으로써 욕구와 관련된 의미는 어떤 시점에서 개인이 경험하는 결핍(deficiency)으로서 행동의 촉진제의 역할을 하는 것을 말한다. 사람은 이 결핍된 욕구를 충족하기 위해 목표를 설정하게 되는데 목표란 개인을 이끄는 동인으로서 동기유발 과정을 목표지향적 행동과정으로 나타내는 것이다.

루탄스(F. Luthans)가 구분한 동기의 유형은 3 가지 형태로 첫째는 일차적 동기(primary motive)이다. 이는 생존과 관계되는 욕구로 본능적인 동기를 의미하는데 육체적 또는 심리적 결핍에서 오는 동기를 말한다. 배고픔, 갈증, 성욕, 신체적 고통 회피 등과 같은 심리적 현상으로 나타난다. 둘째는 일반적 동기(general motive)로 본능적이지는 않지만 학습되지도 않은 동기로 호기심, 능력의 동기, 활동의 동기 등과

그림 4-2 | 동기부여의 3요소

▫ 목표를 이루려는 목표 지향적인 행동	방향성
▫ 목표 달성을 위한 꾸준한 행동	지속성
▫ 목표를 이루겠다는 열정적 행동	행위의 강도

같은 것을 의미한다.

셋째는 이차적 동기(secondary motive)이다. 이는 학습된 동기로서 타인에게 영향력을 행사하려는 욕구인 권력 동기(power motive), 목표를 설정하고 이를 달성하려는 욕구인 성취 동기(power motive), 위험으로부터 자신을 보호하려는 욕구인 안전 동기(safety motive), 사회나 조직 내에서 상대적으로 높은 지위를 얻으려는 지위 동기(status motive), 특정집단이나 사회의 관습과 문화에 참여하여 소속감을 가지려는 귀속 동기 등이 있다.

이렇게 어떤 행동을 유발시키는 동기는 특정한 방식으로 행동을 하게 만드는 충동적인 힘으로 강력한 목표지향성을 지니고 있음을 알 수 있다.

동기부여(motivation)란 어떤 내·외부 요인이 사람의 행동을 자극하고, 지휘하며, 유지하도록 하는 심리상태로 사람들의 목표지향적 행동을 유도하고, 지휘하며, 지속시키려는 영향력을 의미한다.

우리가 살아가고 있는 사회의 근간인 기업을 성장과 생존이라는 목적을 중심으로 움직이는 유기체로 본다면, 기업은 목표 달성을 위한 구성원의 지속적인 노력을 효과적으로 움직이게 할 필요가 있다. 즉 구성원은 기업이라는 조직을 통해 얻고자 하는 개인적 욕구와 부합하고, 기업은 구성원을 통하여 조직이 이루고자 하는 목적을 달성하기 위해 어떠한 행동을 유발시키는 것이 중요하다.

조직행동과 관련된 영역에서 본 동기부여가 가지고 있는 세 가지 요소를 보면, 동기부여는 첫째, 행동은 추구하는 목적을 나타내는 방향성(direction)에 있다. 목표를 정하고 이를 이루려는 목표지향적인 행동을 의미한다. 둘째, 목표 달성할 때까지 지속적으로 계속되는 지속성(persistence)이 있다. 지속적으로 꾸준히 성실하게 목표달

그림 4-3 | 동기부여의 구분

내재적 동기부여	- 직무 자체에 따른 보상(직무 욕구) - 성취감, 도전감, 안정감, 자신감
외재적 동기부여	- 직무수행과 관련 외부적인 보상(직무노력) - 급여, 부가급부, 승진정책, 감독

성을 위해 정진해야 함을 의미한다. 셋째, 열정이라고 표현할 수 있는 행동의 강도(intensity)로 구성되어 있다.

따라서 리더의 역할은 조직 구성원에게 모두가 함께 열심히 추구할 수 있는 목표를 제시하고, 이를 지속적이며, 열정적으로 달성하기 위해 노력을 유도하는 것이다.

4. 조직에서의 동기부여

동기부여는 내재적 동기부여와 외재적 동기부여로 나누어 볼 수 있는데, 내재적 동기부여 (intrinsic motivation)란 종업원이 직무 자체를 통하여 얻어지는 내재적 보상으로부터 나타나는 직무 노력을 의미하며, 성취감, 도전감, 인정감, 자신감등을 일컫는다. 외재적 동기부여(extrinsic motivation)는 직무수행과 관련된 외부환경이 제공하는 외재적 보상으로부터 발생하는 직무욕구를 의미한다. 급여, 부가급부, 승진정책, 감독 등의 보상을 일컫는다.

02 내용이론; 인간의 욕구, 결핍에서 오는 동기부여

사람들은 어떤 상황에서 동기 요인이 작용하여 동기부여 되는가라는 의문을 생각해 보면 개인의 욕구에 의해서 동기부여 된다는 점을 가정할 수 있다. 즉 동기요인을

2. XY이론; X형 인간! Y형 인간!

맥그리거(D. McGregor)는 인간의 본성은 두 가지 형태로 나타난다고 보았다. 즉 인간이 보이는 행동에는 상반된 인간의 본성이 있는데 소극적이고 부정적인 관점의 X형과 긍정적 관점의 Y형과 같은 유형이 있다고 하였다. X형 인간은 일하기를 싫어하고, 책임지기를 싫어하며, 야망과 독창성이 없고, 안전하기만을 추구한다. Y형 인간은 일을 즐기고, 목표를 위해서는 스스로 동기유발하며, 문제해결이 요구될 때에는 창조적 능력을 가지고 있을 뿐만 아니라 책임지는 행동을 한다.

이러한 X-Y이론은 조직구성원들로 하여금 기업 목표를 달성하게 하기 위하여 경영자들이 우선적으로 해야 할 일을 지적하고 있다. 종업원의 본성을 파악하여 X형이면 강제적인 명령이나 처벌, 지도 등이 필요하고, Y형은 스스로 과업을 수행할 수 있게 지원하고, 동기부여하며, 창의력을 발휘할 수 있도록 도와주면 기업의 목적 달성에 효과적이다.

3. 2요인 이론; 인간은 무엇에 만족하는가

허즈버그(F. Herzberg)의 2 요인 이론은 종업원의 동기부여를 위해 직무에 대한 만족과 불만족을 야기하는 원인을 찾는 것에서 시작된 이론이다. 허즈버그는 현장 근무자들을 중심으로 면접 조사를 실시하였는데 그 결과 직무에 대하여 만족을 시키는 요인과 불만족을 유발시키는 요인은 다르다고 하였다. 사람들이 직무에 불만족을 느낄 때에는 그들이 일하고 있는 직무 환경이 문제가 되었고, 직무에 대해 만족을 느낄 때는 직무의 내용과 관련이 있다는 것이다. 이는 직무 불만족을 유발하는 요인을 제거하더라도 그것이 직무 만족의 상태로 이어지지 않고, 직무 만족을 위해서는 다른 동기요인이 있어야 함을 의미한다.

허즈버그가 주장한 직무환경과 관련있는 요인은 불만족 요인을 제거하지 않으면 종업원의 사기가 저하되는 원인이 되는 것으로 위생요인(hygiene factors)이라 하였다. 위생요인은 종업원의 사기 저하를 예방하는 것이지 이를 해소한다고 해서 만족하는 것은 아니라는 것이다. 작업환경에 대한 불만족을 경험하고 있는 종업원에게

그림 4-5 | 허즈버그의 2요인

위생요인 (hygiene factor)	동기요인 (motivator)
- 작업조건 - 제도와 규정 - 대인관계 - 감독 - 급여 및 복리후생	- 일에 대한 성취감 - 일에 대한 인정 - 책임 증대 - 근무의욕 - 승진이나 성장
불만족 → 불만족 해소	불만 없음 → 만족

작업환경을 개선한다고 하더라도 불만족 요인이 제거될 뿐이지 환경 자체가 만족요인으로 작용하지는 않는다는 것이다. 주요한 위생요인으로는 작업조건, 제도의 규정, 대인관계, 감독, 급여 및 복리후생 등으로 볼 수 있다.

또 다른 요인은 종업원이 우수한 업무를 수행할 수 있도록 동기 부여하는 기능을 하므로 이를 동기요인(motivators)이라고 하였다. 동기요인은 충족되지 않아도 불만은 없지만 충족되면 만족에 영향을 주게 되므로 적극적인 태도를 유도할 수 있다는 것이다. 동기요인으로는 일에 대한 성취감, 일에 대한 인정, 책임, 승진이나 성장 등이 있다.

4. 성취동기이론; 인간의 잠재력이 표면화될 때

맥클랜드(D. C. McClelland)는 개인의 동기는 사회·문화적 환경과 상호작용하는 과정에서 학습되며 개발될 수 있음을 성취동기이론으로 설명하였다. 즉 인간의 모든 욕구는 학습된 것으로 개인마다 욕구가 다를 수 있으며, 개인행동에 영향을 미칠 수 있는 잠재력을 가지고 있는데 이를 자극하여 행동으로 나타나도록 하는 것이 동기유발이라고 보는 것이다. 성취동기이론에서 본 세 가지 욕구 또는 지향성은 다음과 같다.

첫째, 성취욕구(the need for achievement)이다. 이는 우수한 결과를 얻기 위하여 높은 기준을 설정하고 이를 달성하려는 욕구로 도전이나 어려움을 극복하고 경쟁에서 이기고 목적을 달성했을 때 자신에 대한 자부심, 보람, 성취감 등을 느끼는 것을 의미한다.

둘째, 친교욕구(the need for affiliation)이다. 이는 다른 사람과의 관계 속에서 함께 생활하기를 원하는 욕구로서 다른 사람들과의 사회관계를 생성하고 유지하는데 많은 시간을 할애하며 폭넓은 네트워크를 가지려고 노력한다.

셋째, 권력욕구(the need for power)이다. 이는 다른 사람들에게 영향력을 행사하거나 지배하려는 통제의 욕구가 강한 사람들이 보이는 모습으로 논쟁에서 이기려하며, 타인의 행동을 변화시키려 하고, 자신의 권위있는 지위를 얻으려고 노력한다.

03 과정이론; 어떤 과정이 동기부여를 가져 올까?

과정이론(process theory)이란 동기부여 과정에서 발생하는 변수들의 상호연관성에 따른 동기부여 이론으로 인간의 동기부여가 어떠한 과정을 거쳐 이루어지는가에 초점을 두고 있다.

1. 기대이론; 일은 감당할 수 있어야!

조직의 구성원들은 주어진 과업을 수행할 때 보상을 원한다. 그러나 조직은 과업 수행만으로는 보상을 제공하지 않는다. 과업에 따른 성과가 있을 때 그에 상응하는 보상이 이루어진다. 이러한 기본적인 전제는 조직구성원들이 어떤 과업을 수행할 때 그 과업에 대한 성과 부분을 사전에 생각한다고 볼 수 있다. 따라서 조직구성원들의 행동 동기 파악은 조직의 성과와 직결되기 때문에 매우 중요한 문제이다.

브룸(V. Vroom)은 종업원들이 어떤 행동을 하려할 때 행동에 앞서 어떤 결과를 얻을 수 있을 것인가를 기대로서 평가하고, 그에 따라 행동 여부를 결정한다고 하였다. 즉, 기대이론(expectancy theory)은 종업원들이 특정 작업에 투입하는 노력의 양은 그들이 기대하는 결과물에 따라 달라진다는 것을 말한다. 따라서 여러 행동 대안들 중에서 자신의 효용을 가장 극대화시킬 가능성이 있는 대안을 선택하고 행동한다는 것이다.

기대이론을 중심으로 볼 때 조직구성원들은 과업이 주어지게 되면 과업을 수행하기 전에 내가 이 과업을 할 수 있는가, 또 이 과업을 성공적으로 수행하면 받을 보상은 무엇인가, 더 나가 과업 수행을 통해 주어질 보상이 노력할 만한 가치가 있는가 등과 같은 생각을 하게 되며 이러한 것들을 중심으로 동기부여가 된다고 하였다.

기대이론을 구성하는 요소는 기대·수단성·유인성 등의 변수를 이용하여 동기부여를 계산할 수 있는 등식을 설명하고 있는데 다음과 같다.

동기부여 = 기대 × 수단성 × 유인성

이러한 수식이 적용되는 것은 동기부여는 기대와 수단성, 그리고 유인성 등의 변수들 중에서 어느 것 하나라도 충족되지 않으면 동기부여가 되지 않기 때문이다.

브룸의 기대이론을 보다 세밀하게 살펴보면 과업에 대한 종업원의 기대는 과업을 수행하기 전에 평가와 수행과정에서 투입하는 노력의 정도로부터 개인의 행동과 노력이 요구된다. 또한 주어진 과업을 수행한 결과로 조직이 수립한 목표 달성 정도는 행동에 따른 성과로 나타나는데 직무 성과는 과업 수행 전에 판단된 자신의 직무와 실제 실행과정에서의 행동 결과로 볼 수 있다. 성과에 수반되는 보상과 결과물은 주어진 과업을 수행한 결과로 조직이 수립한 목표의 달성정도를 의미한다.

그림 4-6 | 브룸의 기대이론의 모형

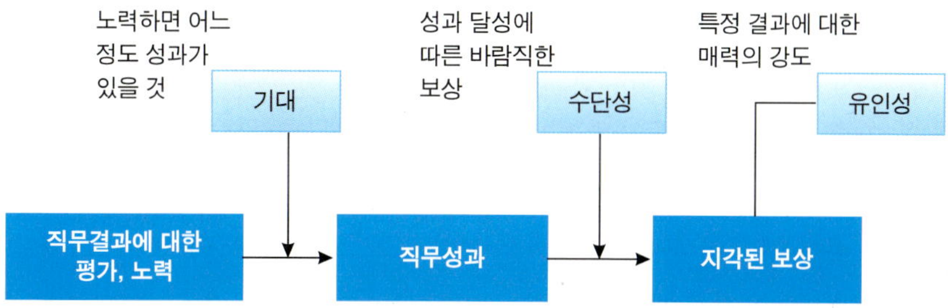

따라서 이러한 수행과정에서 동기부여의 중요성을 인지한다면 각 단계에 따른 기대가 성과와 직결된다고 할 수 있다. 먼저, 기대감(expectancy)은 개인이 노력을 기울이면 일정한 수준의 성과를 가져 올 수 있을 것이라는 가능성에 대한 확신으로 직무성과가 나타는 것에 대한 부문이다.

둘째, 수단성(instrumentality)은 어떤 특정한 수준의 성과를 달성하면 바람직한 보상이 있을 것이라고 믿는 정도를 의미한다. 궁극적으로 달생된 목표에 따른 것으로 보상의 정도를 보는 것이다.

셋째, 유인성(valence)은 특정결과에 대하여 갖는 선호의 강도로 보상이 나에게 주는 효용의 중요성을 의미한다.

2. 공정성 이론; 인간은 늘 비교한다!

인간의 행동은 상호 교환하는 과정에서 투입되는 비용은 최소화하면서 동시에 보상은 최대화시키려는 노력을 한다. 조직 내에서는 개인이 투입한 것과 얻은 것을 자신과 관련된 사람들의 투입과 산출에 비교하여 교환관계가 공정하였는지를 보게 되며 이 과정에서 부당한 대우를 받는 것을 싫어한다. 인간은 자신의 사회적 관계에 대한 평가는 대부분 다른 사람들과의 비교 속에서 이루어지기 때문이다. 특히 조직 내에서는 조직구성원들이 가장 민감하게 반응할 수 있는 여지가 있는 것으로 공정성에 대한 지각은 조직구성원들의 업무 의욕과 조직성과에 지대한 영향을 미치게 된다.

아담스(J. S. Adams)는 교환 과정에서 지각된 불균형이 갖는 동기적 효과를 공정성 이론(equity theory)으로 설명하였다. 공정성이란 자신의 공헌과 보상의 크기를 타인의 그것과 비교하여 동기부여의 수준이 결정된다는 것을 말한다. 공정성을 결정짓는 요인은 투입과 산출 그리고 준거인물 등이다. 투입(input)은 어떤 대가를 기대하면서 조직에 공헌함의 정도를 말하는 것으로 노력·교육훈련·경험·경력 등을 포함한다. 산출(output)은 투입에 대한 대가로 보상과 관련되며 임금·보상 등을 의미한다. 준거인물은 비교할 수 있는 대상의 사람으로 자기 주변에서 자기와 투입요소가 가장 비슷한 경우의 사람으로 볼 수 있다.

경영관리에서의 공정성의 중요성은 조직구성원이 개인의 직무에 대하여 유사한 직위의 다른 사람과 그 보상을 비교하여 노력과 보상 간에 공정성을 유지하려고 하기 때문에 이에 대한 적절한 관리가 필요하다. 즉 자신의 투입과 산출의 비율을 동일한 작업상황에 있는 타인의 투입 및 산출과 비교하여 차이가 크거나 작을 때 불공정성을 지각하기 때문이다.

개인이 조직과의 교환관계에 따른 결과물이 자신에게 유리하게 지각된 불공정성은 자신의 투입을 더 증가시키거나 타인의 산출에 대한 보상을 증가시키기 위하여 노력할 것이고, 불공정성에 대한 지각이 자신에게 불리하게 되었음을 지각할 때에는 투입을 낮추거나, 다른 비교 대상을 선택하거나, 불공정성에 대하여 벗어나기 위하여 조직을 이탈하게 된다.

3. 강화이론; 자극의 중요성

강화(reinforcement)는 특별한 단서나 자극의 결과로 인한 특정한 반응이 미래에 반응할 가능성을 증가시키는 것으로 강화의 원리란 어떤 행동 후에 좋은 결과가 나오면 그 행동은 반복해서 일어날 가능성이 커지는 것을 의미한다. 이러한 원리를 중립으로 강화이론(reinforcement theory)을 설명하면 긍정적, 또는 부정적인 강화요인들이 사람들을 특정한 방식으로 행동하게 동기부여 한다는 것으로 유쾌한 결과를 가져오는 행동은 반복하려고 하고, 불쾌한 결과를 가져오는 행동은 회피하려 한다는 것이다. 이는 종업원들이 조직에서 다른 사람들의 행동결과를 관찰함으로써 자신이 어떤 행동을 해야 할 것인가를 생각하게 만든다.

강화는 조건 자극에 의한 반응을 나타내며 사람들은 보상을 받고 처벌을 피하기 위해 행동한다. 강화요인에는 칭찬, 인정, 임금인상, 휴가 등과 같은 보상이 특정행동을 증가시키는 것으로 볼 수 있는데 이를 긍정적인 강화라고 하고, 질책, 징계, 감봉, 해고 등은 부정적인 강화로 어떤 행동에 대한 약화를 가져 온다.

4. 목표설정이론

개인이나 조직, 그리고 기업들은 한해를 보내며 결산을 하고 새로운 해에 대한 목표를 수립한다. 이렇게 목표를 세울 때 목표 달성 여부가 매우 중요한 기준이 된다. 목표관리(MBO; management by objectives)는 목표를 설정하는데 있어서 조직구성원들의 참여하에 목표를 설정하고 목표의 피드백 과정에서도 조직 구성원을 참여시키는 경영관리 시스템이다. 즉 목표를 설정할 때 관리자에 의한 일방적인 목표치가 결정되는 것이 아니라 이 과정을 수행할 조직 구성원과 함께 설정함으로써 생산성이나 성과 향상을 도모하는 경영관리 기법이다.

이는 목표설정이론(goal-setting theory)에 따른 것으로 목표설정이론의 의미는 목표는 이를 달성하려고 하는 행동의 목적이 되는 것으로 목표가 없을 때보다 목표가 있을 때 개인의 관심은 그 목표를 향하게 되고 행동도 이에 따라 동기부여가 될 가능성이 높다는 것이다.

목표관리는 상위경영자와 일선 경영자 간의 목표가 연계되도록 구성원 각자의 자기 목표를 조직의 목표에 결합시켜서 모든 조직구성원으로 하여금 기업 전체의 목표 달성에 기여할 수 있도록 하고 동시에 자신이 기업에 대하여 주체적인 역할을 수행하고 있다는 것을 인식시키고자 하는 동기부여관리 제도이다. 따라서 목표관리는 직무성과의 향상과 개인의 능력 개발을 위해서 목표를 설정하고, 달성과정을 통제하며, 성취결과를 평가하는데 개인적·조직적 목표를 통합하도록 경영자와 조직원이 참여하여 조직의 목표에 적극적으로 공헌하도록 동기유발하는 경영관리 시스템이다.

목표가 동기부여에 효과적일 수 있게 하기 위해서는 첫째, 목표는 구체적이어야 한다. 추상적이고 애매모호한 목표보다는 구체적인 목표가 성과달성에 효과적이다. 둘째, 목표는 달성 가능한 범위보다는 다소 어렵게 설정하는 것이 좋다. 너무 평이한 목표나 달성하기 어려운 목표는 동기부여가 되지 않는다. 적당히 어려운 목표는 개

그림 4-7 | 효과적인 목표관리

구체성	긴장성	피드백
- 애매모호한 표현(X)	- 적당히 어려운 목표설정	- 자신의 위치 파악

인의 성취동기를 자극하여 목표에 몰입하게 하거나 도전감을 갖게 하여 이를 이루었을 때 성취감을 느끼게 한다. 셋째, 적절한 피드백은 동기부여 효과를 증대시킨다. 즉 개인의 행동이 목표에 얼마나 효과적인지를 인지하게 하여 자신의 목표달성에 적합한 행동을 하게 한다.

04 조직구성원에게 동기부여, 이렇게 하면 어떨까

산업혁명 이후 초기 산업사회까지는 조직의 기본가치가 개인가치보다 우선시 되었고, 따라서 개인은 조직의 요구에 순응하는 것이 당연한 것으로 여겼다. 또한 조직 자체도 기계와 같은 구조가 성과로 이어지는 것으로 생각하였다. 그러나 오늘날 조직사회의 현실은 개인의 가치가 중시되고, 복잡하게 변화하는 환경에 능동적 대응을 위해서는 조직구성원의 역량을 십분 활용해야 하는 시대가 되었다.

동기부여가 오늘날에 중요하게 여겨지는 이유는 조직구성원들이 조직의 목적에 부합하고 목표달성에 절대적인 위치에 있기 때문이다. 따라서 조직의 리더들은 조직구성원들이 생각하고 있거나 관심 사항에 대하여 좀 더 이해하고 적절한 동기부여 한다면 조직의 궁극적인 목적을 보다 쉽게 이룰 수 있을 것이다.

현대인들은 조직이나 기업을 통해서 얻고자 하는 것은 무엇일까? 그것은 직장 또는 직업을 통해서 다음과 같은 가치들을 실현하려는 것으로 볼 수 있다. 첫째는 생계유지의 수단이다. 대부분의 직장인들은 직장을 통하여 경제적 보상을 받기를 원하고, 보다 나은 급여를 주는 직업을 선택하는 이유이다. 둘째는 자신의 개성을 발휘하여 타고난 능력을 실현하고자 하는 개성 발휘의 장으로 직장이나 직업을 갖기 원한다. 셋째는 사회구성원으로서 의무를 다하며, 타인으로부터 인정 받기를 원하고, 때로는 사회적인 지위를 확보하기 위한 노력을 하는 것은 사회적 역할 실현에 가치를 두고 있기 때문이다. 따라서 많은 기업들이 조직관리의 효율성과 지속성을 유지하기 위해서는 다음과 같은 동기부여 방식이 요구된다.

1. 생계유지의 수단, 기본적 욕구 충족에 따른 동기부여!

사람들이 조직이나 기업에 속하려고 하는 이유는 경제적 욕구의 충족 때문이다. 직장에 들어가는 대부분의 사람들은 생계유지의 목적이 가장 크며 그 수단으로 직업을 선택한다. 직업에 대한 사전적 의미는 생계유지를 위하여 자신의 적성과 능력에 따라 일정한 기간 동안 계속하여 종사하는 일이라고 할 수 있다. 매슬로우나 허즈버그의 동기부여 이론에서도 조직구성원이 중요하게 고려하는 것은 급여문제임을 지적하고 있다.

많은 경우 경제적 보상으로서의 급여는 연공급제를 중심으로 하는 급여체계를 가지고 있는데 연공급제 또는 호봉제는 조직구성원 개개인의 학력·자격·연령 등을 감안하여 근속연수에 따라 급여를 지급하는 방식이다. 최근에는 연봉제를 도입하고 있는 기업들이 늘어나고 있는데 연봉제란 기업이 종업원의 급여를 1년 단위로 사전에 결정하고 종업원에게 1년 치에 해당하는 급여를 보장해 주는 제도이다. 연봉을 결정하는 기준은 종업원이 수행하는 직무 가치, 직능 및 업적 등으로 볼 수 있다. 그러나 연공급제의 단점인 장기 근속자의 높은 급여나 연봉제 적용의 객관성 결여에 따른 문제를 보완하고자 임금 피크제를 실시하는 조직이 늘어나고 있는데 임금 피크제란 장기 근속자의 임금이 어느 정점에 다다르면 다시 일정 퍼센트씩 감소시키는 제도이다.

종업원들에게 동기부여의 효과를 극대화하는 것은 경제적 보상인 정규급여 이외의 것도 있다. 그것은 종업원에 대한 복지나 후생비와 같은 부가적인 부분도 동기부여의 효과를 향상시키는데 기여하고 있다.

2. 개인이 지니고 있는 능력, 실현을 위한 동기부여!

리더가 조직구성원들의 동기부여를 위해서는 가장 중요하게 고려해야 할 요인으로는 커뮤니케이션 활동이다. 커뮤니케이션은 리더와 조직구성원 간의 과업에 대한 공감성, 이해력 등을 제고할 수 있는 가장 확실한 소통방법이다. 조직구성원 개개인이 지니고 있는 능력, 개인 차이의 인정, 창의력 제고 등을 통하여 성과를 이룰 수 있으며, 개개인의 능력에 맞는 직무재설계를 통하여 개인과 직무의 조화, 참여와 피드백, 목표의 설정 등을 자극함으로써 조직의 성과에 공헌할 수 있게 하여야 한다.

3. 사회구성원으로서 역할 인지를 통한 동기부여!

호손실험이나 매슬로우, 그리고 허즈버그의 동기부여와 관련된 주요한 연구에서 밝혔듯이 사람은 누구나 성장의 욕구가 있기 때문에 조직생활의 만족 요인은 다양하게 나타난다. 특히 조직 내에서의 직위 또는 사회적 지위는 과업 수행에 따른 보상의 결과물로써 종업원에게는 중요한 동기부여의 지표가 된다. 그리고 사람은 타인으로부터 관심을 받거나 인정을 받기 좋아하기 때문에 과업 수행과정에서나 결과물에 대한 칭찬·표창·포상·승진 등은 매우 중요한 동기부여가 될 수 있다.

EXAMPLE

쉽게 접하는 스포츠 속에서 보는 리더십

2002 그리고 거스 히딩크

2000년 이 후 한국 사람들 머리 속에 가장 기억에 남는 사건은 무엇일까라는 물음에 대다수의 사람들은 2002년에 있었던 한 · 일 공동 개최의 월드컵을 떠 올릴 것이다. 그 가운데 유독 기억나게 하는 한 사람 네덜란드인 축구감독 거스 히딩크(Guus Hiddink)가 있다. 축구를 좋아하는 사람이라면 그가 남긴 한국 축구사의 한 획에 대하여 의심을 갖는 사람은 없다. 히딩크 감독이 한국 축구를 만나기 전의 대표팀 성적은 월드컵에서 단 1 승도 올리지 못한 초라한 성적을 가진 국가였다. 그런데 이런 팀을 어떻게 월드컵에서 4강의 신화를 만든 전혀 다른 팀으로 만들었을까?

거스 히딩크(Guus Hiddink)

한국축구대표팀을 어떻게 조련하였기에 기적 같은 결과를 만들 수 있을까?

당시의 히딩크는 한국 축구의 현실을 기존에 우리가 가지고 있던 생각과 전혀 다르게 진단한다. 히딩크 관점에서 본 한국 축구에 대한 진단을 보면 한국 선수들은 기술력은 지니고 있으나 체력이 약하고, 팀 문화는 경직되고 수직적이어서 이런 요인들이 한국 축구 성장의 걸림돌이라고 보았다. 그가 이런 의미 있는 지적을 할 수 있었던 이유는 무엇일까? 히딩크는 축구 분야에 대한 전문적인 지식을 갖추었고, 기존 조직이 가지고 있는 문제점을 면밀하게 분석하였기 때문이다. 이러한 진단을 중심으로 히딩크가 중요하게 생각한 해결 방법은 실력 위주의 선수 선발과 각 포지션별 경쟁관계를 갖게 하는 것이었다. 그리고 선 · 후배 간의 경직적이고 수직적인 조직 문화에 대한 변화를 시도하였고, 엄격한 규율을 적용하여 수평적이고 각자의 책임을 중시하는 팀 문화를 조성하였다.

또한 선수들이 믿고 따를 수 있도록 각 분야별로 전문가를 활용하였으며, 수준 높은 팀과의 경기를 통해 선수들의 능력 배양을 극대화하는데 주력하였다. 더 나가 리더로서 선수 개인의 생활은 철저히 보호 하였으며, 대외적으로 지적되는 문제는 선수들에게 돌리기 보다는 본인이 책임지는 모습을 보임으로써 선수들에게 신뢰를 구축하여 높은 성과가 나타날 수 있게 하였다. 그리고 구성원인 선수들과 항상 같이 생활하면서 솔선수범하는 자세를 보였다. 특히 히딩크는 과거의 성과는 의미를 두지 않고 현재의 성실성과 역량에 집중하였으며, 당시 유럽 축구의 큰 흐름인 토탈 사커를 중시하여 지치지 않는 활동량, 수비할 줄 아는 공격수, 공격할 줄 아는 수비수 등과 같은 멀티 포지션을 소화할 수 있는 능력 함양에 역점 두었고, 자신의 위치를 잊는 선수는 과감하게 배제시켰다.

이러한 히딩크의 노력과 그 신뢰를 바탕으로 성실하게 과업에 임하였던 선수들은 세계 축구사에 기록될 엄청난 사건의 중심에 서게 되었다. 이렇듯 리더 한 사람이 바뀌었을 뿐인데 그 결과는 사뭇 다르게 나타난다.

조직은 분명한 목적과 목표가 있다. 그리고 조직성과를 높이기 위해 부단한 노력과 변화를 시도한다. 그 중에서도 조직성과의 중심에는 그 과업을 수행하는 조직구성원이 있다. 구성원이 어떤 생각과 어떤 마음으로 어떻게 과업을 수행하는가에 따라 조직성과는 다를 수 있다. 이 과정에서 성과를 도출하는데 일조하는 것이 리더이다. 리더의 리더십 역량이 조직성과에 지대한 영향을 미치는 것은 자명한 사실이다. 특히 조직이 위기에 봉착하였거나 아니면 변화가 필요한 시점에 있을 때, 많은 사람들은 그 문제를 풀어나갈 수 있는 리더와 그에 따르는 새로운 리더십을 요구한다. 오늘날 리더십이 조명 받는 이유는 바로 이런 조직환경에 따른 적합성 높은 리더의 양성이 중요한 조직 성장의 디딤돌이기 때문이다.

출처 : KBS 신화창조의 비밀-2002 한일월드컵 4강 신화(2005)

5장

특성이론, 리더는 타고나는 것이 아닐까

01 특성이론의 출현

1. 리더에 대한 관심의 출발

대부분의 사람들은 어린 시절에 읽었던 책 중에서 기억에 남는 것이 무엇인가라고 질문하면 위인들에 대한 전기를 기록한 책을 선택할 것이다. 위인들의 위대함은 열악한 조건 또는 어려운 환경에서 남들 보다는 다른 성과를 도출해 냈거나, 다른 사람들이 갖지 못한 비범함으로 시대를 초월한 결과물을 만들어 모든 사람들에게 본보기가 되었기 때문이다. 특히, 국가나 조직이 위험한 상태일 때 이를 타개해 나가는 위인들의 역량은 현대사회처럼 경쟁적인 환경이고, 변화를 요구하는 난제가 가득한 환경에서 이를 극복해 나가기 위한 시금석으로 관심의 대상이 되고 있다.

리더십에 관한 이론의 출발은 우리가 존경하고 위대한 역량을 지닌 리더(위인)들이 가지고 있는 독특한 자질이 무엇인가에 관한 연구로부터 비롯되었다. 어떤 특성을 가진 사람들이 리더가 될 가능성이 높은지를 알아봄으로써 리더십의 효과를 찾으려고 하였다. 즉, 리더 개인적 자질에 초점을 맞추고 이러한 자질들이 어떻게 리더의 유효성에 영향을 미치는가를 보는 것이다. 이러한 리더들의 특성을 추출해 내려고 연구한 영역을 리더십의 특성이론이라고 하였다.

그림 5-1 | 리더의 특성과 조직성과

2. 리더십 특성이론

특성이론(trait theory)에 관한 연구들은 리더는 심리적, 신체적 특성이 태어날 때부터 보통 사람이 지니고 있지 않은 어떤 탁월한 속성을 지니고 있을 것으로 보고 리더들의 공통적인 요인들을 추출하는데 집중하였다. 그러므로 리더는 기본적으로 리더의 자질을 타고난다는 것을 전제하면서 연구가 이루어졌다. 이러한 리더의 특성에 관한 연구는 리더가 되기 위해 갖추어야 할 특성에 대하여 일정부분 방향성을 제시하였고, 리더라는 이미지에 부합하는 리더십 특성을 고려할 때 공감할 수 있는 리더의 역량을 나타내는 지표가 되었다.

특성(trait)이란 한 개인이 가지고 있는 성격, 욕구, 동기, 가치관, 능력, 기술 등과 같은 내재적인 속성을 포함하여 다른 사람들과 차별되는 속성들의 집합을 의미하는데 특성이론 연구자들의 주요 연구 중심이 되는 특성 분류 기준은 첫째, 우수한 리더들이 지닌 공통적 특성, 둘째, 리더와 일반 사람들의 구별되는 특성, 셋째, 리더의 지위에서 효과적인 리더와 비효과적인 리더의 특성의 차이 등으로 제시하였다.

그림 5-2 | 리더의 특성에 대한 분류 기준

- 우수한 리더들이 지니고 있는 공통성
- 리더와 일반인이 구별되는 특성
- 리더의 지위에서 효과적인 리더와 비효과적인 리더의 특성 차이

02 리더의 특성과 제시된 기준

1. 지도자에게 요구되는 덕목

어느 한 시대를 이끌었던 리더들을 살펴보면서 많은 사람들은 어느 시대 또는 어떤 상황에서든지 리더는 천부적인 특성을 가지고 태어났기 때문에 위대한 리더가 되었다고 생각하였다. 그래서 예로부터 리더의 특성에 대한 견해는 많이 제시되었다. 조선시대의 사대부 자질은 신(身, 외모), 언(言, 언변), 서(書, 지식), 판(判, 판단력)으로 그 기준을 삼았다. 전쟁이 많았던 시대의 장수에 대한 자질을 다루었던 병서에서 보면 손자는 장수가 지녀야 할 덕목을 지(智), 신(信), 인(仁), 용(勇), 엄(嚴) 등으로 지략과 신의, 용기, 그리고 어진마음 등과 같은 것을 기준으로 삼았다. 플라톤은 지적 열망, 기억력, 성실성, 용맹, 의지, 추진력 등의 6가지 덕목으로 지도자의 기준을 삼았고, 클라우제비츠는 용기, 기민성, 열정, 정확성, 침착성, 대담성, 지식, 통찰력 등이 지도자에게 요구되는 덕목으로 보았다.

2. 리더를 나타낼 수 있는 리더십 특성

초기 특성이론은 20세기에 집중적으로 이루어졌다. 특성이론을 규명하고자 리더가 지니고 있는 특성을 찾게 되었는데 초기에는 리더와 리더가 아닌 사람을 비교하거나 새롭게 구성된 집단을 관찰하면서 나타나는 리더의 특성을 찾으려고 하였다. 주요 연구자에 의해 제시된 특성들을 살펴보면, Barnard는 경영자에게 필요한 정신 및 기술적 능력으로 체력, 기억력, 기술, 상상력, 지각, 지식, 결단력, 책임감, 용기, 지구력, 인내력, 설득력 등을 제시하였고, Mann은 적응성, 외향성, 지배성향, 남성적 기질, 보수적 기질, 감수성 등이 리더십 효과성에 영향을 미치는 성격 특성으로 보았다.

리더십 특성연구에 많은 공헌을 한 스톡딜(R. M. Stogdill)은 리더의 특성을 책임

그림 5-3 | 스톡딜의 리더십 특성이론의 특성 요인

신체 조건	연령, 외모, 신장, 체중, 에너지
사회적 배경	교육수준, 사회적 지위, 지역, 이동성
지적 능력	판단력, 결단력, 주의력, 사고력, 지능, 지식, 언변
성 격	환경적응성, 신념, 자신감, 인내력, 독창성, 성실성, 윤리성
과업관련 특성	성취욕구, 책임욕구, 진취성, 지속성, 과업지향성
사회적 특성	협력을 구하는 능력, 관리능력, 명성, 대인관계능력, 사회적 참여

과 과제완수에 대한 강한 동기, 목표를 추구하는 에너지, 지구력, 문제해결을 위한 모험심, 독창성, 특정상황에서 발휘되는 주도성, 자신감, 개인 정체성, 결정과 행동의 결과를 기꺼이 수용하는 자세, 스트레스의 내성 및 복원력, 실패와 일의 지연을 관대히 다루는 자세, 다른 사람의 행동에 영향을 미치는 능력, 사회적 상호작용 체계를 적절히 구조화시키는 능력 등이라고 하였다. 이러한 연구를 중심으로 스톡딜은 〈그림 5-3〉과 같이 리더의 특성을 설명하였다.

3. 집약할 수 있는 리더십 특성

초기의 특성이론 연구에서 결정적인 리더의 특성을 일관성있고 명료하게 집약하지는 못하였지만 리더의 행동 스타일과 상황에 따른 변수들의 영향이 리더의 특성과 복합적으로 작용할 때 리더십 효과성이 있음을 밝히고 있다. 최근에 많은 연구자들에 의해 제시된 리더십 특성의 목록은 다양하게 제시되었으며 주요한 리더십 특성은 다음과 같다. 첫째, 지능(intelligence)으로 뛰어난 언어 능력, 지각능력, 추리력 등이 있으면 효과적인 리더가 될 수 있다는 것이다. 둘째, 자신이 사랑받을만한 가치가 있는 소중한 존재로써 어떤 성과를 이루어 낼 수 있는 유능한 사람이라고 믿는 자기 자신에 대한 자긍심과 자신의 역량에 대하여 확신을 갖는 자신감(self-confidence)이다. 자아존중감(self-esteem), 어떤 상황에서도 적절한 행동을 할 수 있다는 기대와 신념

그림 5-4 | 리더십의 특성

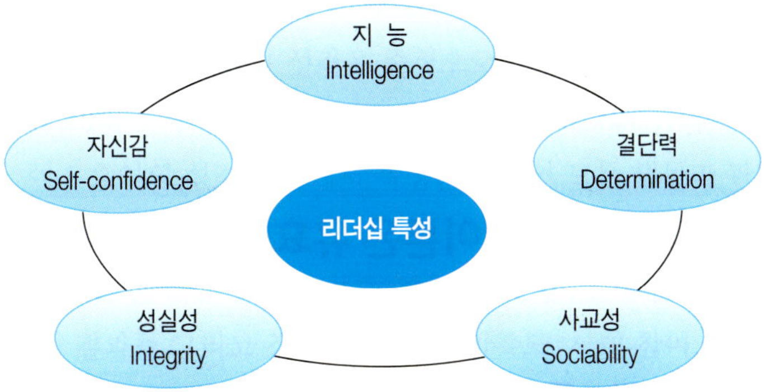

으로 설명될 수 있는 자기효능감(self-efficacy), 자기 확신(self-assurance) 등으로 나타낼 수 있다.

셋째, 결단력(determination)이다. 과업을 완성하겠다는 욕구로 진취성, 지속성, 지배성, 추진력 등과 같은 특성을 포함하고 있다. 넷째, 성실성이다. 원칙을 지키며, 자신들의 행동에 책임을 지는 사람들은 성실성(integrity)을 지니고 있다고 인식되며, 다른 사람에게 신뢰감을 느끼게 한다. 다섯째, 사교성(sociability)이다. 사회적 관계를 추구하는 것으로 매력적인 대인 기술을 가지고 있으며 구성원들과 협력관계를 잘 만들어 간다.

4. 설명되지 못한 리더십 특성이론의 한계

역사 속에서 찾아 본 리더들의 특성은 시대와 상황이 변하여도 변함없이 지속되는 인간의 본성임은 자명하다. 그러나 다양한 연구에도 불구하고 어떤 상황에서든지 리더십의 성공을 확실하게 유도해 낼 수 있는 보편적인 리더의 특성은 밝혀내지 못하였다. 리더십 특성이론의 한계점은 첫째, 명료한 특성을 집약하지 못한다는 점이다. 특성적 개념 정립이 어려웠고, 리더가 처한 사회적 상황이나 시간적 흐름을 반영할 수 있는 보편적 특성을 규명하기가 불가능하기 때문이다. 둘째, 리더의 개인적인 특성만 강조함으로써 리더십 과정에 영향을 미치는 상황변수들을 고려하지 못하였

그림 5-5 | Big Five Model of Personality

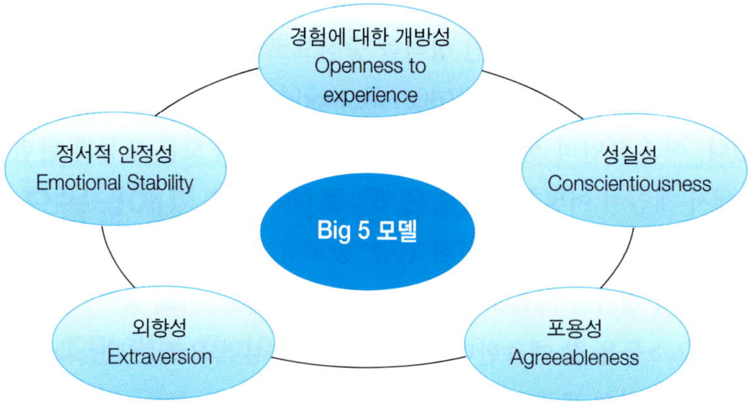

소극적이며, 내성적이고, 조용한 것으로 볼 수 있다.

다섯째, 포용성(Agreeableness)이다. 포용성은 대인관계와 관련된 것으로 다른 사람과 편안하고 조화로운 관계를 유지하려는 성향이다. 포용성은 사회 적응성과 타인에 대한 공동체적 속성을 나타내며, 예의 바르고, 착하며, 협력적이고, 너그러우며, 배려하고, 인내하고, 신뢰하는 특징을 포함한다. 반대적인 특징으로는 고집, 냉철함, 비판, 차가움, 무정 등이 있다.

3. 감성지능, 그리고 리더십

지능(intelligence)이란 이성적이고 합리적으로 사고하는 능력을 의미하는 것으로 기억력, 이해력, 추리력, 계산력 등을 포함한다. 반면, 감정(emotional)은 사람이 오감이 아닌 다른 방식으로 느끼는 것으로 기쁨, 슬픔, 즐거움, 노여움 등이 있다. 따라서 감성지능(emotional intelligence)이란 사람의 감정과 느낌을 인식하고 통제 및 조절하는 것과 관련된 능력이다. 즉 감성적인 정보는 리더십의 중요한 촉매제로 감성지능은 모든 리더십의 기반으로 작용한다. 감성적 리더십은 리더가 감성지능을 사용하여 조직 개발의 도구로 활용하는 것으로 다른 사람들에게 발전적이고 긍정적인 영향력을 행사하는 것을 말한다.

감성적 리더십과 조직성과에 관한 연구에 의하면 감성적 리더는 구성원에게 영향을 미쳐 조직효과성을 향상시키고, 조직의 성과를 증대시키며, 조직문화 향상에 기여한다고 하였다. 그렇기 때문에 감성적 지능이 높은 리더는 자신의 감성과 타인의 감성을 통제하고 긍정적인 성과와 창의성을 높이기 위해 감성 지능을 사용한다.

감성지능을 향상시키기 위하여 리더가 갖추고 있어야 할 능력은 조직에서 달성할 수 있는 목표와 과제를 잘 선택하고 개발하는 능력, 과업에서의 활동과 행동의 중요성을 식별하고 지식을 불어 넣어주는 능력, 조직에 흥미, 열정, 신뢰, 낙관적인 분위기 등을 만들고 유지시키며 협력과 신뢰를 형성하는 능력, 의사결정과 변화를 북돋아주고 촉진하는 능력, 조직의 정체성을 수립하고 유지하는 능력 등이 요구된다.

감성적 리더십에서 활용되는 감성지능의 주요 속성을 보면 자기인식, 자기관리, 자기 동기화, 감정이입, 사회적 기술 등과 같이 상호 관련된 구성요소가 있다.

자기인식(self-awareness)은 자신의 기분과 정서가 어떻게 변화하는지 이해하고, 과업수행과 대인관계에 어떤 영향을 주는지를 이해하는 능력이다. 자기인식 능력은 자신을 현실적으로 평가할 수 있는 능력으로 두려움 대신 자신감을 가지고 있으며, 자신의 한계점에 대하여 말하는 것을 어려워하지 않고, 언제 남들에게 도움을 요청해야 하는지도 알고 있다. 따라서 자기인식 능력을 가진 리더는 자신과 타인을 있는 그대로 솔직하게 판단할 수 있으며, 자신의 감정이 자신에게 어떤 영향을 미치고 다른 사람들과 업무성과에 어떻게 영향을 미치는지를 알고 있다.

자기관리(self-regulation)는 부정적인 충동을 통제하고 방향을 긍정적으로 수정하는 능력을 말한다. 자기관리 능력을 가진 사람은 감정에 종속되어 일을 그르치지 않고 균형 있는 판단을 할 수 있다. 이러한 사람은 변화에 대한 통제를 할 수 있기 때문에 새로운 방식에 대하여 주도적인 입장을 표명할 수 있다. 자기관리 능력과 관련된 속성은 신뢰성과 성실성, 불확실성에 대한 대처 능력, 변화에 대한 개방성 등이 있다.

자기 동기화(self-motivation)는 내적인 동기부여를 통하여 자신이 세운 목표를 위해 열정과 지속성을 가지고 이를 달성하고자 하는 성향을 의미한다. 조직에 대한 몰입이 강하며, 강한 성취욕, 낙관주의, 조직몰입 등이 여기에 속하는 역량이다.

감정이입(empathy)은 타인의 감성을 이해하고 상대의 정서적 반응에 따라 이를 적절히 다루는 능력이다. 감정이입은 팀 중심의 업무형태가 증가하면서 타인의 관

그림 5-6 | 감성지능 영역

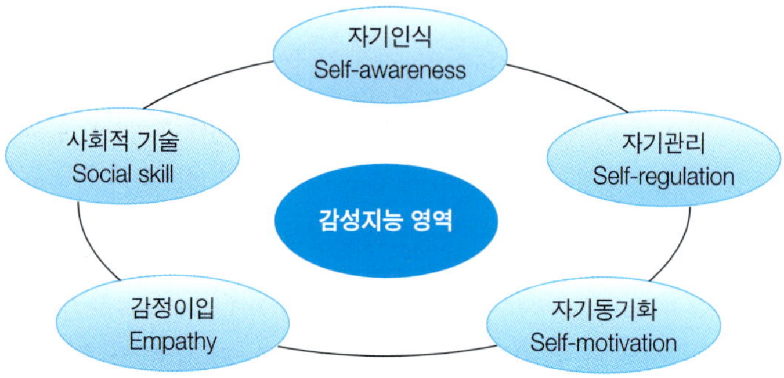

점을 이해해야 하는 상황이 많아지고 있는 오늘날에 중요시 되는 요소이다. 감정이입이 중요한 이유는 변화하는 환경 속에서 리더와 구성원 간에 코칭과 멘토링 등을 통하여 관계를 유지하고, 공감대를 형성하여 직무 만족도를 높여 이직률을 낮출 수 있기 때문이다.

사회적 기술(social skill)은 네트워크를 구축하고 관계를 관리하는 능력을 의미한다. 사회적 기술은 자신이 원하는 방향으로 상대를 움직일 수 있는 능력으로 효과적인 설득력, 변화에 대한 선도력, 팀을 구축하고 리드하는 능력 등의 속성이 있다.

4. 감성지능과 리더십의 효과성

골먼(D. P. Goleman)은 지속적으로 높은 성과를 내는 성공적인 리더들의 공통점은 감성지능이 높다고 하였다. 골먼의 연구에서 보면 188개의 글로벌 기업을 대상으로 어떤 개인적 능력이 조직성과에 어느 정도 기여하는지를 세 가지로 분류하여 조사하였다. 개인적 능력으로는 회계나 사업 기획 같은 기술적 능력, 분석적 추론과 같은 인지적 능력, 다른 사람들과 공동으로 일하거나 변화를 이끄는데 효과적인 감성지능 등을 중심으로 분석한 결과를 보면 높은 성과를 도출하는데는 기술적 능력이 중요한 요인이었다. 전체 모습이나 장기 비전과는 인지적 능력이 중요하였다. 그러나 성과에 대한 영향력을 계산한 결과로는 감성지능이 모든 업무 영역에서 다른 개

그림 5-7 | 감성지능과 속성

구분	능력	속성
개인적 능력	자기 인식 능력	감성적인 자기 인식, 정확한 자기평가, 자신감의 역할
	자기 관리 능력	감정적인 자기 통제, 신뢰성, 적응성, 성취지향성, 혁신성
사회적 능력	사회적 인식 능력	감정이입, 조직적 인식, 서비스 지향성
	사회적 기술 능력	비전, 영향력, 타인개발, 의사소통, 변화의 촉매, 갈등관리, 팀워크

인적 능력보다 약 2배 이상 중요하다고 하였다.

골먼은 감성지능을 리더십과 연관시키면서 감성지능을 자신을 통제하는 능력인 개인적 능력과 관련된 영역과 관계를 통제하는 능력인 사회적 능력 등으로 구분하였다.

개인적 능력은 자신의 감정, 능력, 한계, 가치, 목적에 대한 깊이를 이해하는 능력으로 설명되는 자기인식 능력과 자신의 감정과 자신이 무엇을 얻고자 하는지 분명히 인식하고 바르게 표현하는 능력인 자기관리 능력이 있다.

사회적 능력은 다른 사람의 얼굴과 목소리를 통해 그 사람의 감정을 읽고 대화 도중에 상대방의 감정에 동조, 공감하는 능력인 사회적 인식 능력과 다른 사람들을 팀, 조직의 가치, 목표에 깊이 공감할 수 있도록 인도하여 올바른 방향으로 이끄는 능력인 사회적 기술 능력이 있다.

감성을 적절하게 사용하는 것은 성공적인 리더십에 매우 중요하다고 대부분의 연구자들은 밝히고 있다. 따라서 리더는 감성을 이용하여 집단의 협력을 이끌어 내고 구성원과의 커뮤니케이션을 강화하고, 동기부여 하여야 한다. 이러한 개념의 새로운 리더십 특성이론을 적용한다면 리더십 효과성을 예측할 수 있는 중요한 변수로서 감성지능이 있음을 알 수 있다.

04 그래도 리더는 남다른 특성이 있다!

어떤 상황에서든지 목적한 바를 이루기 위해서 필요한 리더의 특성에 관해 일관성 있고 집약적인 결론은 도출하지 못하였다. 즉 조직성과에 필요한 보편적인 리더의 특성은 찾지 못하였다. 그러나 리더십 특성이론이 지니고 있는 매력은 여러 가지로 볼 수 있다. 첫째, 리더의 특성은 모든 사람의 관심 주제이다. 리더들은 보통 사람과 차별되는 특성이 있을 것으로 보는 일반적인 이미지와 부합하기 때문이다. 둘째, 리더의 특성은 리더에게 요구되는 기준점이 된다. 리더의 선발 및 평가 기준, 리더십 개발의 방향과 설정, 조직에서의 승진심사 요소 등에 활용되기 때문이다. 셋째, 리더의 특성은 변화하는 사회가 요구하는 리더의 상을 판단하고 정립하는데 도움을 주기 때문이다.

이렇듯 현대사회에서 새롭게 조명 받고 있는 리더의 특성은 선천적으로 개인에게 부여된 성질일 수도 있지만 어떤 특정한 상황을 접할 때 그 상황에 맞는 리더의 특성을 교육과 훈련하여 주어진 상황에서 리더십의 효과성을 높일 수도 있다. 특히 환경의 영향과 잠재적 재능 개발은 후천적인 리더의 특성을 발현할 수 있는 것으로 사람들에게 인지적 능력과 성격 형성에 중요한 역할을 한다. 따라서 개인적인 능력을 타고나는 것이 신이 준 축복이지만 주어진 환경 속에서 얼마나 노력하고, 학습하고, 훈련하는가 하는 것도 리더십 특성 이론의 중요성을 더욱 부각시키는 것이라고 할 수 있다.

자기진단을 위한 EQ 테스트

□ 당신의 행동에 가장 근접하는 항목을 고르시오.

1. 당신은 지금 극심하게 흔들리는 비행기 안에 앉아 있다. 어떻게 행동할 것인가?
   ① 대수롭게 생각하지 않고 조용히 읽던 책을 계속해서 읽는다.
   ② 스튜어디스의 태도로 상황의 심각성을 확인해보는 한편, 신중을 기하기 위해 구명조끼를 한 번 만져 본다.
   ③ ①과 ②의 중간 쯤
   ④ 모르겠다. 생각해 보지 않았다.

2. 당신은 딸을 데리고 몇몇 이웃 아이들과 함께 놀이터에 갔다. 갑자기 한 아이가 울기 시작하였는데, 다른 아이들이 그 아이와 같이 놀려고 하지 않기 때문이다. 당신은 어떻게 행동할 것인가?
   ① 간섭하지 않는다.
   ② 어떻게 하면 다른 아이들이 그 아이와 같이 놀아줄까하고, 우는 아이와 함께 골똘하게 생각한다.
   ③ 그 아이에게 울지 말라고 친절하게 이야기한다.
   ④ 장난감을 가지고 우는 아이의 마음을 다른 곳으로 돌린다.

3. 당신은 좋은 성적을 기대했던 중간시험을 망쳤다. 어떻게 반응할 것인가?
   ① 다음번 시험에서 성적을 올리기 위해 학습 계획을 세우고, 이 계획을 철저하게 지키겠다고 결심한다.
   ② 앞으로 더 열심히 노력하겠다고 결심한다.
   ③ 스스로에게 그 과목의 성적은 그렇게 중요하지 않다고 말하며, 그 대신 성적이 더 잘 나온 과목에 집중한다.
   ④ 교수와 면담하고 성적을 다시 한 번 생각해 달라고 부탁한다.

4. 당신은 전화로 어떤 물건을 판매하는 일을 하고 있다. 그런데 당신이 접촉한 15명의 고객이 당신의 전화에 퇴짜를 놓았다. 어떻게 행동할 것인가?
   ① 오늘은 포기하고, 내일은 운이 좋아질 것이라고 기대한다.
   ② 성공하지 못한 원인이 무엇인가 골똘히 생각한다.
   ③ 다음번에 전화할 때는 다른 방식으로 시도하고, 그렇게 빨리 포기해서는 안 된다고 자신을 타이른다.
   ④ 이것이 당신에게 맞는 직업인지 자문한다.

5. 자동차를 운전하던 당신의 여자 친구는 위험하게 바로 앞으로 끼어드는 다른 자동차 운전자 때문에 몹시 흥분했다. 그녀를 달래기 위해 당신은 어떻게 행동할 것인가?
   ① "잊어버려. 아무 일도 생기지 않았잖아"라고 말한다.
   ② 그녀의 마음을 돌리기 위해 그녀가 좋아하는 카세트테이프를 꽂는다.
   ③ 그녀와의 연대감을 나타내기 위해 그녀의 욕설에 동조한다.
   ④ 당신도 최근 비슷한 경험을 한 일이 있는데 알고 보니 그 차가 구급차였다고 이야기해 준다.

6. 당신과 당신 파트너 사이에 언쟁이 벌어졌다. 둘은 매우 흥분한 상태이고 사실이 아닌 비난으로 서로를 공격한다. 어떻게 행동할 것인가?
   ① 20분 간의 휴식을 제의하고 그 뒤에 논쟁을 계속한다.
   ② 싸움을 중지하고 더 이상 아무 말도 하지 않는다.
   ③ 유감스럽다고 말하고 상대방에게 용서를 청한다.
   ④ 정신을 차리고 잠시 숙고한 후 당신이 할 수 있는 범위에서 당신의 관점을 설명한다.

7. 당신의 세 살 난 아들은 갓난 아이 때부터 낯선 사람과 환경에 소심한 반응을 보이며 수줍음을 매우 많이 탄다. 어떻게 대처할 것인가?
   ① 그 아이가 선천적으로 수줍어 한다는 사실을 인정하고, 어떻게 하면 아이를 위협적인 상황으로부터 보호할 수 있을까 숙고한다.
   ② 아동심리학자와 상담한다.
   ③ 아이를 의도적으로 새로운 사람과 상황에 가능한 한 많이 직면하게 하여 불안을 떨치게 한다.
   ④ 아이에게 다른 사람과 많이 어울릴 수 있도로 용기를 주는 경험들을 하게 한다.

8. 당신은 어렸을 때 피아노를 배웠으나 오랫동안 치지 않았다. 이제 당신은 피아노를 다시 치려고 한다. 어떻게 하면 가장 빨리 배울 수 있을까?
   ① 일정한 시간에 매일 연습한다.
   ② 어렵지만 습득할 수 있는 곡을 선택하여 연습한다.
   ③ 실제로 피아노를 치고 싶을 때에만 연습한다.
   ④ 상당한 노력을 들여야만 칠 수 있는 매우 어려운 곡을 선택하여 연습한다.

□ EQ 점수 채점

문항1 : ① = 20점, ② = 20점, ③ = 20점, ④ = 0점
④는 당신이 스트레스 반응을 의식하고 있지 않다는 것을 보여준다.

문항2 : ① = 0점, ② = 20점, ③ = 0점, ④ = 0점
② 감성지능이 있는 부모는 아이들의 부정적 감정을 감성훈련의 기회로 삼는다.

문항3 : ① = 20점, ② = 0점, ③ = 0점, ④ = 0점
① 스스로의 동기부여는 무엇보다도 행동계획을 세우고 관철시킬 수 있는 능력 속에서 나타난다.

문항4 : ① = 0점, ② = 0점, ③ = 20점, ④ = 0점
③ 낙관주의자는 어려운 상황을 배울 기회가 있는 도전으로 간주한다. 자기 자신에게 책임을 돌리거나 절망하지 않고 끝까지 견디며 항상 새로운 것을 시도한다.

문항5 : ① = 0점, ② = 5점, ③ = 5점, ④ = 20점
④ 몹시 화난 사람에게 그 분노에 대해 설명해 주면 빨리 진정된다.

문항6 : ① = 20점, ② = 0점, ③ = 0점, ④ = 0점
① 흥분한 육체가 다시 진정될 때까지의 시간은 20분 혹은 그 이상의 시간 동안 싸움을 중단하는 것이 적절하다.

문항7 : ① = 0점, ② = 5점, ③ = 0점, ④ = 20점
④ 선천적으로 수줍어하는 아이들은 불안을 야기하는 상황에 점차적으로 직면한다면 자신이 갖고 있는 억제감을 쉽게 떨칠 수 있다.

문항8 : ① = 0점, ② = 20점, ③ = 0점, ④ = 0점
② 성취 가능한 도전의 경우에 잠재되어 있던 성취 능력이 가장 잘 발휘할 수 있다.

□ 평가

- 60점 이하 : 감성지능 개발 학습법을 읽으십시오. 지능지수와는 달리 감성지수는 상대적으로 쉽게 향상 될 수 있습니다.
- 60~120점 : 당신의 감성지수는 평균입니다.
- 120점 이상 : 당신의 감성지능은 상당한 수준입니다. 당신은 자신과의 문제가 없으며, 자신의 감정을 잘 다루고 다른 사람을 잘 이해할 뿐 아니라 다른 사람들과 다감하게 교제하는 편입니다.

EXAMPLE

역사 속의 위대한 지도자, 이집트 왕자

노예 해방과 모세

성경 역사에서 빼 놓을 수 없는 인물이 모세이다. 모세를 소재로 한 영화도 1956년에 개봉된 '십계(The Ten Commandments)', 1998년의 에니메이션 '이집트 왕자(The Prince of Egypt)', 2014년의 '엑소더스: 신들과 왕들(Exodus: Gods and Kings)' 등과 같이 여러 편이 있다. 이렇게 한 인물을 중심으로 영화화된다는 것은 그 나름대로 영화를 보는 사람들에게 전달되는 메시지가 있기 때문일 것이다. 모세는 노예 생활을 하던 히브리인들을 이집트에서 탈출시켜 신이 주신 땅인 가나안으로 이끌어 갔던 리더이다.

십계(The Ten Commandments)

모세는 어떻게 노예 생활을 하던 히브리인들의 리더가 될 수 있었을까? 성경을 보면 이집트에서 나올 당시 히브리인의 수는 장정만 60만 명 정도였으며 전체는 대략 200백만 명이 넘을 것으로 추정하고 있다.

분명한 것은 오랜 노예생활이 히브리인들로 하여금 조직적이거나 도전적이지는 못하였다. 또한 순응적인 삶이 아마도 그들을 지배하고 있었을 것이다. 이집트를 탈출해서 광야에서 생활할 때도 늘 모세에게 불평과 불만을 표시하였고, 때로는 노예생활을 그리워하기도 하였다. 이러한 민족을 하나로 묶기 위한 노력은 리더로서 인내, 목동으로 있으면서 습득한 광야 생활의 전문성, 타인의 말에 귀 기울일 줄 아는 소통 능력 등으로 나타나면서 율법을 중심으로 하는 조직화를 이루었고 이것이 40여 년간 광야생활과 그들의 궁극적 목적인 가나안 땅 입성이라는 결과로 이어졌다.

모세와 히브리인의 이집트 탈출 과정은 오늘날 기업경영에서 볼 수 있는 것처럼 미래에 대한 예측이 어렵고 불확실성이 높은 환경을 대하는 대다수 기업들의 선행사례이다. 그 가운데 가장 중요한 것은 리더의 역량과 역할로 모세의 능력은 대단한 것이다.

그렇다면 리더로서의 모세의 성격에 대하여 성경은 어떻게 표현하고 있을까? 젊은 날의 모세는 성격이 거칠고, 다혈질적이며, 불의를 보면 못 참는 성격의 소유자로 설명하고 있다. 심지어는 살인으로 인하여 왕궁에서 도망하여 광야에서 양을 치는 목동으로 생활한 것보면 그 인생이 순탄하지 않았음을 나타내고 있다. 그러나 성경 민수기 12장 3절에 보면, '이 사람 모세는 온유함이 지면의 모든 사람보다 승하더라'라고 기록하고 있다.

초기 리더십 연구에 많은 부분은 역사적 인물들의 면면을 살펴보고 그 속에서 리더들이 지니고 있는 보편적인 특성이 무엇인가를 밝히려고 노력하였다. 그렇다면 모세와 같이 온유한 성격을 지니고 있으면 위대한 지도자가 될 수 있을까? 온유(溫柔, meekness)란 사람의 표정이나 성질이 온화하고 부드러움을 나타내는 표현이다.

조직에서 리더가 된다는 것은 많은 위험이 따른다. 어떤 조직이든 조직 존재의 목적이 있고, 그것을 달성하기 위해 리더는 고민하고, 구성원들에게 성과를 위한 통제를 하게 된다. 성경 역사를 통해서 볼 수 있는 리더로서의 모세의 성격과 위기극복 방법은 오늘 우리가 살고 있는 현실과 맞는 메시지로 매우 의미 있다고 할 수 있다.

출처 : 성경 및 영화 '십계(1956)', '이집트왕자(1998)', '엑소더스(2014)'

6장

행동이론,
리더의 독특한 행동이 성과를

01 특성이론에서 설명되지 않은 것, 리더의 행동

02 리더의 행동, 그 다양성

03 리더의 행동 유형, 성과와 한계점

01 특성이론에서 설명되지 않은 것, 리더의 행동

1. 추상적인 개념의 특성과 관찰 가능한 행동

리더의 특성연구에서 지적된 한계점을 인지한 많은 연구자들은 조직의 높은 성과를 이루어 내는 리더는 보통사람과 다른 어떤 독특한 행동유형을 보일 것이라는 가정 하에서 리더가 보이는 외형적인 행위를 관찰하여 리더십 이론을 정립하고자 하였다. 리더의 특성은 성격, 지능, 가치관 등 관찰하기가 어려운 추상적인 구성 개념이며, 리더 개인의 내면에 잠재해 있어서 측정하기 어렵다. 즉 리더의 내면적인 요소들은 외적인 행동과 일치하지 않는 경우가 많기 때문이다.

반면에 리더의 행동은 외형적으로 나타나기 때문에 관찰과 측정이 비교적 쉽고 이를 토대로 리더의 유형을 구분하는 것이 가능하다. 구성원들이 영향을 받는 것은 리더의 내면보다는 행동에 의한 것으로 리더십 효과성을 규명하는 것이 더 간명하게 나타날 수 있다.

리더가 다양한 상황 하에서 어떻게 직무를 수행하는가에 초점을 둔 리더십 행동이론(behavioral theory)은 특정한 리더의 행동이 업무 수행과 집단의 효과성에 영향이 있다고 보았다. 그렇기 때문에 조직의 성과는 리더 개인의 자질, 능력, 특성에 의한 것이 아니라 리더와 더불어 일하고 있는 조직구성원을 대상으로 리더가 보이는 행동에 의한 것으로 목표 달성과정에서 나타나는 리더와 조직구성원 간의 상호작용의 결과에 따른 것이다.

따라서 리더십 행동연구는 리더십 특성이론의 한계점을 인식하고, 리더의 실제 행동을 보면서 성과있는 행동은 학습될 수 있기 때문에 리더십 행동을 교육과 훈련을 통하여 보다 유능한 리더를 양성할 수 있을 것으로 보고 이에 따른 연구가 이루어 졌다. 이러한 배경으로 연구되어진 리더의 행동이론의 주안점은 리더의 다양한 행동들을 관찰하여 측정 가능한 척도를 개발하는 것과 다양하게 나타나는 행동 유형들 중에서 어떤 유형이 조직성과에 효과적인가를 찾는 것, 그리고 효과적인 리더의 행동유형에 맞는 교육과 훈련을 실행한다면 조직성과 영향을 줄 것이라는 가정을 중심으로 리더십을 개발하고자 하였다.

2. 리더, 어떤 행동이 조직에 유효한가

리더십 행동이론에서 볼 수 있는 리더의 행동 유형은 어떤 것이 있을까? 다양한 연구의 결과를 토대로 결론적인 것부터 말한다면 2 가지 측면의 행동이 주류를 이루고 있다.

① 조직은 과업 중심으로, 리더는 과업지향적인 행동을 해야 한다!

조직은 공동의 목표가 있고, 성장해야 하며, 지속적으로 유지해야 하는 목표 지향적인 성격을 가지고 있는 유기체이다. 따라서 조직은 목표를 달성하기 위해 노력한다. 과업지향적인 행동이란 조직 구성원에게 주어진 과업을 도와주거나 지도하여 목표달성을 이루도록 하는 리더의 행동이다. 리더의 과업지향적인 행동은 첫째, 주어진 목표를 중심으로 계획을 수립한다. 계획 수립단계에서 고려되는 과업의 내용은 누가, 언제, 무엇을, 어떻게, 언제까지 이를 수행할 것인지를 포함한다. 즉, 예상되는 시간, 비용, 과업에 맞는 책임자 선정, 성과 지표 수립, 진행과정에서 점검사항 등을 적시하는 행동을 주로 한다.

둘째, 실행단계에서 볼 수 있는 행동이다. 수립된 계획에 의거하여 조직 내의 각 부문이나 개인에게 과업을 할당하고, 구성원에게 수행하는 방법을 이해시키며, 규칙, 방침, 표준 운영 절차 등을 설명하여 구성원의 역할을 기대한다.

셋째, 피드백 과정에서 볼 수 있는 행동이다. 조직의 목표를 이루기 위해 리더들은

그림 6-1 | 리더십 행동 유형

과업 수행과정에서 일어나는 일들을 해결하며, 과업 수행과정과 성과에 대한 수시로 점검하는 행동을 보인다. 따라서 실제 수립된 계획에 따라 운영되고 있는지, 수립된 목표에 어떻게 성과를 가져가고 있는지를 점검하고, 평가를 실시한다.

이렇듯 과업지향적인 행동을 보이는 리더는 조직이 이루고자 하는 성과를 위해 구조화된 틀를 중심으로 조직의 유효성을 추구하는 행동을 나타내는 특징을 지니고 있다.

② 관계지향적인 행동, 구성원이 만족할 때 조직성과를 높일 수 있다!

리더의 관계 지향적인 행동의 목적은 조직의 목표를 달성하기 위해서는 구성원들을 배려하고, 지지해 주며, 지원 등과 같은 도움을 줄 때 조직성과를 높일 수 있다고 보는 것을 의미한다. 그러므로 관계 지향적 행동은 구성원들 간 호의적인 인간관계를 형성하고 만족을 느낄 수 있도록 도와주면서 조직성과를 기대하는 리더십 행동이다.

관계 지향적인 행동의 중심은 상호 간의 신뢰를 바탕으로 협력하고, 직무나 조직에 만족을 추구한다. 리더십의 효과성을 위한 관계지향적인 행동을 추구하는 리더에게서 볼 수 있는 행동의 특징은 다음과 같다.

첫째, 지원과 격려하는 행동이다. 구성원을 이해하고, 긍정적으로 배려하고, 업무 지시할 때도 협조적인 태도를 보이며, 예의와 사려 있는 처신, 구성원 개개인을 인격체로 대우, 자신감을 심어주며, 필요한 업무에 도움 등을 주는 행동이다.

둘째, 개인의 능력 증진을 위한 행동을 한다. 직무에 대한 적응력과 경력 개발 등에 관심을 나타낸다. 주요 행동은 코칭, 멘토링, 경력상담 등이 있다.

셋째, 인정하는 행동을 한다. 리더가 구성원의 공헌과 성취를 인정하고, 그에 상응하는 보상을 하는 행동을 보인다. 관계 지향적 행동을 하는 리더는 모범적인 행동을 하며 갈등 해소, 관계구축을 위한 친목도모, 사람에게 영향을 미칠 사안에 대해서는 협의하여 의사결정하는 등의 행동을 나타낸다.

02 리더의 행동, 그 다양성

1. 어떤 리더십이 효과가 있을까, 전제형? 민주형? 방임형?

미국의 아이오와 대학에서는 리더가 자신의 권한을 어떻게 활용하는지를 실험적으로 연구하였다. 아이오와 대학에서 수행한 리더십 연구는 지능과 사회적 배경이 비슷한 초등학생들을 대상으로 3 가지 유형의 리더십 스타일을 중심으로 실험하였다. 이 실험 방법은 전제적 리더십 스타일(권위형), 민주적 리더십 스타일, 자유방임적 리더십 스타일로 구분하여 각 스타일에 맞게 3 명의 대학생을 훈련 시켜 리더로 행동하도록 하였다. 실험 참가 초등학생들에게 주어진 과제는 가면, 모형비행기, 장식, 비누조각품 등과 같은 것을 만들게 하는 것으로 독립변수는 리더십 스타일이고 종속변수는 학생들의 과업수행의 열성, 성과, 리더에 대한 만족도 등이 대상이 되었다.

전제적 리더십 스타일(autocratic leadership style)은 명령적이며, 의사결정에 구성원의 참여를 허용하지 않고, 과업수행 방식은 리더의 지시에 의한 구성원의 복종을 요구하는 것으로, 의사결정 과정에서 독단적으로 의사결정하고, 집단 활동을 강력하게 통제하는 리더의 행동 유형을 의미한다.

민주적 리더십 스타일(democratic leadership style)은 의사결정 과정에 구성원의 참여, 합리적인 절차, 구성원들에게 자발적 참여를 유도하는 것으로 집단의 모든 활동에 구성원의 참여를 권장하고, 다수결의 원칙에 의해 의사결정 하는 리더의 행동 유형이다.

자유방임적 리더십 스타일(laissez-faire leadership style)은 과업 수행에 자유를 주고 리더의 개입은 최소화하는 것으로 집단 구성원들의 작업 활동에 거의 관여하지 않고, 리더로서의 역할을 최소화 하는 행동 유형을 의미한다.

세 가지의 리더십 스타일에 대한 실험 결과는 첫째, 전제적 리더는 리더에 대한 반감 표명을 하거나, 작업량은 많지만 질은 다소 떨어졌고, 구성원 간에는 상호작용이

그림 6-2 | Iowa 대학의 리더십 행동 유형

구 분	전재적 리더십 스타일	민주적 리더십 스타일	자유방임적 리더십 스타일
행동 형태	- 독단적 의사결정 - 강력한 통제	- 의사결정 과정에 구성원 참여 - 합리적 절차 중시	- 집단 활동에 관여하지 않음 - 의사결정 스스로 하게 함
구성원 행동	- 리더에 대한 반감 표명 - 공동체 의식 결여 - 적대적이고 공격적 - 의존적이고 자발성 낮음	- 상호작용 높음 - 공동체 의식 증가 - 자발적임 - 구성원 스스로 통찰력 발휘	- 리더를 타인같이 여김 - 낭비 및 파손품 증가 - 상호작용 미약 - 구성원 독자적 행동
성과 도출	- 작업량 많음 - 작업의 질은 다소 떨어짐	- 작업량 많음 - 작업의 질 우수함	- 낮은 작업 성과 - 조직 질서 없음
리더 부재시	- 작업이 이루어지지 않음 - 좌절감	- 처음엔 혼란스러워 함 - 스스로 작업 지속적 수행	- 작업이 이루어 지지 않음

제한되었으며, 공동체 의식은 결여되는 모습을 보였으며, 적대감과 공격성의 증가, 의존적이며, 자발성이나 자기 개성 발휘는 낮게 나타났다.

둘째, 민주적 리더는 리더에 대한 호감, 작업량과 질이 우수하였고, 구성원 간에는 상호작용과 공동체 의식이 증가 되었으며, 자발성 및 통찰력 발휘 등은 증가 되었다. 셋째, 방임형 리더는 리더를 타인 시하였고, 낭비 및 파손품의 증가, 낮은 작업성과, 구성원 간의 상호작용 미약, 구성원의 독자적 행동, 도구 등의 정돈상태 불량 및 조직 질서의 미정립 등으로 나타났다.

이러한 연구의 결과를 보면 조직구성원의 만족도는 민주적 리더가 높았으며, 직무수행 성과는 전제적 리더가 높게 나타났다. 또한 리더의 부재일 때 민주적 리더 하에서의 구성원들은 처음엔 다소 혼란스러워 하나 점차적으로 작업이 이루어지지만, 전제적 리더 스타일에서는 좌절감을 느껴 생산으로의 전환이 이루어지지 않는 결과를 보였다.

2. 리더의 행동 유형, 구조주도와 배려

오하이오 주립대학의 리더의 행동유형 연구에서는 효과적인 리더십 유형을 찾기 위하여 리더십 행동에 관한 1,800 가지의 사례들을 수집, 이 가운데 중요하다고 생각되는 150가지의 행동 항목들을 추출하여 요인분석을 실시한 결과, 구조주도와 배려라는 두 가지로 구별되는 리더의 행동 범주를 찾게 되었다.

구조주도(initiating structure)는 리더가 과업을 지향하는 정도를 의미하는 것으로 리더가 목표 달성을 위해 자신의 역할과 구성원의 역할을 정의하고 구조화하는 정도를 말한다. 즉 조직의 목표를 달성하기 위해 물적자원과 인적자원을 효과적으로 활용하는 리더의 행동과 관련되어 있다. 구조주도적인 리더의 행동은 조직구성원에게 표준과 규정을 설정하여 준수할 것을 강조하며, 과업을 할당하고, 감독과 통제하는 등 조직구성원의 업무수행을 주도하는 행동을 나타낸다. 리더의 행동으로는 기획, 조정, 지시, 문제해결, 구성원들의 역할 명료화, 저조한 과업성과에 대한 비판, 성과 향상을 위한 구성원에게 압력행사 등이다.

배려(consideration)는 리더가 조직구성원들에게 호의적으로 대해주는 배려하는 정도를 의미하는 것으로 리더와 구성원 간의 관계에서 신뢰와 존중, 지원 등의 인간관계를 중시하는 특징이 있다. 배려가 높은 리더는 개인적 문제를 가진 구성원을 도와주고, 친절하고 가까이 대하기 쉬우며, 모든 구성원을 동등하게 대우한다. 리더의 행동으로는 우정, 구성원과의 상담, 구성원의 기여에 대한 인정이나 지원, 구성원의 이익 대변자 역할 등이 있다.

이러한 요인을 중심으로 오하이오 주립대학은 리더의 행동범주를 구조주도와 배려의 두 차원을 중심으로 각 유형에 대한 관여의 정도가 높고 낮음 등과 같이 구분하여 4 가지의 유형으로 나타냈는데, Ⅰ 유형은 고 구조주도-저 배려형, Ⅱ 유형은 고 구

그림 6-3 | Ohio 대학의 리더십 행동 유형

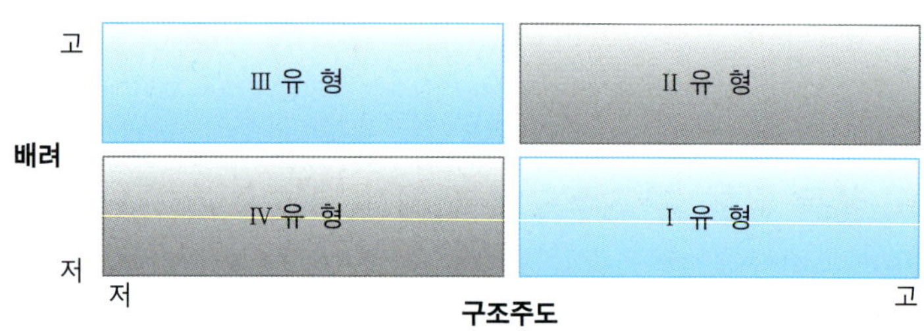

조주도-고 배려형, Ⅲ유형은 저 구조주도-고 배려형, Ⅳ유형은 저 구조주도-저 배려형 등과 같이 제시하였다.

연구의 결과를 보면, 구조주도와 배려 두 차원 모두에서 높은 정도의 행동을 보이는 리더가 그렇지 않은 리더에 비해 보다 높은 조직의 성과와 조직구성원의 만족을 가져 왔지만, 항상 긍정적인 결과를 가져오는 것은 아니며 예외적인 결과도 나오는 것으로 나타났다.

3. 조직성과와 리더의 지향점에 따른 행동

미시간 대학은 리더십 효과성과 관련하여 리더의 행동, 집단과정, 집단성과의 크기 간의 관계를 파악하고자 하였다. 즉 어떤 리더십 유형이 조직의 성과를 높이는지에 초점을 두고 인터뷰와 설문조사를 통하여 직무중심적인 리더와 종업원 중심적인 리더 등의 2 가지 리더 유형을 도출하였다.

직무 중심적 리더(job-centered leader) 유형은 과업을 중요하게 여기고, 부하의 작업을 면밀하게 관찰하고, 생산 방법과 절차 등의 세부사항에 관심을 두며, 조직성과에 매우 높은 관심을 표명하는 행동 유형이다. 직무 중심적 리더의 주요 관심은 조직의 과업 달성에 두고 있어서 직무기술 또는 과업 측면을 강조하는 특징을 나타낸다.

종업원 중심적 리더(employee-centered leader) 유형은 부하와의 관계를 중요하게

그림 6-4 | Michigan 대학의 리더십 행동 유형

구 분	직무 중심적 리더	종업원 중심적 리더
고려 대상	- 직무 기술 및 과업	- 대인 관계
리더 행동	- 목표의 강조 - 과업 수행 촉진	- 지원적 태도 - 상호작용 촉진
관심 사항	- 과업을 중요하게 여김 - 작업에 관심과 관찰 - 생산 방법과 절차	- 구성원과의 관계가 중요함 - 권한 위임과 지원 - 후생 복지
행동 특징	조직 성과	배 려

여기며, 부하가 자신의 직무에 만족할 수 있도록 권한의 위임과 지원적 업무환경을 조성하고, 부하의 복지후생 등에 세심한 배려를 하는 행동유형이다. 종업원 중심적 리더는 부하의 개인적 욕구에 대한 관심과 구성원들 간의 개인적인 차이를 인정하는 등의 대인관계에 주요 관심을 두고 조직의 성과 제고를 추구한다.

이러한 미시간 대학의 연구에 따른 결과는 직무 만족은 종업원 중심적 리더십이 효과적인 것으로 나타났다. 그러나 조직성과에 미치는 영향을 보면 직무 중심적 리더십에서는 직무 만족은 낮지만 생산성은 높은 경우가 있고, 종업원 중심적 리더십은 직무 만족은 높지만 조직성과는 낮은 경우도 나타나 어느 유형이 효과적이다라고 할 수 없음을 밝히고 있다.

4. 생산성? 인간관계? 리더의 행동 유형을 구체화하기

Blake & Mouton은 지금까지 제시된 리더의 행동 차원들을 근거로 리더의 행동 유형을 관리격자(management grid) 모형으로 제시하였다. 이 모형이론은 오하이오 주립대학의 배려와 구조주도, 미시간 대학의 종업원 지향과 직무(과업)지향 등의 각 차원의 개념을 도입하여 인간관계에 대한 관심과 생산에 대한 관심 등과 같은 두 축을 중심으로 각 축을 9 등분하여 81 개 유형의 리더십 유형을 도출하였다.

인간에 대한 관심(concern for people)은 리더가 종업원을 위해 얼마나 배려하고 관심을 두고 있는가에 대한 행동으로 헌신, 신뢰 구축, 종업원 개인적 가치 실현, 좋은 작업환경 제공, 공정한 대우, 좋은 사회적 관계 등의 행동을 말한다.

생산에 대한 관심(concern for production)은 리더가 조직의 과업 수행을 위해 어떻게 노력하는가에 대한 행동으로 정책결정, 신제품개발, 생산과정에서의 문제해결, 작업분담, 판매량 통제 등과 같은 행동을 말한다.

관리격자 모형에서 볼 수 있는 대표적인 행동 유형은 5 가지로 설명되는데, 각 유형들의 특징을 살펴보면 첫째, 무관심형(1.1)이다. 하급자들의 업무과정에 개입을 최소화하며, 많은 부분은 위임하는 등의 방임적 리더십 형태이며, 발생하는 문제에 대하여 리더가 가능한 개입을 최소화한다.

둘째, 컨트리클럽형(1.9)이다. 배려와 종업원 지향적인 리더십 행동에 가까운 형

그림 6-5 | 관리 격자 연구 모형

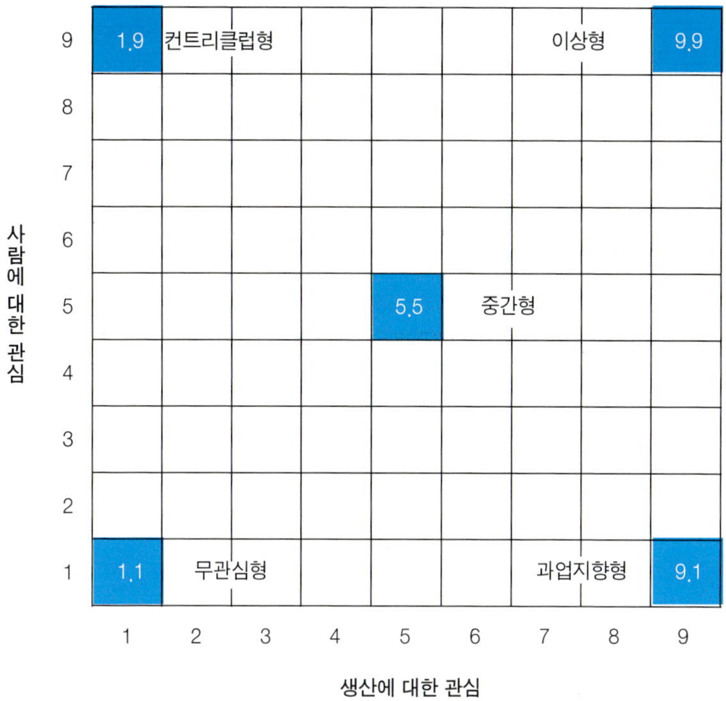

태로 과업보다는 인간적인 측면에 관심을 갖는 유형이다. 인화(人和) 중심의 조직분위기를 통하여 주어진 과업을 달성하고자 한다.

셋째, 과업지향형(9.1)이다. 구조주도나 생산성에 대한 관심이 높은 유형으로 주어진 과업을 위해 노력하는 유형이다.

넷째, 중간형(5.5)이다. 생산이나 인간에 대한 관심과 주의를 적당하게 기울이는 유형으로 극단적인 행동 보다는 적정 수준의 관리를 하는 리더의 행동이다.

다섯째, 팀형 또는 이상형(9.9)이다. 조직의 목표달성을 위해 주도적으로 노력하면서 종업원들과는 인간적인 상호작용을 강화하여 조직성과를 높이고, 조직구성원이 원하는 욕구 충족을 이룰 수 있게 지원하는 행동을 한다.

이러한 제 유형의 리더십을 나타내는 관리격자 모형은 리더가 어느 좌표 영역에 위치하는가를 평가해 봄으로써 부족한 부분을 보충할 수 있는 리더십 훈련 프로그램으로 활용할 수 있다.

5. 리더의 행동과 집단의 기능

미스미쥬지(J. Misumi, 三隅二不二)는 오하이오 대학의 리더십 행동 연구를 중심으로 리더십 행동을 집단의 기능과 연계시켰다. 구체적인 집단의 기능은 리더가 업무상 지시 및 지도가 필요로 하는 성과지향 기능과 원활한 인간관계를 형성하고 구성원들을 배려해야 하는 유지지향 기능 등의 두 가지를 말한다.

집단의 성과지향기능(performance orientation)의 성과에 해당하는 글자인 P를 중심으로 P기능, 유지지향기능(maintenance orientation)의 유지에 해당하는 글자인 M을 중심으로 M기능으로 명명하고 이를 PM이론이라고 하였으며, 이렇게 각 기능의 강약에 따라 대문자(강), 소문자(약)로 구분하였다. PM이론에서 제시된 리더십 유형은 다음과 같다.

첫째, pM형이다. 성과기능인 p가 약하고, 유지기능인 M기능이 강한 리더십으로 이 유형의 리더는 엄격한 지도로 인해 인간관계를 해치는 것보다 화기애애하게 업무환경을 유지하는 것이 더 바람직하다고 생각한다.

둘째, Pm형이다. 성과 기능이 강하고 유지기능이 약한 리더십으로 이 유형의 리더는 불평불만하지 말고 지시하는 대로 하라는 유형으로 머릿속에는 언제나 일 생각뿐이다. 부하에 대한 배려를 거의 찾아볼 수 없다.

그림 6-6 | PM 이론

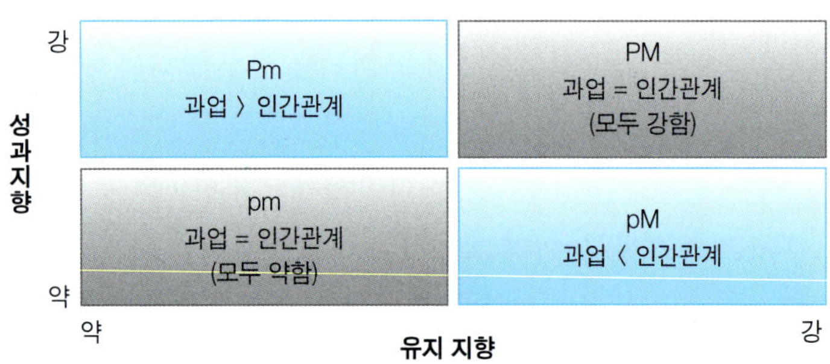

셋째, pm형이다. 성과기능이 약하고 유지기능도 약한 경우로 이 유형의 리더는 부하를 엄격하게 지도하지 않을 뿐만 아니라 인간관계에서도 무관심한 허울뿐인 리더라고 할 수 있다.

넷째, PM형이다. 성과기능과 유지기능 모두 강한 리더십으로 이 유형의 리더는 목표를 달성하기 위해 열심히 지도할 뿐 아니라 동시에 배려하는 마음으로 구성원을 대하는 리더이다.

연구결과를 보면, PM형 리더가 집단의 사기와 성과 측면에서 가장 우수하다는 결론이 도출되었다. 또한 성과지향성은 효과적 리더십에 필수적이지만 같은 강도의 유지지향성이 동반되지 않으면 유효성이 없다고 보았다. 이것은 리더로부터 성과에 대한 강조와 함께 관계 노력이 동반될 때 구성원들은 리더의 행위를 압력으로 느끼지 않고 도와주거나 무엇인가를 전수 받아야 한다고 생각하는 것을 의미한다.

03 리더의 행동 유형, 성과와 한계점

리더의 행동 방법에 따라 리더십 효과성을 증명하려고 했던 리더의 행동 유형 이론들은 조직성과에 영향을 미치는 리더의 행동이 크게는 두 가지 유형으로 나타난 것을 찾아 볼 수 있는데, 제시된 이 두 가지 유형은 과업지향적인 행동과 인간관계 중심적인 행동이다. 구체적으로 보면 첫째, 과업 지향적 행동의 주요한 리더의 특성은 조직의 목표 달성을 우선과제로 하며, 과업의 목표를 설정하고 이를 수행하기 위하여 효율적인 업무활동을 체계화와 조직화하여 최적의 성과가 나올 수 있도록 한다. 또 지속적인 관리와 감독을 통하여 조직 운영과 성과를 점검하는 등의 관리에 관심을 두는 리더이다.

둘째, 관계 지향적 행동의 주요한 리더의 특성은 상호 신뢰와 협력, 직무만족 등을 우선과제로 하며, 조직 구성원 개개인이 무엇을 필요로 하고 어떤 것에 관심을 갖고 있는지를 살피는 배려와 긴밀한 인간관계 형성에 보다 많은 관심을 둔다. 따라서 관

그림 6-7 | 리더십 행동론적 접근 방식에 의한 주요 연구 내용

연구기관	분류 기준	행동 차원
Iowa 대학	- 의사결정 과정에서의 참여 정도	전제적, 민주적, 자유방임적
Ohio 대학	- 대인관계 지향적 - 과업 지향적	배려와 구조주도
Michigan 대학	- 대인관계 지향적 - 과업 지향적	종업원 중심적/직무중심적
Blake & Mouton	- 대인관계 지향적 - 과업 지향적	사람에 관심/생산에 관심
Misumi	- 성과 지향 - 유지 지향	성과 중심/ 인간관계

계 지향성을 지닌 리더는 조직구성원들에게 지원과 격려를 하며, 개인의 능력 개발을 위하여 코칭과 멘토링하고, 부하의 공헌에 대한 인정과 그에 따르는 보상에 관심을 갖는 리더이다.

그러나 리더의 행동 유형에 따라 특정 유형의 리더십에 대하여 효과성을 설명하는 것에는 다음과 같은 한계점이 있다. 첫째, 리더의 행동유형과 리더십 효과성 간의 상관관계를 찾으려 했지만 일관된 결과를 도출하지는 못하였다. 둘째, 리더십 효과성에 영향을 미치는 요인이 리더의 행동 이외의 다양한 상황 요인도 있음을 알게 되었다.

최근에 리더십에 관련한 행동유형에 새롭게 강조되는 리더의 행동유형은 변화 지향적 행동이다. 변화 지향적 행동은 환경을 이해하고 이를 주도하는 혁신적인 방법을 찾아내며, 전략, 제품, 프로세스에서의 주요 변화를 추진할 수 있게 해 주는 행동을 의미한다. 변화 지향적 리더가 보이는 행동은 변화의 절박한 필요성을 설명하기 위해 사건들을 해석하고, 개선을 위한 아이디어를 얻기 위해 경쟁자들을 연구한다. 그리고 조직의 새로운 가능성을 설계하며, 핵심역량과 연계된 혁신적인 신전략을 수립한다. 계획을 수립하게 되면 변화를 주도할 테스크포스 팀을 구성하고, 새로운 비전이나 전략과 일치하는 상징적인 변화를 추진한다. 뿐만 아니라 이 전략을 실행하

□ 리더십 행동의 측정 도구

다음은 리더십 행동에 관한 설문 내용을 담고 있다. 각 설문 내용을 읽고 당신의 리더십을 평가해 보라. 숫자의 척도는 다음을 의미한다.

① 전혀 그렇지 않다 ② 그렇지 않다 ③ 보통이다 ④ 그렇다 ⑤ 매우 그렇다

01. 집단구성원들에게 그들이 해야할 일이 무엇인가를 말해 준다.	①②③④⑤
02. 집단구성원들을 친절하게 해 준다.	①②③④⑤
03. 집단구성원들에게 성과 기준을 설정해 준다.	①②③④⑤
04. 집단 내에서 편안함을 느끼도록 다른 사람들을 도와준다.	①②③④⑤
05. 문제해결을 어떻게 할지 제안한다.	①②③④⑤
06. 다른 사람들이 내 놓은 제안에 대해 호의적으로 반응한다.	①②③④⑤
07. 자신의 관점을 다른 사람들에게 분명히 한다.	①②③④⑤
08. 다른 사람들에게 공정하게 대한다.	①②③④⑤
09. 집단을 위해 행동 계획을 작성하여 제시한다.	①②③④⑤
10. 집단구성원들을 향하여 예측 가능하게 행동한다.	①②③④⑤
11. 집단구성원 각자에게 역할책임을 정의해 준다.	①②③④⑤
12. 집단구성원들과 적극적으로 의사소통을 한다.	①②③④⑤
13. 집단 내에서 자기 자신의 역할을 분명히 한다.	①②③④⑤
14. 다른 사람들의 복지에 관한 관심을 보여 준다.	①②③④⑤
15. 업무가 어떻게 수행되어야 하는가에 대한 계획을 공급해 준다.	①②③④⑤
16. 의사결정에서 유연함을 보여 준다.	①②③④⑤
17. 집단의 업적 기대에 대한 기준을 설정해 준다.	①②③④⑤
18. 집단구성원들에게 자신의 생각이나 감정을 털어 놓는다.	①②③④⑤
19. 집단구성원들이 업무의 질을 높이도록 용기를 준다.	①②③④⑤
20. 집단구성원들이 잘 지내도록 도와준다.	①②③④⑤

□ 채점

리더십 행동유형 설문지는 두 가지 주된 행동 유형인 과업행동과 관계행동을 측정하기 위해 설계된 것이다. 설문지 채점은 다음과 같다.

1. 홀수 문항들의 점수를 합산한 것이 과업행동 점수이다.
2. 짝수 문항들의 점수를 합산한 것이 관계행동 점수이다.

총점 : 과업행동(　　점), 관계행동(　　점)

□ 결과 해석

45~50 : 매우 높음　40~44 : 높음　35~39 : 적당히 높음

30~34 : 적당히 낮음　25~29 : 낮음　10~24 : 매우 낮음

여 성과를 제고하기 위하여 구성원들에게 동기부여하며, 수행과정을 구성원들에게 알려서 도전적 가치를 유지하려는 행동을 한다.

이러한 리더의 변화지향적인 행동유형은 다양성, 다변화 등과 같이 경쟁 우위를 추구하는 현대사회에서 새롭게 조명받고 있다.

EXAMPLE

영화 Crimson Tide, 그리고 리더의 행동

조직성과, 리더의 행동으로 설명할 수 있을까?

1995년에 개봉된 영화 "크림슨 타이드(Crimson Tide)"는 리더십 행동이론을 이해하는데 많은 도움을 준다. 조직의 목표를 성취하기 위해 조직 내에서 겪을 수밖에 없는 다양한 갈등과 위기 그리고 이에 따른 의사결정 등은 리더가 풀어야 할 과제이며, 이를 적절하게 관리하는 것이 리더에게 주어진 과업이다. 따라서 제시된 제반 문제를 해결하기 위하여 리더는 그에 상응하는 행동을 수행해야 한다.

영화 "크림슨 타이드"의 주된 내용은 미군의 핵잠수함 알라바마(Alabama)호는 전략 핵무기를 탑재한 함정으로 작전을 수행하던 중 핵전쟁의 위기에 봉착하게 된다. 잠항 작전 중이던 알라바마호는 이 상황에서 본국으로부터 핵전쟁과 관련한 명령을 하달 받던 중 통신장비의 고장으로 전언 통신문 내용이 단절되면서 완성되지 않은 메시지를 두고 두 리더가 갈등하는 과정을 그리고 있다. 그 이유는 잠수함 내에서의 핵무기 사용에 대한 명령권은 무기의 중요성에 의해 함장과 부함장의 의견이 일치 해야만 명령을 실행할 수 있는 조건으로 만들어졌기 때문이다.

본국으로부터 하달된 미완성의 명령문의 내용은 핵무기 발사 여부에 관한 내용 이었지만 발사 여부는 분명하지 않는 상태로 수신되었기 때문에 남은 내용에 대한 판단이 매우 중요한 결과를 가져오는 조건이 되었다. 발사 할 것인가 아니면 나머지 내용을 검토한 후에 이에 따를 것인가에 대한 의견의 차이는 두 리더뿐만 아니라 다른 조직구성원의 이해도에 따라서도 그 실행 방법이 나누어지게 되었다.

분명한 것은 리더나 구성원 모두가 조직의 목표에 따라 완벽한 명령을 수행한다는 생각은 같지만 결과에 대한 예단을 할 수 없기 때문에 갈등을 할 수 밖에 없다. 확실한 정보나 미래에 대한 내용을 사전에 알 수 있다면 의사결정이나 선택은 쉬울 수 있겠지만 제한된 정보와 불확실성이 높은 경우에서는 어떠한 의사결정도 어려울 수밖에 없다.

영화 속에서 볼 수 있는 리더들의 리더십 유형을 보면, 함장인 램지는 조지 체계의 일원화를 추구하며, 자신의 의도대로 일을 진행하고자 하는 전제적 리더십의 대표적인 모습을 그리고 있고, 부함장인 헌터는 조직 내의 역할과 규범을 중시하며, 대화와 토론 그리고 적절한 감성적인 자극을 활용하여 문제를 해결하려고 하는 민주적 리더십 스타일을 보이고 있다.

(영화의 한 장면)

영화에서는 부함장 헌터에 의하여 통신장비를 수리하여 미수신된 전언 통신문을 해독함으로써 핵무기를 사용하지 않는 것이 합리적인 의사결정이 되었다는 것으로 마무리한다.

영화의 끝 부분은 두 사람의 갈등에 대하여 둘 다 옳았고, 둘 다 옳지 않았다(Both of you are right, both of you are wrong.)라는 결론을 내리게 되지만 영화에서 본 것처럼 조직을 이끌어 가는 리더에게 조직성과를 유지한다는 것은 매우 어려운 것으로 그 만큼 리더십 훈련과 환경 및 조직을 이해하고 분석하는 역량이 요구된다고 할 수 있다.

출처; 영화 '크림슨 타이드(1995)'

7장

리더십 이론의 진화, 상황이론

01 리더가 처한 상황, 타계가 성공하는 리더의 모습이다.

1. 상황이론의 출현 배경

조직은 존재의 이유가 있기 때문에 이를 이루기 위해서는 효율적이고 효과적인 조직관리가 수반된다. 우리가 살고 있는 사회의 전반적인 모습도 사회 전체가 효율성과 효과성을 추구한 결과로 이렇게 발전하게 되었다. 사회 발전의 전환점이 된 산업혁명은 기존의 생산 방식에서 벗어나 생산 능력 증대를 가져 왔고 새로운 변화를 촉진하는 역할을 했다. 그러나 20세기로 접어들면서 생산성 향상만 추구하면서 조직 내에서는 여러 가지 문제점들이 노출 되었다.

기계나 설비의 지속적인 개발, 인간의 동작과 시간 연구에 의한 과학적 관리법의 출현, 작업공정과 부품의 규격을 표준화·단순화하여 이동조립 생산을 통한 생산성 향상은 산업 전반에 걸쳐 획기적인 변화를 가져 왔다. 그러나 이러한 성장의 이면에는 생산현장에서 실제 과업을 수행하는 구성원 즉 근로자들의 역할이 중요하다는 사실을 간과하였다. 과학적 관리에 의한 기계적 인간관은 조직 목표 달성이나 성과 향상에 좋지 못한 영향을 주는 것으로 파악되면서 조직관리의 중요성이 부각되기 시작하였다.

그림 7-1 | 산업환경과 생산성

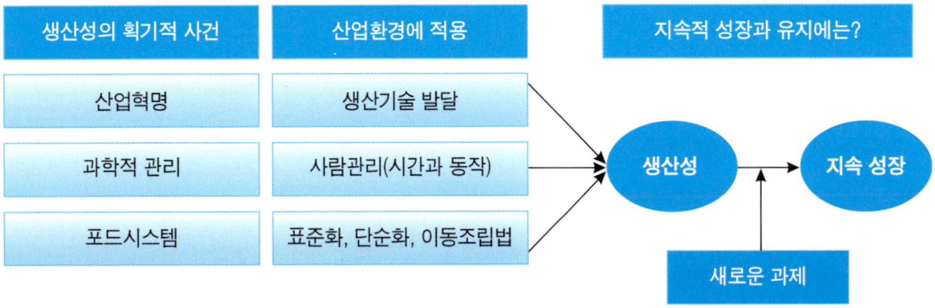

2. 리더십 상황이론의 의미

조직의 효과성을 높이기 위해서는 리더의 역할이 중요하다는 것을 알게 되었고 따라서 리더십에 대한 연구가 다양하게 이루어지기 시작했다. 그 중심에 리더의 개인적인 특성이나 행동에 관한 연구를 통하여 조직 효과성의 이상적인 리더십을 찾으려 하였으나 일관적이고 보편적인 특성이나 행동 유형을 도출해 내지는 못하였다. 이렇게 리더십 이론의 진화 과정에서 리더의 특성 또는 행동에 따른 조직성과와의 관계를 다양한 방법으로 연구하는 과정에서 조직성과에 영향을 미치는 또 다른 변수가 있음을 알게 되었고, 그것은 그 조직이 지니고 있는 상황에 따라 리더의 특성 또는 행동이 적합할 때 효과적이고 성과 있는 결과를 가져 올 수 있다는 것을 생각하게 되었다.

조직은 다양한 현장에서 성과 도출을 위해 움직인다. 조직이 직면한 어떤 상황이 있을 때 그 상황에 맞는 리더십은 무엇일까? 리더십과 조직성과에 미치는 상황변수란 어떤 것이 있을까? 이러한 상황론적 접근 방식에 따른 리더십 연구 이론이 리더십 상황이론이다. 여기에서 설명되는 상황이란 특정시점에서 어떤 행동과 환경 간의 관계에 영향을 주는 사건이나 환경을 의미한다.

리더십 상황이론(contingency leadership)은 리더가 조직과 구성원들에 대해서 상황에 따라 적합하게 행동할 때 직무의 성과는 높게 나타나고 과업을 성취할 수 있다고 보는 것이다. 즉 리더의 특성이나 행동 유형이 조직의 성과를 이루기 위해서는 조직과 구성원이 직면한 상황에 따라 그 미치는 영향을 조절해 주는 변수들을 파악하여 그 상황을 이해하고 적합성 여부를 설명하는 이론이다. 따라서 상황이론의 중심

그림 7-2 | 상황변수의 역할

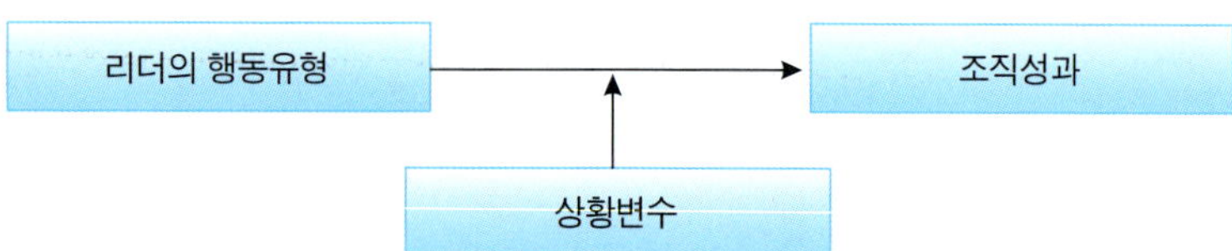

은 리더의 행동과 상황을 조절해 주는 변수와의 관계인 것으로 이해할 수 있다.

3. 상황 변수, 어떻게 이해할까

리더십 상황이론의 기반은 리더의 행동 유형이론이다. 리더가 어떤 특정의 행동을 하기 위해서는 어떤 상황인지를 인지하고, 리더는 그 상황에 맞는 행동을 보일 때 조직성과를 높일 수 있는 것을 규명하는 것이다. 따라서 리더십 상황이론은 리더의 특성이나 행동이 조직성과에 미치는 영향을 조절해 주는 변수와의 적합성 관계를 설명하는 이론으로 볼 수 있다.

상황변수 또는 상황조절변수(situational moderator variable)는 리더의 특성이나 행동의 영향력을 증강시키는 변수를 의미한다. 리더십 상황이론에서 리더의 행동에 영향을 주는 변수는 첫째, 리더 및 구성원의 특성이 있다. 이는 성격, 욕구, 동기, 과거의 강화작용 등을 의미한다. 둘째, 과업의 특성이 있다. 과업의 내용이 명확하고 구체적이며, 수행의 정도에 맞는가를 보는 것이다. 셋째, 조직과 집단의 구조이다. 리더의 권력기반, 조직 내의 규율과 절차, 의사결정 할 때 시간적 여유 등과 같이 조직차원의 요소와 집단의 규범과 구성원간의 서열과 응집성 등의 집단의 구조와 관련이 있다. 넷째, 리더와 구성원과의 관계 등으로 볼 수 있다. 다섯째, 구성원의 능력 여부와 헌신의 정도 등으로도 설명할 수 있다. 그리고 의사결정의 참여 정도 등도 리더와 조직성과 간에 조절적인 변수로 작용한다고 할 수 있다.

그림 7-3 | 상황변수(조절 변수)

리 더	구성원	상 황
개인적 특성 행 동 경 험	구성원의 특성 능력의 정도 헌신의 정도	과 업 구 조 환 경

02 상황 이론, 그리고 상황 변수

1. 상황적합성 이론

① 리더십 효과와 상황변수 그리고 적합성

리더의 특성과 행동 연구 과정에서 리더십 효과는 리더와 조직과의 관계에 따라 다른 결과를 가져온다는 사실을 지적하고 있음을 파악하였다. 피들러(F. E. Fiedler)는 리더십은 상황요인에 따라 그 유형이 달라질 수 있으며, 리더십의 유효성은 리더와 조직구성원 간 상황의 적합성 여부에 의해 결정된다고 하였고, 이를 상황적합성 이론(leadership contingency theory)이라 하였다.

피들러는 상황적합성 이론을 설명하기 위하여 리더의 행동유형을 과업지향적 행동과 관계지향적 행동 등의 2 가지로 분류하였다. 이렇게 분류한 방법으로 LPC라는 개념 척도를 개발하였는데, LPC(least preferred coworker) 척도란 과거 또는 현재에 가장 함께 일하기 싫은 동료를 생각하면서 그 동료의 여러 가지 특성들에 대하여 부여한 합산 점수를 기준으로 분류하는 방법으로 LPC척도에 의한 응답의 결과를 중심으로 리더의 리더십 지향성을 알 수 있다고 보았다.

피들러의 LPC 척도에 의한 결과 값에 따라 나타나는 리더의 행동유형을 분류해 보면 합산한 LPC 점수가 낮은 리더는 구성원들과의 대인관계보다는 과업을 수행하고 목표를 달성하는 부분에 더 많은 관심을 나타내는 과업지향적인 리더이며, 높은 LPC 점수의 리더는 과업의 목표보다는 구성원들과 우호적인 관계에 더 많은 관심을 나타내는 관계지향적인 리더로 구분할 수 있다는 것이다.

LPC 척도의 결과 값으로 본 리더십 유형은 평가 점수가 57점 이하일 때는 과업지향적인 리더이며, 64점 이상일 때는 관계지향적 리더로 보고 있다.

그림 7-4 | LPC 척도의 예

여러분은 다양한 조직에서 사람들과 함께 어떤 목표를 달성하기 위하여 일을 해 본 경험이 있을 것입니다. 그 과정에서 어떤 동료는 함께 일하기가 즐거웠지만 어떤 동료는 싫었던 경험이 있을 것입니다. 그 중에서 함께 일하기가 가장 싫었던 사람을 생각해 보십시오. 그 사람이 지금 함께 일하는 사람이라도 좋고 과거에 함께 일한 경험이 있는 사람이라도 좋습니다. 다만 개인적 또는 감정적으로 가장 싫어한 사람일 필요는 없지만 함께 일을 하기에 가장 어려웠거나 어려운 사람이어야 합니다.
아래에 그 사람을 평가하는 설문이 있습니다. 각 문항의 양쪽에 있는 말을 먼저 읽고 그 사람에게 적합한 점수에 ×표를 하시면 됩니다. 제시된 18문항 모두 체크하되 너무 깊이 생각하지 말고 빠른 속도로 처음 생각한 느낌대로 답하면 됩니다.

LEAST PREFERRED CO-WORKER(LPC) SCALE		
1. 쾌활한 사람	87654321	쾌활하지 못한 사람
2. 친절하고 다정한 사람	87654321	불친절하고 다정하지 못한 사람
3. 거부적인 사람	12345678	수용적인 사람
4. 긴장하고 있는 사람	12345678	긴장을 풀고 여유있는 사람
5. 거리를 두는 사람	12345678	친근한 사람
6. 냉담한 사람	12345678	다정한 사람
7. 지원적인 사람	87654321	적대적인 사람
8. 따분해하는 사람	12345678	흥미가 있어 하는 사람
9. 싸우기 좋아하는 사람	12345678	화목하고 잘 조화하는 사람
10. 우울한 사람	12345678	늘 즐거워하는 사람
11. 서슴치 않고 개방적인 사람	87654321	주저하고 폐쇄적인 사람
12. 험담을 잘하는 사람	12345678	너그럽고 관대한 사람
13. 신뢰할 수 없는 사람	12345678	신뢰할 만한 사람
14. 사려깊은 사람	87654321	사려 깊지 못한 사람
15. 심술궂고 비열한 사람	12345678	점잖고 신사적인 사람
16. 마음에 맞는 사람	87654321	마음에 맞지 않는 사람
17. 성실하지 않는 사람	12345678	성실한 사람
18. 친절한 사람	87654321	불친절한 사람

● 자료 : Fiedler, F. E. & Chemers, M. M.(1982), "*Improving Leadership Effectiveness*", The Leader Match Concept(2nd ed), NY: John Wiley.

② 상황 적합성 이론에서의 고려된 상황변수

피들러의 LPC 척도에 의해 분류할 수 있는 리더십 유형에서 어떤 상황이 조직의 유효성에 더 효과적인가를 파악하기 위하여 고려한 상황변수는 3 가지로 구분하고 있다. 제시된 상황변수는 리더-구성원 간의 관계의 정도와 과업 구조, 그리고 직위 권력이다. 이러한 상황변수가 조직성과를 위해 리더가 구성원들에게 영향력 또는 통제

그림 7-5 | Fiedler의 상황적합 이론의 인과관계

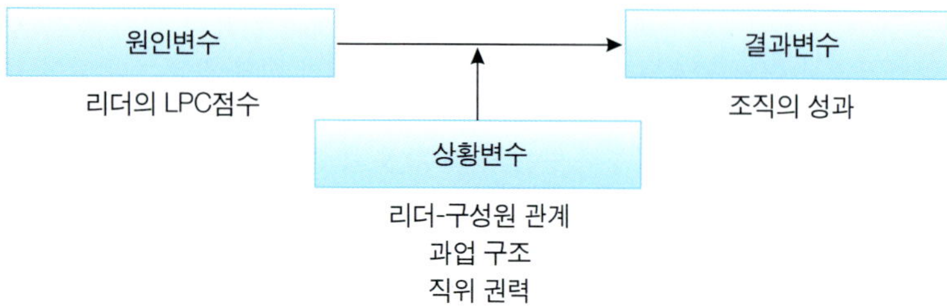

력을 행사할 수 있는 상황의 호의성 정도에 따라 나타나는 영향을 보고자 하였다.

첫째, 리더-구성원 간의 관계(leader-member relation)는 리더와 구성원 간의 관계가 좋게 유지될수록 구성원에 대한 리더의 영향력이나 통제력은 높아지게 됨을 의미하는 것으로 집단의 분위기, 리더에 대한 신뢰의 정도, 호감도, 충성도 등의 정도를 평가한다.

둘째, 과업구조(task structure)는 과업의 구조화가 높을수록 리더가 구성원들에게 영향력이나 통제력이 용이하다는 측면이 고려된 변수로 과업 내용이 명확하거나 수행절차, 구조화 정도 등으로 과업 목표, 달성방법, 성과기준, 평가방법 등의 명확성 정도를 의미한다.

셋째, 직위 권력(position power)은 리더의 직책에 부여된 권한의 정도를 나타내는 것으로 직위권력을 많이 소유하고 있을수록 구성원들에게 영향력과 통제를 행사하기가 수월함을 나타내는 변수를 의미한다. 즉 리더가 구성원들을 평가하거나 상벌 등과 같은 일련의 권력을 행사할 수 있는 정도로 평가한다.

③ 상황 적합성 이론의 분석

피들러의 상황적합성 연구는 먼저, 리더십 유형에 대한 분류가 이루어져야 하고 다음으로는 조직의 상황이 리더에게 얼마나 유리한가를 판단하기 위한 상황변수들을 평가하는 것이다. 그리고 리더의 유형과 상황 간의 적합성을 판별하는 것으로 그 의미를 부여할 수 있다. 피들러가 도출한 리더십 유형은 2가지이며, 3개의 상황요인을 중심으로 각 요인 별로 리더-구성원 관계는 양호한 상태와 불량한 상태, 과업구조

그림 7-6 | Fiedler의 상황적합 모형

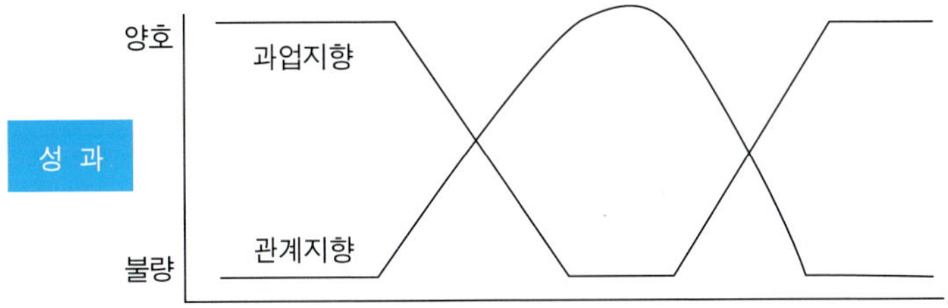

상호 호의성	호의적 ←							→ 비호의적
구 분	I	II	III	IV	V	VI	VII	VIII
리더-구성원 관계	양호	양호	양호	양호	불량	불량	불량	불량
과업구조	높음	높음	낮음	낮음	높음	높음	낮음	낮음
직위권력	강함	약함	강함	약함	강함	약함	강함	약함

는 구조화의 높음 또는 낮음, 직위권력의 강함 또는 약함 등으로 구분하여 8 가지 상황을 도출하였고, 각 상황에 맞는 리더의 유형을 제시하였다.

상황적합성 모형을 통한 리더십의 효과성을 살펴보면, 과업지향적인 리더는 매우 호의적인 상황(I , II , III)이거나 매우 비호의적인 상황(VII, VIII)일 때, 관계지향적인 리더는 호의성 정도가 중간 정도(IV, V , VI)일 때 효과적이다 라고 할 수 있다. 그러나 상황적합성 이론이 지닌 문제점은 LPC 점수에 대한 리더의 분류 방법에는 객관성이 결여 되어 있으며, 각각의 상황요인에 대한 판단과 평가가 어렵고, 그리고 상황에 따라 리더의 행동이 변화해야 하는데 상황변수는 가변적이어서 이에 따르는 리더의 행동 변화가 어렵다는 점이다.

2. 구성원의 동기유발과 목표 달성, 경로–목표 이론

① 경로–목표와 기대

조직에서 바람직한 리더란 부하들의 목표달성 경로를 명확하게 제시해 주고, 그

그림 7-7 | House의 경로-목표 이론

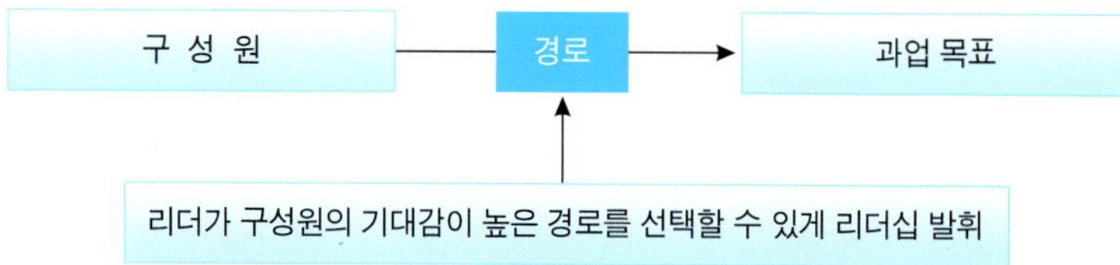

목표달성 과정에서 나타나는 장애적 요소를 제거해 주며, 지시나 지원 등을 아끼지 않는 리더이다. 하우스(R. J. House)는 경로-목표 이론으로 리더가 구성원들에게 설정된 목표에 도달할 수 있도록 어떻게 동기유발할 것인가를 설명하고 있다.

경로-목표 이론(path-goal theory)은 동기부여와 관련된 기대이론을 근거로 효과적인 리더는 구성원들의 목표(보상)와 목표 달성 경로를 분명히 하여 목표에 대한 기대를 높여 주고, 목표를 향한 가장 효과적이며 빠른 경로를 제시하여 목표달성에 용이하게 하는 상황적 조건을 조성함으로써 그 경로를 보다 쉽게 따라갈 수 있게 하는 것을 말한다.

기대이론(expectancy theory)은 구성원들이 어떤 행동을 하려고 할 때 행동에 앞서 어떤 결과를 얻을 수 있을 것인가를 기대로써 평가하고, 그에 따라 행동여부를 결정한다는 것으로 구성원들이 과업 수행할 때 투입하는 노력의 정도에 따라 그 기대하는 결과물이 다름을 의미한다.

② 경로-목표이론에서의 리더의 행동 유형

경로-목표 이론은 리더의 행동을 4 가지 유형으로 나누었으며, 그리고 상황적 요인은 2 가지로 설정하였다.

경로-목표이론에 따른 리더의 행동은 효과적인 성과에 상응하게 구성원들의 욕구를 만족시키거나, 구성원들에게 결여되어 있는 성과 제고를 위한 역량을 발휘할 수 있도록 코치, 지도, 지원, 보상 등을 제공함으로써 구성원들의 환경을 보완할 때 구성원들이 동기부여 된다는 점을 강조하고 있다. 경로-목표 이론에서 볼 수 있는 리더의 행동 유형은 다음과 같다.

그림 7-8 | House의 경로-목표 이론 모형

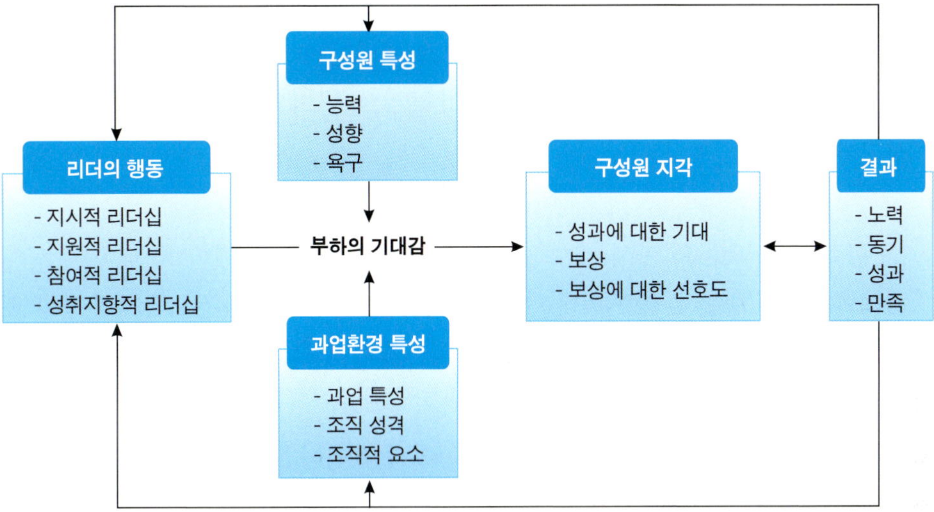

지시적 행동(directive behavior)은 구성원이 주어진 과업에 대하여 무엇을 어떻게 해야 하는지 구체적인 지침을 제공하며, 조직 내에서 그들이 처리해야 할 일을 이해시키고, 수행할 작업 일정에 대하여 알려 주고, 분명한 성과기준을 제시하며, 구성원으로 하여금 규칙과 규율을 준수하도록 요구하는 리더의 행동을 말한다.

지원적 행동(supportive behavior)은 구성원에 대한 관심을 갖고 있으며, 친근감 있게 행동하고, 개방적이고 친절한 특징을 갖고 있다. 리더는 즐거운 작업분위기를 조성하려고 노력하고, 자신과 동등하게 구성원을 대하기 때문에 리더에게 접근하기가 용이한 특징을 나타낸다.

참여적 행동(participative behavior)은 구성원들과 협의하고, 그들에게 의견이나 제안 사항을 제시하도록 하며, 의사결정 과정에 참여하게 하여 구성원의 직무 만족 수준을 높이는 리더의 행동을 의미한다.

성취지향적 행동(achievement-oriented behavior)은 도전적인 목표를 설정하고 구성원들이 최고 수준의 성과를 올릴 것이라고 기대하며, 지속적으로 성과 개선을 추구하고, 구성원들에게는 책임감과 목표를 달성할 것이라는 것에 대한 확신을 나타내 보이는 리더의 행동을 말한다.

경로-목표 이론에서 접근한 상황적 요인은 리더의 행동과 구성원의 만족을 조절해 주는 요인으로 2 가지로 제시하고 있다. 첫 번째는 부하들의 개인적인 특성으로 부하의 능력, 부하의 성향, 부하의 욕구 등으로 설명할 수 있다. 두 번째로는 환경의 압력과 요구에 따른 환경적 특성으로 과업의 특성, 집단의 성격, 조직적 요소 등으로 구성되어 있다.

③ 경로–목표 이론의 분석

리더의 4 가지 행동 유형과 리더십 효과성을 위해 파악해야 하는 2 가지의 상황 요인을 중심으로 리더십을 이해하기 위해 하우스의 경로-목표 이론은 다음과 같은 특징이 있음을 알 수 있다.

지시적 리더십은 과업의 구조화 정도가 높거나 과업이 모호할 때 그리고 과업 수행과정에서 갈등이 존재할 경우 효과성을 높게 가져갈 수 있다.

지원적 리더십은 구성원이 기본적인 능력은 있으나 자신감의 부족으로 과업성과를 확신하지 못할 때 리더가 관심과 격려, 후원 등의 지원적 리더십을 발휘할 때 동기부여 되고 목표 달성의 확신을 증가시킬 수 있다.

참여적 리더십은 구성원이 기본적인 능력과 의지가 있는 상태로 책임감을 갖게 하여 의사결정 과정에 능동적인 참여 유도와 자율적인 판단을 할 수 있게 할 때 리더십의 효과성은 보다 높게 나타난다.

성취지향적인 리더십은 과업 능력이 우수하고 도전적이며 성취욕구가 강한 구성원에게 필요한 리더십으로 자기 능력을 발휘할 수 있도록 할 때 리더십의 효과성을 높게 가져 갈 수 있다.

하우스의 경로-목표 이론의 한계점은 리더십 행동이 구성원의 동기유발과의 관계가 명확하지 않다는 점이다. 그리고 세부적인 상황 변수가 많고 복잡하여 특정 상황에 맞는 리더십 유형을 활용하기가 어려운 점도 있다.

3. 구성원을 알면 효과만점, 상황적 리더십

① 상황적 리더십에서 가장 중요하게 고려하는 요인

조직의 구성원들은 리더의 행동을 수용할 것인지 아니면 수용하지 않을 것인지에 대한 결정권을 가지고 있다. 다시말하면 실질적인 조직성과에 영향을 미치는 요소로 주어진 과업을 누가 수행하는지가 중요하게 작용함을 의미한다. 이렇게 조직 구성원의 중요성을 강조한 연구가 허시와 블랜차드(P. Hersey and K. H. Blanchard)에 의해 이루어졌다. 허시와 브랜차드는 부하의 성숙도 정도에 따라 리더십 유형을 다르게 접근해야 한다고 하였다. 조직구성원인 부하에 초점을 맞춘 리더십 상황이론(situational leadership theory)은 부하의 성숙도가 높아짐에 따라 리더는 직무 수행과정에서 지시나 명령과 같은 과업지향적인 행동은 점차 줄이고, 지원이나 참여 등과 같은 인간관계 지향적인 행동을 강화해야 한다는 것이다.

② 리더십 유형과 상황변수

리더십 상황이론에서 볼 수 있는 리더의 행동유형은 리더가 개인 및 조직의 의무와 책임을 명쾌하게 제시하는 과업지향적 행동(지시적 행동)과 리더가 구성원들과 쌍방향적 의사소통이나 다방면적 의사소통을 하는 정도를 말하는 관계지향적 행동(지원적 행동)을 기본으로 각각의 행동에 높은 관여 또는 낮은 관여를 통하여 리더가 수행할 수 있는 4 가지 형태의 리더십 유형을 분류하였다.

첫 번째 유형은 지시형(directing style)으로 일방적인 의사소통에 초점이 맞추어져 있다. 이 같은 유형의 리더는 구성원들에게 목표 기준과 작업 방법 등을 제시하고 작업활동을 감독하는 특징을 가지고 있다.

두 번째 유형은 코치형(coaching approach)으로 과업 수행에 따른 정보를 제공하고 구성원에게 참여를 권장하며, 아이디어를 독려하는 것과 같은 쌍방향 의사소통을 하며, 의사소통의 초점을 목표 달성과 사회정서적 지원에 둔다.

세 번째 유형은 지원형(supporting approach)으로 리더가 과업 행동보다는 관계행동을 더 보이며 지원적 행동을 하는 유형이다. 구성원들의 능력 발휘를 위해 경청·칭찬·인정·독려·피드백 등을 통한 동기유발에 초점을 맞추며 구성원이 성장할 수

그림 7-9 | Hersey & Blanchard의 상황적 리더십 이론 모형

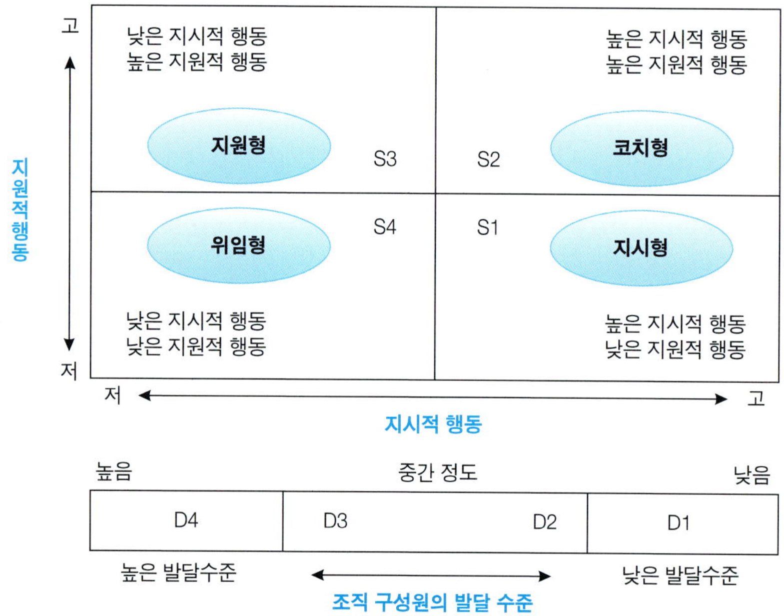

있도록 한다.

네 번째 유형은 위임형(delegating approach)으로 과업 완수를 위한 지시나 불필요한 지원을 줄이고 과업 수행방법과 책임을 조직구성원에게 위임한다.

허시와 브랜차드가 본 상황변수는 구성원의 성숙도 정도인데 성숙도의 측정도구로 조직구성원의 유능성과 헌신성으로 측정하였다. 유능성(competence)은 특정 과업을 수행하기 위해 필요한 기술이나 역량을 가지고 있는 정도를 의미하며, 헌신성(commitment)은 과업수행을 하는 긍정적인 태도와 자신감 그리고 동기유발 여부로 설명하였다. 이를 중심으로 리더의 행동은 부하의 성숙도에 따라 리더십 유형을 다르게 적용해야한다고 하였다.

③ 구성원의 성숙도와 리더의 행동

허시와 브랜차드의 상황적 리더십 이론에서 볼 수 있는 것은 구성원의 성숙도 정도를 나타내는 것으로 어떤 특정 과업수행 과정에서 낮은 발달 수준 D1에서 높은 발

달수준 D4까지 4 가지로 정리할 수 있다. D1에서의 구성원은 유능성은 낮고 헌신성은 높은 경우로 구성원의 성숙도가 낮은 단계이므로 부하를 적극적으로 지도하고 개발해 주는 지시적 리더십이 유용하다.

D2에서의 구성원은 약간의 유능성과 낮은 헌신성을 나타내는 것으로 구성원의 성숙도가 평균보다 낮은 경우에는 직무수행 능력은 다소 떨어지나 하려고 하는 의지가 있는 단계로 코치형 리더십이 요구된다.

D3에서는 구성원의 성숙도가 평균보다 높으며 높은 유능성은 있지만 헌신성이 부족한 경우에 해당된다. 이러한 상황에서는 리더는 부하가 직무를 감당할 수 있는 능력은 있으나 하지 않으려고 하는 경향이 있기 때문에 지원형 리더십이 필요하다.

D4에서는 구성원의 성숙도가 높은 경우로 높은 수준의 유능성과 직무를 완성할 수 있는 능력의 높은 헌신성을 가지고 있다. 이 때 리더에게 필요한 것은 부하가 스스로 판단력과 자기 통제 능력을 활용할 수 있게 하는 위임적 리더십이 필요하다고 할 수 있다.

상황적 리더십 모형에서 볼 수 있듯이 S1(지시형)이나 S2(코치형) 상황에서는 리더와 구성원과의 관계에서는 리더가 주도하는 형태이지만 S3(참여형)이나 S4(위임형) 상황에서는 구성원이 주도하는 형태로 나타난다. 이는 상황적 리더십의 특징으로 획일적이고 일률적인 리더십 스타일 보다는 상황적 요인인 구성원의 성숙도를 고려하여 적합한 리더십을 발휘할 때 리더십의 효과성을 기대할 수 있다. 그러나 상황적 리더십의 문제점은 성숙도라는 변수가 광범위하며 모호하다는 것이다. 또한 많은 상황 요인이 존재하며, 교육, 경험, 나이, 성별 등의 인구통계적 변수를 무시하고 있는 점도 지적하고 있다.

이렇게 지적된 문제점도 있지만 상황적 리더십이 리더십에 공헌한 것을 보면 리더의 행동을 융통성과 적응력의 중요성을 강조하고 있는 점이다. 그리고 구성원의 능력은 언제든지 변할 수 있으며, 그 능력 개발을 위해 리더는 항상 구성원에 대한 주의를 기울려야 한다는 점을 찾을 수 있다.

03 상황 이론의 한계점과 새로운 도전

상황 이론의 핵심은 주어진 상황이 리더십에 미치는 영향이다. 따라서 특정 상황에서 리더십 효과는 조직성과의 달성 여부에 대하여 예측하고 관리할 수 있는 가능성을 높일 수 있음을 설명하고 있다. 또한 리더십 이론이 발전하면서 조직의 특성과 환경, 구조뿐만 아니라 구성원의 역량이나 과업에 대한 성숙도, 과업 수행과정에서 성과 달성과 보상 등에 대한 기대 등이 조직성과에 중요한 영향 요인으로 본 것은 새로운 리더십 개발의 중요한 단서가 되었다.

분명한 것은 이러한 제반 리더십 이론들이 연구결과에 대한 일반화하는 문제와 특정상황에 다 적용할 수 있다고는 보기 어렵다. 하지만 실제 과업을 수행하는 구성원을 이해하고, 조직의 현실을 직시하며, 조직을 둘러싸고 있는 환경을 분석하고 이를 토대로 리더의 역량을 발휘한다면 궁극적으로 조직이 추구하는 목적을 달성하는데 기여할 수 있을 것이다.

EXAMPLE

영화 'Money ball' 그리고 조직성과

적재적소(適材適所), 그 자리에 그 사람이…

초한지(楚漢志)는 초나라의 항우와 한나라의 유방의 전쟁에서 유방이 한나라를 건국해 가는 과정을 그린 역사소설이다. 역사 속의 주인공이면서 소설 속의 주인공인 유방은 능력이 부족하지만 천하를 얻는 성공한 인물이다.

어떻게 천하를 얻을 수 있었을까? 한고조 유방이 천하통일을 하고 난 후 논공행상하는 자리에서 신하들에게 천하제일의 무용을 지니고 있었던 항우를 이길 수 있었던 비결을 이렇게 말하고 있다.

"장막 안에서 계책을 베풀어 승리를 천리 밖에서 얻게 하는 것은 내가 장자방(장량)만 못하고, 나라를 지키면서 백성을 편안케 하여 군량을 제때에 운송하여 3 군을 먹이게 하는 일은 내가 소하만 못하며, 백만 대군을 통솔해 싸우면 어김없이 이기고 공격하면 어김없이 빼앗는 것은 내가 한신만 못하다."라고 하면서 천하를 얻을 수 있었던 까닭을 장량, 소하, 한신이 있어 이루었음을 말하고 있다.

결국은 유방이 최후의 승자가 될 수 있었던 것은 인재를 알아보고 그 인재를 적재적소(適材適所)에 활용했기 때문이다. 국가든, 조직이든 추구하는 것은 같다. 그것은 궁극적인 목적을 이루는데 있다는 것이다. 리더십 이론의 발전과정에서 볼 수 있는 것도 조직성과와 직결되는 결과물을 산출할 때 어떤 리더십이 유효한가를 보면서 발전하였다. 리더의 특성이, 리더의 행동이 결과적으로는 어떤 상황에 적합하였고, 어떻게 작용하여 조직의 유효성을 가져 왔는지는 조직의 중심인 인재를 적재적소에 활용하였을 때였음을 알 수 있다.

스포츠 분야에서 리더십과 관련된 제반 이론을 많이 인용할 수 있는 것은 일반 조직은 성과 측정이 단기적이기 보다는 장기적인 관점에서 볼 경우가 많기 때문에 성과에 대한 예측과 결과를 쉽게 접하기는 어렵지만 스포츠 분야에서는 선수들의 생명력이 짧은 관계로 단기적인 성과 측정이 어려지 않아 리더십 이론에 인용하여 설명하는데 유용하다고 할 수 있다.

리더십 이론을 설명할 수 있는 많은 영화 중에서 상황이론을 설명하기에는 2011년에 개봉한 스포츠 영화 머니 볼(Money ball)이 있다.

머니 볼은 미국 메이저 리그의 역사적 신화를 기록한 팀인 오클랜드 애슬레틱스(Oakland Athletics) 구단의 성공적인 실화를 중심으로 만들어진 영화이다. 당시 애슬레틱스 구단은 재정상태가 열악하여 우수 선수 수급은 어려운 상태였다. 이러한 상황에서 단장 빌리 빈(William Beane)은 경제학 원리를 접목하여 구단 운영과 선수를 선발하였다. 즉 적은 비용으로 높은 효율을 얻고자 세이버매트릭스(sabermetrics) 기법에 근거한 가치 있는 선수를 찾았고, 이를 적재적소에 활용하여 메이저 리그 사상 최초의 20연승을 기록하는 성적을 만들어 냈다. 즉 어떤 상황이 되었을 때 그 상황에 적합한 선수를 기용하여 성과를 높이는 방법을 활용하였다.

영화 속에서 회자되는 머니 볼 이론은 빌리 빈이 주장한 구단 운영 이론으로 야구를 수학적 · 통계학적으로 분석하는 세이버 매트릭스기법을 사용하여 최적의 조합을 만들었고, 점수를 획득할 때 확률 높은 선수기용을 하여 이길 수 있는 방법을 찾는데 활용할 수 있는 기법이다.

영화 내용 중에서 '중요한 것은 선수가 아닌 승리를 사는 것'이라는 말처럼 조직은 분명한 목적이 있고 이를 달성하기 위해서는 주어진 상황에 맞는 인적 자원을 적재적소에 활용할 때 성과를 이룰 수 있다.

출처 : 「초한지」 정공채, 교육출판공사(1988), 영화 '머니 볼(2011)'

8장

변화의 주도력, 변혁적 리더십

01 현대사회에서 성공의 필요 조건

02 변혁적 리더십, 21세기 성공조건의 리더십이다.

03 변혁적 리더십의 행동유형과 과정

04 변혁적 리더십의 평가

01 현대사회에서 성공의 필요 조건

1. 환경변화에 조직도 예외일 수 없다

우리가 살고 있는 사회의 미래는 인간의 편의를 위하여 지식과 정보가 매우 중요한 자산이 될 것이며, 이것이 사람의 생활양식에 혁신적인 변화를 줄 것으로 보고 있다. 즉 지식이 경제의 가장 핵심적인 자원이 되고 사회를 변화시키는 원동력이 된다고 볼 수 있다. 지식기반 사회의 큰 특징은 조직의 변화에 그 가치를 두고 있다. 이렇게 지식·정보가 자산으로써의 가치를 인정받고 있는 사회의 큰 특징은 다양성과 전문성 그리고 변화의 속도가 빠르다는 것이다. 이 환경에 적응을 어떻게 하는가에 따라 삶의 모습도 다르게 나타날 것이다.

조직도 이렇게 변화하는 환경으로부터 자유로울 수 없다. 현대사회에서 조직의 변화 과정을 보면 과거에는 상명하복의 문화 속에서 복종만 강조하던 관료적 형태의 산업사회였으나, 지금은 지식·정보의 다양성이 사회 구성원에게 영향을 주어 변화의 속도를 가늠할 수 없을 정도로 변화하고 있다. 최근 지각할 수 있는 사회의 조직구조를 보면 두텁고, 수직적이며, 동질적인 조직의 형태에서 이제는 민첩하고, 수평

그림 8-1 | 산업사회와 지식기반 사회의 비교

구 분	산업 사회	지식기반 사회
조직형태	두터운 조직	민첩한 조직
조직관계	수직적 조직	수평적 조직
조직구성원	동질성	다양성
권력원천	지위, 권한	전문성
과업중요성	회사 중심	프로젝트 중심
경력기반	조직 내	개인

을 유도할 뿐만 아니라 구성원들이 더 많은 노력을 기울이도록 만들어서 기대이상의 성과를 내도록 변혁적 리더가 구성원들의 동기를 자극하여 구성원의 가치 체계의 변화를 가져 오게 하는 것으로 보았고, 다음과 같은 방식이 더 많은 노력을 기울이도록 만든다고 하였다.

첫째, 변혁적 리더는 특정한 이상적인 목표의 가치와 중요성에 대한 구성원들의 의식수준을 끌어 올린다. 둘째, 변혁적 리더는 구성원들이 자신들의 조직과 그들이 속한 집단을 위해서 자신들의 이익을 초월하도록 한다. 셋째, 변혁적 리더는 구성원들이 보다 높은 고차원의 욕구에 관심을 기울이도록 유도 한다. 즉 매슬로우의 욕구계층이론에서 볼 수 있듯이 보다 높은 상위수준의 욕구에 호소하고, 구성원들이 보다 높은 수준의 욕구에 관심을 갖도록 만든다. 이러한 세 가지의 요소가 융합하여 조직이 지향하는 가치에 대한 구성원들의 몰입은 상승된다고 보는 것이다.

변혁적 리더십이 새로운 패러다임 리더십으로 강조되는 이유는 조직구성원들의 전문성과 사회 구조의 다양성, 소비환경의 변화 등과 같은 사회 구조가 변화하면서 구성원의 정서, 가치관, 윤리, 행동규범, 장기적 목표 등을 기대 이상의 업적으로 성취하도록 하는 특별한 형태의 영향력이 있기 때문이다.

또 다른 이유는 변혁적 리더십은 불확실성이 높은 위기 상황이나 변화가 필요한 조직에서 가장 적절하고 유용한 리더십으로써 조직의 새로운 목표나 달라진 환경 등에 맞게 대응할 수 있고, 그에 상응하는 적절한 모델을 제시하여 개인적인 관심을 갖게 함으로써 구성원에게 열정과 노력을 기할 수 있도록 할 수 있기 때문이다.

그림 8-5 | 새로운 패러다임으로 변혁적 리더십이 강조되는 이유

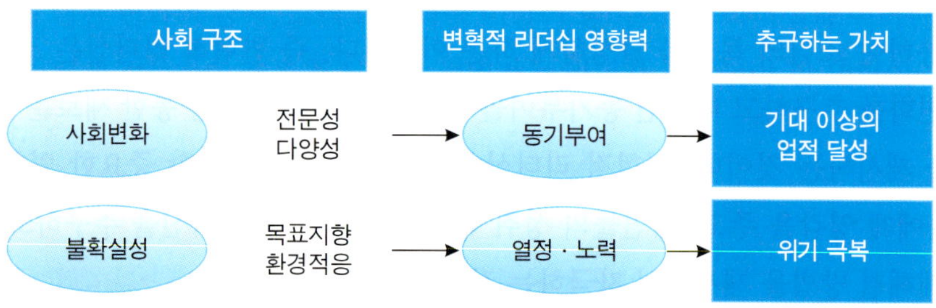

2. 변혁적 리더십, 거래적 리더십에서 진화하였다.

지금의 조직 구조는 리더와 구성원 간의 관계가 예전과는 다르다. 전에는 조직성과를 위해서 합법적이고 강압적인 권력을 많이 활용하였으나 지금은 리더가 구성원들과 거래를 중심으로 과업에 참여하도록 유도한다. 즉 리더는 주어진 과업을 수행하게 할 때 구성원들에게 요구하는 것과 그것이 충족되면 받을 보상을 제시한다. 이러한 유형의 리더십은 리더와 구성원 간의 거래에 기초한 것으로 거래적 리더십이라고 한다. 거래적 리더십(transactional leadership)은 리더가 상황에 따른 보상에 기초하여 구성원들에게 영향력을 행사하는 것으로 리더가 행동, 보상, 인센티브 등을 사용하여 구성원들로부터 바람직한 행동을 하도록 만드는 과정이다.

변혁적 리더십 이론을 전개하기 전에 거래적 리더십을 설명하는 이유는 거래적 리더십은 구성원의 성과와 보상의 가치를 교환하는 것이 핵심이라고 볼 수 있는데 변혁적 리더십이 이러한 일련의 기본적 조건을 충족하는 과정에서 더 높은 차원의 이상과 도덕적 가치에 의해 변화를 추구하기 때문이다. 이 두 리더십은 조직 성과 차원에서 서로 필요한 보완적 관계로 볼 수 있다.

바스(B. M. Bass)는 거래적 리더십의 구성요소를 다음과 같이 제시하였다.

첫째, 조건적 보상(contingent reward) 또는 상황적 보상이다. 조건적 보상은 리더가 제시한 기준을 달성하는 경우에 보상하는 것으로 리더 자신이 설정한 수준에 맞게 구성원이 성과를 달성했을 때 동기부여의 강화를 위해 인센티브나 보상을 제공하는 것을 의미한다. 조건적 보상의 특징은 아이디어를 창출하기 보다는 주로 효율적인 관리 과정에 초점을 두고 있으며, 이러한 관리 과정을 유지하고 개선하는 데 집중하기 위하여 리더는 권력을 활용하게 되고 그 수단으로써 보상과 처벌을 사용한다. 이 과정에서 기대 이상의 성과에는 칭찬, 높은 보상, 보너스, 승진 등의 긍정적인 피드백으로, 기대 이하의 성과가 있을 경우에는 부정적 보상, 처벌 등과 같은 부정적인 피드백을 활용한다.

효과적인 조건적 보상을 위해서는 다음과 같은 상황이 수반되어야 한다. 리더가 많은 권한을 보유하고 있어야 하고, 구성원은 보상을 얻기 위해 리더에게 의존해야 한다. 그리고 보상을 가져다주는 성과가 구성원의 노력과 능력에 의해 달성될 수 있어야 하고, 성과가 정확하게 측정 가능해야 한다.

둘째, 예외관리(management by exception)이다. 리더가 예외적 사건이 발생 했을 때 개입하는 것을 의미한다. 이 개입 활동은 부정적 피드백이나 부정적 강화를 수반한다. 예외관리의 대상은 구성원 자신이 아닌 업무 수행에 관한 것이며, 잘못된 것이 구체적으로 무엇인지 제시하고, 리더가 원하는 것을 분명히 밝혀야 한다.

예외관리는 적극적 예외관리와 소극적 예외관리로 구분한다. 적극적 예외관리는 문제가 발생하지 않도록 미리 리더가 구성원을 점검하여 효율적 과업을 수행하도록 수정 조치하는 것을 말한다. 소극적 예외관리는 수용 가능한 성과기준에서 명백하게 이탈 했을 때 개입·처벌·교정 등을 한다. 소극적 예외관리는 문제가 심각해진 후에 개입하는 것이다. 예외관리 과정에서 주의할 점은 구성원이 성과가 낮은 원인을 파악해야 한다. 당사자의 노력이 부족할 경우에는 처벌을 통해 성과를 높일 수 있지만 당사자가 능력이 부족할 때에는 교육과 훈련을 통하여 발생하는 문제를 극복할 수 있기 때문이다.

3. 변혁적 리더십, 기본적 구성 요소

변혁적 리더십은 리더가 구성원으로 하여금 조직에 대한 자긍심을 갖게하고, 과업에 대한 가치를 높여 줌으로써 기대 이상의 성과를 올리도록 하는 리더십으로써 비전이라는 장기적인 목표를 위해 조직에 헌신하고 노력할 수 있도록 동기를 부여하는 리더십의 재능으로 구성되어 있다. 즉 자신들의 이해관계를 넘어서 조직이나 기업

그림 8-6 | 변혁적 리더십의 기본적인 구성 요소

의 목적을 이해하고 달성하도록 유도하고 높은 수준의 욕구를 촉진시키며, 업무 성과의 중요성과 가치를 인식시켜 구성원들을 동기 부여하는 것이다. 변혁적 리더십의 핵심적인 구성요소는 카리스마, 영감적 동기부여, 지적 자극, 개별적 배려 등이 있다.

① 이상적인 영향력인 카리스마

이상적인 영향력인 카리스마(idealized influence charisma)는 변혁적 리더십의 가장 핵심적이고 필수적인 구성요소이다. 이는 리더의 카리스마는 구성원들에게 리더와 리더의 비전에 몰입하여 헌신하게 하는 것으로 변혁적 리더십의 핵심 에너지이다. 여기에서 카리스마(charisma)란 다른 사람으로 하여금 리더가 제시한 비전을 따르도록 만드는 특별한 능력을 의미한다.

이러한 관점에서 볼 때 변혁적 리더십에서의 카리스마적 리더는 리더가 비전을 만들고 명료화하여, 구성원들이 집합적 행동이 일어나도록 동기부여 하고, 환경의 변화에 민감하게 반응하며, 관습에 얽매이지 않고, 개인적인 위험을 감수하는 행동을 보여 주면서 다른 사람들에게 영향력을 행사하는 과정으로 이해할 수 있다.

리더를 신뢰하고 리더와 함께 일하는 것에 자부심을 가지며, 리더와 동일시하려는 강한 감정적 유대를 형성하게 하는 원동력의 카리스마적 리더에 대하여 하우스(R. J. House)는 고도의 자신감, 자신의 신념에 대한 강한 확신, 사람들에게 영향력을 행사하려고 하는 강한 권력 욕구를 가지고 있을 가능성이 높다고 하였고, 바스(B. M. Bass)는 카리스마적 리더는 구성원으로 하여금 직무에 몰입하도록 만들고, 조직에 충성심을 갖도록 만들며, 모든 부하들로부터 존경을 받고 조직에 정말로 중요한 것이 무엇인지 파악할 수 있는 재능과 조직에 대한 사명감을 가지고 있는 사람이라고 정의하였다.

그러나 변혁적 리더십에서 카리스마적 리더는 구성원들을 약하고 의존적으로 만들어 과업에 대한 몰입 보다는 개인적 충성심을 불러오는 경우도 있음을 유념해야 한다.

② 영감적 동기부여

영감적 동기부여(inspirational motivation)는 리더가 구성원으로 하여금 개인적 이익을 초월하여 새로운 비전과 전체의 이익실현에 헌신하도록 만드는 특유의 감성적 커뮤니케이션 능력을 의미한다. 변혁적 리더십에서 볼 수 있는 영감적 동기부여를 하는 리더는 구성원들에게 바람직한 목표를 제시하고 이를 달성할 수 있는 수단들을 제공함으로써 구성원 스스로가 능력을 가지고 있다고 느끼도록 한다.

따라서 리더가 구성원의 정서적 공감을 형성하기 위하여 상징을 활용하거나 호소력 있는 연설 등을 통해 구성원들로 하여금 도덕적인 인식과 이상에 대한 기대 수준을 높이고 그 가치를 실현하는 것에 참여하는 데 자부심을 갖게 하여야 한다.

③ 지적 자극

현대사회의 복잡하고 동태적인 환경은 불확실성을 증가 시켰고, 조직이 직면한 기회와 위협, 강점과 약점을 파악하기에는 쉽지 않을 때 리더가 고민해야 하는 것은 현재 직면하고 있는 상황에 대하여 구성원들에게 명확한 설명을 할 수 있어야 한다. 즉 변혁적 리더는 조직이나 기업이 안고 있는 문제를 인지하고 이를 해결하기 위해 문제에 대하여 구성원들이 이해하고, 개념화하고, 식별할 수 있는 능력을 가질 수 있게 자극할 수 있어야 한다.

지적 자극(intellectual stimulation)이란 변혁적 리더십에서 리더가 구성원으로 하여금 과업수행 과정에서의 옛 방식에 대해 의문을 제기하고 새로운 방식을 사용하도록 도와주며, 구성원의 가치관, 신념, 기대에 대해서 뿐만 아니라 리더나 조직의 가치관, 신념, 기대에 대해서도 끊임없이 의문을 제기하도록 지원해 주는 것을 의미한다.

리더는 구성원이 기존의 구조 틀에 대하여 의문을 갖게 하고, 자신과 조직이 처한 상황을 올바르게 인식하도록 하며, 당면한 문제를 새로운 방식으로 접근하게 하여 이를 해결하기 위한 창의적이고 혁신적인 방안을 모색하도록 해야 한다. 즉 문제에 대한 상황분석과 대안 창출 그리고 기존의 인식을 벗어난 새로운 시각을 가질 수 있도록 격려하는 노력을 해야 한다.

④ 개별화된 배려

변혁적 리더십은 리더가 구성원들의 잠재적 능력을 파악하는 것이 매우 중요하다. 이는 구성원이 가지고 있는 잠재력이 주어진 과업 수행에 보다 큰 성과로 나타나게 할 수 있으며, 구성원 스스로의 동기부여로 조직성과 달성에 영향을 미칠 수 있기 때문이다. 따라서 리더가 구성원에 대한 개별적 관심과 배려는 구성원들로 하여금 스스로가 리더에게는 각별한 존재라는 느낌을 갖게 함으로써 리더에 대한 의무감을 더 갖도록 만드는 것을 의미한다.

개별화된 배려(individualized consideration)는 구성원이 가지고 있는 욕구 및 능력의 차이를 인정하고, 개인이 가지고 있는 욕구 수준을 보다 높은 수준으로 끌어 올리며, 부하들로 하여금 높은 성과를 올릴 수 있도록 잠재력을 개발해 주는 행동을 의미한다. 이러한 개별화된 리더는 구성원들에게 친근함, 비공식적인 관계 유지, 구성원에 대한 인격적 대우 등과 같은 행동을 보인다.

03 변혁적 리더십의 행동유형과 과정

1. 성과도출을 위한 변혁적 리더십의 행동유형

리더가 구성원에게 기대 이상의 성과를 도출하고 조직을 위해 개인이익을 초월하게 동기부여할 수 있는 리더의 역량은 변혁적 리더십으로 설명할 수 있다. 변혁적 리더십의 구성요소에서 볼 수 있듯이 카리스마, 영감적 동기부여, 지적자극, 개별화된 배려는 구성원으로 하여금 많은 노력, 높은 생산성, 높은 사기와 만족, 높은 조직의 효과성 및 적응력, 낮은 이직율 및 결근율을 이끌어 낼 수 있다.

따라서 변혁적 리더의 행동은 첫째, 리더가 조직 구성원의 사기를 고취시키기 위해 미래의 비전과 공동체적 사명감을 강조하고 이상적인 도전 과업을 제시하여 이에 몰입하게 해야 한다. 둘째, 개인적 욕구를 주의 깊게 청취하고 지원하여 리더와 조직

구성원 간의 개별적인 인간관계를 통하여 신뢰를 구축하여 성과를 높일 수 있는 개별적인 배려가 있어야 한다. 셋째, 조직구성원들의 창의성과 혁신성을 자극하고 자기 자신이나 리더, 그리고 조직의 신념과 가치관을 변화시키려고 도전하는 지적 자극이 요구된다. 넷째, 조직구성원들에게 높은 기대감과 조직의 비전에 몰입할 수 있도록 동기부여 시키는 노력이 필요하다.

2. 변화를 위한 변혁적 리더의 실천적 행동과정

변혁적 리더십은 조직이나 기업의 변화가 필요할 때 요구되는 리더십 유형이다. 오늘날과 같이 산업의 발달은 기술적, 사회·문화적 환경을 매우 빠르게 변화시키고 있고, 교통·통신과 같은 기술의 발달은 글로벌화와 개방화를 촉진시켜 전반적인 경영 환경은 경쟁이 심화되는 환경으로 변화하였다. 이러한 조직의 경영 환경에서의 유효하고 적절한 리더십은 변혁적 리더십으로 볼 수 있다.

조직의 변화를 관리하기 위한 리더들의 행동과정을 티치와 드반나(N. M. Tichy & M. A. Devanna)는 대기업에 근무하고 있는 CEO 12명의 변혁적 리더들을 대상으로 인터뷰를 실시하고 자료를 수집, 분석하여 3 단계의 행동과정이 있음을 설명하고 있다. 티치와 드반나의 3 단계의 행동과정은 첫째, 변화의 필요성을 인식하고, 둘째, 환경에 적합한 비전을 만든 후에, 셋째, 그에 적절한 새로운 조직구조로의 변화를 이끌어 가는 것으로 그 세부적인 것은 다음과 같다.

첫 번째 단계의 행동과정은 변화의 필요성 인식이다. 조직과 구성원들은 일반적으로 현재의 상태에 만족하고, 변화에 저항하려는 경향이 있다. 특히 기존의 시스템 내에서 권력을 가지고 있거나, 어느 정도의 성과를 내고 있는 상황이라면 더욱 더 변화의 필요성을 지각하지 못한다. 그러나 환경에서 조직의 변화는 필수적이다. 이에 리더는 조직 구성원들이 변화를 수용할 수 있도록 다양한 방안을 제안해야 하며, 구성원들로 하여금 변화와 관련된 의견을 제시할 수 있게 하여야 한다.

변화에 대한 필요성 인식 단계에서는 리더가 변화를 주도하는 세력을 키우는 것도 중요하지만 변화에 대한 저항 세력을 줄이는 일도 병행해야 한다. 즉 모든 구성원들이 변화의 필요성을 인식하고 이해할 수 있도록 하는 것이 중요하다. 티치와 드반나

그림 8-7 | Tichy & Devanna의 조직 변화의 3단계 행동과정

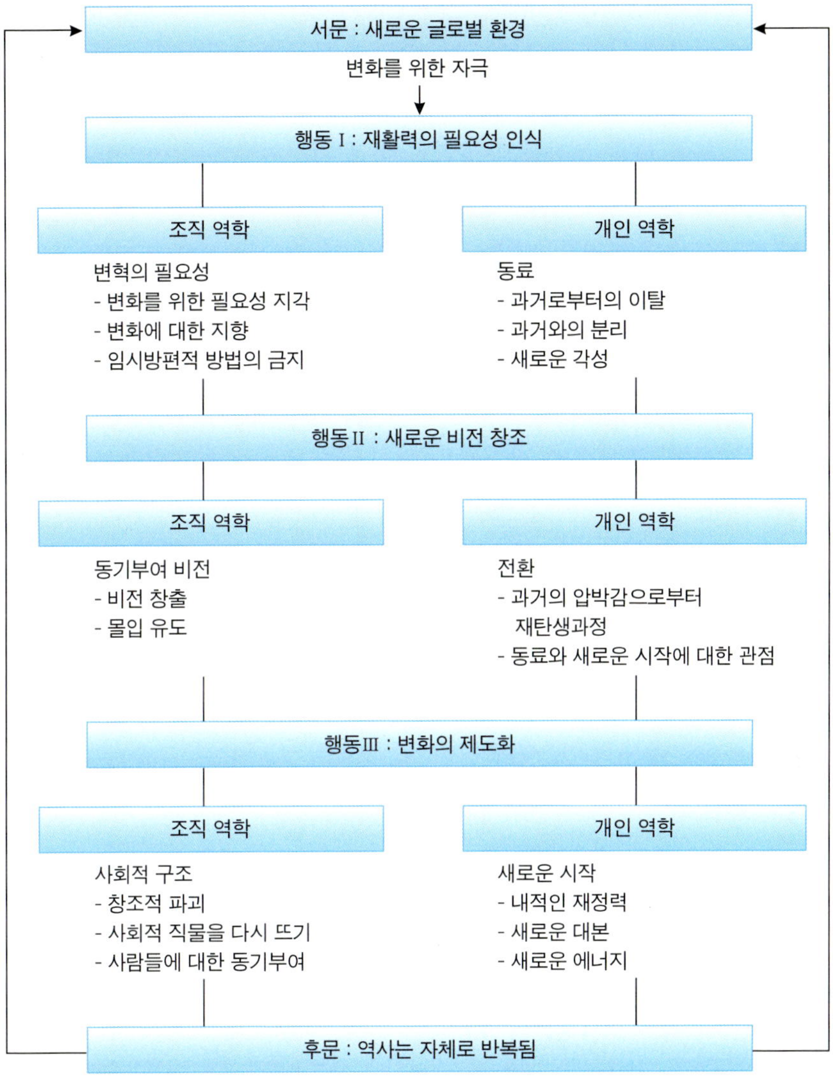

의 조직이 변화에 대한 개방성을 향상시킬 수 있는 몇 가지 방안을 다음과 같이 제시하고 있다.

① 구성원들로 하여금 다른 의견을 제시하고 주장하도록 허용하라.

② 조직이 목표를 얼마나 잘 달성하고 있는지에 대해 객관적인 평가를 받도록 하라.

③ 조직의 구성원들을 조직 내부의 타 부서나 외부 조직 등에 방문하도록 하여 타 조직들이 어떻게 하고 있고, 문제를 어떻게 해결하고 있는지에 대한 대안적 관점을 체득하도록 하라.

④ 조직의 성과를 다른 조직들의 성과와 비교 가능하도록 광범위한 경제적·비경제적 지표에 근거하여 평가하도록 하라.

두 번째 단계의 행동과정은 비전을 창출하는 것이다. 비전은 조직이 미래에 나아갈 방향에 대한 개념적인 지도의 역할을 한다. 티치와 드반나는 비전은 리더 혼자서 만드는 것이 아니라 조직 내의 다양한 구성원들의 상이한 관점과 시각들, 그리고 환경을 고려하여 만들어져야 한다고 하였다. 그리고 비전은 리더와 구성원 간의 공유가 중요하기 때문에 그 내용과 가치가 무엇인지를 명확히 표현하는 사명 진술서가 개발되어야 한다.

세 번째 단계의 행동과정은 변화를 실행하고 제도화하는 것이다. 리더는 기존의 조직 구조를 해체하고, 새로운 조직 구조를 정립하여 변화를 실행한다. 리더는 이러한 변화의 실행을 위해 새로운 아이디어를 실행할 수 있는 적합한 자격을 갖춘 구성원들을 찾아내고, 그들의 지원을 받아야 하며, 수립된 비전을 실천하기 위한 새로운 연합체를 형성하여야 한다. 이러한 과정에서 모든 구성원들이 변화된 조직에서 새로운 역할을 찾도록 도움을 주어야 한다.

04 변혁적 리더십의 평가

지금까지의 리더십 연구들은 리더-부하의 교환적 거래 관계에 초점을 두고 있다. 그러나 구성원의 욕구와 가치관을 사회적 가치의 차원으로 강조한 변혁적 리더십은 많은 관심을 갖게 하였고, 실용적인 실증 연구가 활발하게 진행되고 있다. 많은 리더십 연구 결과를 보면 빠르게 변화하는 환경에서 조직의 대응능력과 적응력을 갖추기 위해서는 개방적인 역량이 있어야 하고, 조직의 위기 상황이나 사회적으로 다양한 변화가 일어나고 있는 불안정한 시기에는 변혁적 리더십이 유용하다. 특히 21세기 변화에 대응하기 위해서는 조직문화를 혁신해야 하기 때문에 변혁적 리더십이 중요한 의미를 지니고 있다고 할 수 있다.

그러나 변혁적 리더십은 변화와 혁신을 주도하는 이론으로는 각광을 받고 있지만 여러 가지 문제점도 지적되고 있다.

첫째, 특정한 변화가 요구되지 않는 상태에서 인위적으로 변혁을 추진할 때 오히려 조직의 안정을 해치는 부작용이 발생할 수 있다.

둘째, 리더 개인에게 과도한 의존은 조직력의 훼손을 가져올 수 있다.

셋째, 리더의 영향력이 장기화될 경우 독재화될 가능성이 높다.

넷째, 리더의 공백이 발생할 경우 조직의 혼란을 가져 오게 되고 이런 문제를 해결하기 위해 막대한 비용과 노력이 투입될 수 있다.

따라서 이러한 문제점을 사전에 예방하는 지혜가 요구된다. 즉 조직의 운명을 좌우하게 될 비전 설정은 가능한 구성원들의 참여 하에 진지하게 결정해야 한다. 그리고 리더의 독단적 행동을 감시하고 견제할 수 있는 제도적 장치가 필요하고, 초기에는 리더에 대한 의존도가 높더라도 점진적으로 조직이 변화를 감당할 수 있는 시스템 구축이 필요하다.

01 조직구성원의 가치관 변화

1. 인사관리에서 인적자원관리로

산업기술의 발전은 많은 부분에서 변화를 가져 왔다. 특히 지식정보화 사회로 진화한 현대사회에서는 다양성만큼 조직 내의 활용이 가능한 자원을 최적화 시키는 능력을 갖추고 있을 때 경쟁 우위를 유지할 수 있게 되었다. 조직의 자원 중에서도 다른 조직이나 기업보다도 더 우수한 인재의 유·무는 조직 성패에 많은 영향을 주고 있다. 이렇게 인적자원의 중요성은 조직의 성장에 직결되는 것으로 대부분의 조직들이 인적자원 관리에 많은 투자를 하고 있다.

인적자원 관리를 중요하게 다루는 이유는 전통적인 리더십에서는 업무 중심적인 사고와 정보에 대한 리더들의 독점적 지위를 가지고 있어서 리더가 구성원보다는 우월하다는 의식에서 많은 리더들이 자기중심적인 가치관을 가지고 있었다. 이는 기술의 변화 속도가 미래에 대한 예측이 가능했고, 조직 운용 및 관리에 대한 정보의 비대칭성은 다른 구성원들보다 더 많은 경험과 경력만으로도 충분하게 조직과 인적자원 관리가 가능했기 때문이다.

그러나 오늘날에는 구성원들의 교육수준이 높고, 또한 특정한 분야의 전문적 지식을 갖추고 있으며, 다양한 정보 습득이 용이한 사회로 바뀌었고, 과거 먹고 살기 위한 직업관이 현재에 와서는 자신의 능력개발과 성취하고자 하는 목적에 따라 직업을 선택하는 등의 삶의 질에 대한 관심이 높아져 조직성과를 높이기 위해서는 새로운 개념의 조직관리가 필요로 하게 되었다.

조직의 성장과 지속적 발전을 위해 구성원이 가지고 있는 잠재된 역량을 발현해 내기 위해서는 부하로서의 구성원을 대하는 태도가 종전과는 다르게 접근해야 한다. 즉 구성원의 삶을 존중하고, 구성원과의 신뢰를 구축할 때 조직의 목적을 위해 구성원들이 자발적인 헌신을 이끌어 낼 수 있기 때문이다.

그림 9-1 | 리더십 개념의 변화

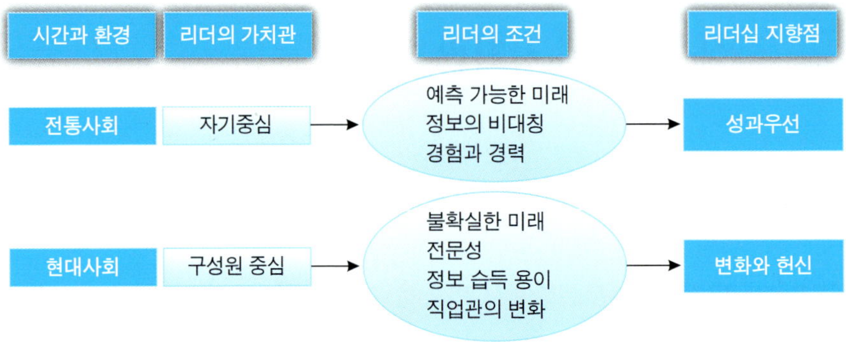

이러한 환경변화는 리더십의 지향점이 예전과 다르게 구성원이 리더에게 헌신해야 하는 전통적인 리더십에서 벗어나 리더가 구성원에게 조직성과를 위해 먼저 다가가서 부하들이 존중받고 있고, 공정하며, 조직으로부터 인정받고 있다는 생각이 들게 함으로써 그 반대급부로 구성원들이 리더를 추종하고, 직무에 충실하게 임할 수 있는 환경으로 전환되었음을 시사한다.

2. 서번트 리더십의 출현

맥스웰(J. C. Maxwell)은 인류사에 많은 위대한 리더들 가운데에서 최고의 리더는 예수라고 말하였다. 아리스토텔레스나 플라톤은 그리스 철학을 꽃피우는데 150 여 년이라는 시간이 걸렸지만, 예수는 공생애 3년 동안 12명의 제자를 길러냈고, 그들을 통하여 인류 역사에 가장 강력한 힘을 남겼다고 하였다. 이러한 힘의 원천은 어디에 있을까? 그것은 조직구성원과의 관계에서 자신을 낮추는 섬김이 있었고, 꿈을 갖게 하는 비전을 제시하였고, 그 사회가 안고 있었던 아픔에 대한 부분에서 공감하였으며, 확실한 신뢰를 구축한 결과로 볼 수 있다.

아무리 능력이 좋고 부지런 하여도 혼자서 씨앗을 뿌리고 수확한다면 우리는 그런 사람을 부지런한 한 개인으로 여길 뿐이다. 그러나 예수 그리스도처럼 수확의 기쁨과 의미를 알리고, 보다 많은 사람들에게 자신의 생각과 비전에 동참할 수 있도록 하

그림 9-2 | 예수그리스도가 제자들의 발을 씻기는 장면

는 사람이 리더이며, 가치와 비전의 씨앗을 뿌리는 것이 가장 위대하고 강력한 리더십임을 증명하는 것이다. 이러한 부분들이 아마도 대부분의 현대인들이 가장 강력하게 원하는 리더의 표상일 것이다.

현대사회에서 많은 사람들이 원하는 리더의 모습으로 서번트 리더십을 말하고 있다. 서번트 리더십(servant leadership)이란 구성원들이 공동의 목표를 달성하기 위하여 정신적·육체적으로 지치지 않도록 환경을 조성해 주고 도와주는 리더십으로 리더가 타인을 위한 봉사에 초점을 두고, 구성원, 고객, 지역사회를 우선으로 여기고 그들의 욕구를 만족시키기 위해 헌신하는 역할을 수행하는 것으로 정의할 수 있다.

서번트 리더십의 개념은 그린리프(R. K. Greenleaf)가 처음 제시하였는데 그는 헤르만 헤세의 작품인 「동방으로의 여행(Journey to the East)」에서 아이디어를 얻어 개념을 정립하였다. 「동방으로의 여행」의 내용은 순례 여행을 하는 사람들을 위해 허드렛일을 하는 레오라는 인물이 지친 순례자들을 위로하고 때로는 불만을 경청하며 여행에 차질이 없도록 헌신적으로 봉사한다. 이런 역할을 하던 레오가 순례자 집단에서 사라지면서 집단은 혼란에 빠지게 되고 여행은 중단되었다. 여행과정에서 아무도 눈여겨 보지 않았던 레오의 역할이 사라진 후에 꼭 필요한 존재요 특별한 존

재였음을 알게 되었다. 일부 순례자들이 레오를 찾았을 때 그는 그 여행을 후원한 교단의 책임자였으며, 정신적인 지도자이고, 위대하고 숭고한 리더였음을 알게 되었다. 즉 레오를 오늘날 서번트 리더의 전형으로 그린리프는 제시하였다.

02 서번트 리더십, 어떻게 이해하면 좋을까

1. 서번트 리더십의 의미

섬김의 이미지로 그 의미가 있는 서번트 리더십을 센게(Peter M. Senge)는 모든 사람의 존엄성과 가치에 대한 믿음, 그리고 리더의 권력은 부하로부터 기인한다는 민주적 원칙에 따른 리더십이라고 정의하였다. 서번트 리더는 인간 존중의 정신과 민주적인 원칙을 바탕으로 섬기는 서번트 리더십의 철학을 실천하는 사람으로 볼 수 있다.

인간이 구성하고 있는 사회 환경을 드럭커(P. Drucker)는 미래에는 지식과 정보화 시대임을 강조하면서 이러한 시대에서는 중간관리자들이 줄어들어 리더와 부하의 구분이 엄격하지 않을뿐더러 지시와 감독에 의한 관리가 용이하지 않을 것이라고 예측했다. 따라서 미래의 경영환경은 기존의 리더 중심의 개념에서 벗어나 부하 중심으로 전환되어야 함을 시사하고 있으며, 구성원에 대한 새로운 사고의 전환은 리더가 구성원을 움직이게 하는 원동력이 어디에 있는가를 생각해야 하고 이를 실행에 옮겨야 하는 것이다.

리더가 가져할 기본적인 구성원을 대하는 태도를 서번트 리더십 개념을 제시한 그린리프는 타인을 위한 봉사와 헌신하는 역할을 강조했고, 보이어(J. S. Boyer)는 리더의 경청과 권한부여를 중시하는 것을 중요하게 생각했다. 심스(B. J. Sims)는 솔직한 의사소통, 가치공유, 창조적 역량을 일깨워 주는 것으로 보았고, 센게는 존엄과 믿음으로 보았다. 대부분의 서번트 리더십을 연구한 연구자들이 제시한 리더의 모

그림 9-3 | 서번트 리더십의 효과

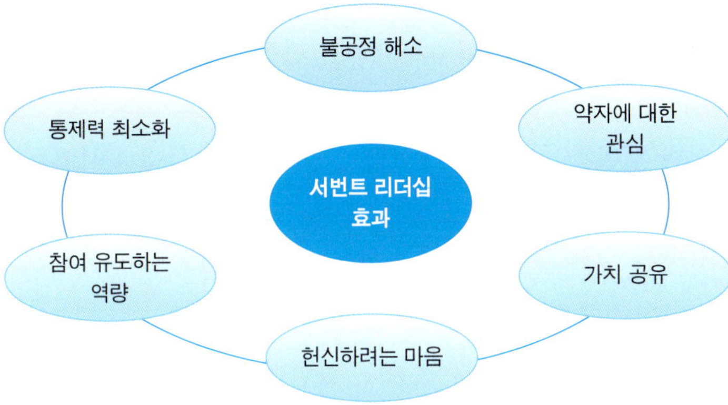

습은 헌신하려는 마음, 약자에 대한 관심, 불평등이나 불공정에 대한 해소, 구성원 통제력의 최소화, 구성원 참여를 이끌어 내는 역량, 그리고 가치공유 등과 같은 내면적 요소가 있을 때 효과성이 있음을 말하고 있다.

2. 서번트 리더십, 그 중심에는 신뢰가 있다.

서번트 리더십의 효과성은 어떻게 만들어 낼 것인가는 리더들이 다 고민해야 할 사항이다. 리더 중심적인 사고에서 구성원 중심적인 사고로 전환한다고 해서 조직 목표 달성과 조직성과에 유효한 결과를 가져온다는 보장은 없다. 리더십 연구의 발전 과정에서 살펴본 것처럼 리더의 특성, 리더의 행동, 리더의 상황 등과 같은 연구에서 조금의 부족한 부분이 있었다면 그것은 구성원에 대한 이해일 것이다. 다시말하면 조직구성원이 수행하기 때문이다.

리더는 어떻게 구성원들이 동기부여되어 조직과 리더가 원하는 바에 맞게 과업을 수행하게 할 것인가를 생각해야 한다. 구성원 입장에서 보면 주어진 과업을 수행하는 과정에서 구성원 자신에게 주어진 권리나 이해와 관련된 부분들이 리더가 악용하지 않을 것이라는 확신이 있을 때 자신의 능력이나 역량을 십분 발휘하게 된다. 따라서 오늘날 서번트 리더십이 새롭게 조명되고 있는 이유가 바로 이러한 부분을 이해하고 있기 때문이다. 즉 서번트 리더십에서 가장 중요한 덕목과 가치를 부여하고 있는 것은 리더와 구성원 간의 신뢰 구축이다.

신뢰(trust)는 거래 상대방의 말이나 약속이 믿을만하고 교환관계에서 자신의 의무를 다할 것이라는 상대에 대한 믿음으로써 거래 상대방이 서로 협력을 원하고 의무와 책임을 다할 것이라는 기대로 정의할 수 있다. 리더십에서 신뢰는 리더의 행동에 대하여 믿고 따르고자 하는 구성원의 의지이므로 이해 관계자들 간의 사회적 결속을 가능하게 하는 토대로써 상대방에 대한 호혜적 믿음이며, 복잡한 이해타산을 단순화 시키는 것이라고 할 수 있다.

리더가 신뢰를 구축하기 위해서는 주어진 과업에 대하여 풀어나갈 수 있는 능력을 보유하고 있고, 개방적이며, 공정하고, 일관성을 보이고, 성과에 대한 확신을 가질 때 가능하다. 따라서 높은 신뢰 관계가 구축된 조직에서는 협동과 지원, 이타적 행동 등 자발적인 사회성을 촉진시킬 수 있다.

이렇게 신뢰 구축을 위한 리더의 역할은 구성원이 원하는 것이 무엇인지를 이해할 수 있어야 하고, 이를 해결해 주며, 구성원을 지배하기 보다는 보살피고 섬기는 자세를 갖는 것이다. 따라서 리더는 방향 제시자로서의 역할로 조직의 비전을 제시해야 한다. 그리고 구성원을 파트너로 생각하고 과업수행에 합의를 이끌어 낼 수 있는 의견 조율자의 역할이 필요하다. 더 나가 구성원들이 업무 수행을 원활히 할 수 있도록 지원하는 지원자의 역할이 되어야 한다.

그림 9-4 | 신뢰 형성 요인

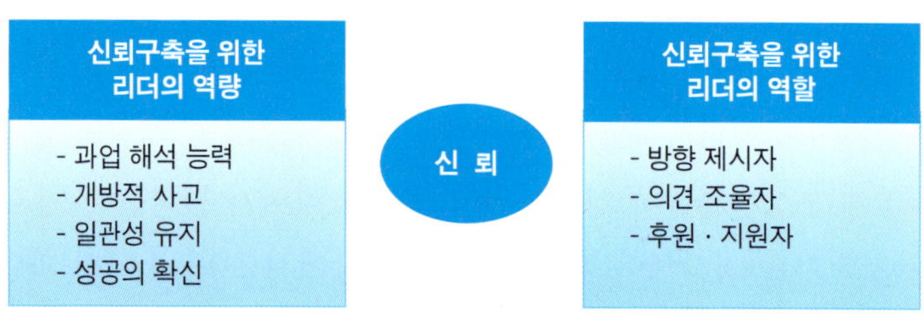

3. 리더, 구성원의 마음 얻기

그린리프는 타인을 위한 봉사와 헌신을 중심으로 구성원의 입장에서 생각하고 보살피고 육성할 책임을 리더에게 요구하고 있다. 그렇다면 어떻게 구성원과의 관계를 형성할 때 리더십 효과성을 높일 수 있을 것인가 하는 과제가 있다. 스페인 철학자 발타자르 그라시안은 세상에서 가장 위대한 승리는 사람의 마음을 얻는 것이라고 말하면서 사람의 마음을 얻기 위해서는 먼저 상대방의 마음을 읽는 습관을 가질 것과 타인이 다가가기 어려운 사람이 되지 말 것을 가장 먼저 말하였다.

서번트 리더십에서 효과를 얻기 위해서는 신뢰를 구축해야 한다고 하였다. 이러한 신뢰 구축을 위해서 리더는 구성원에 대한 인식의 변화가 필요하다. 즉 구성원의 마음을 얻는 노력을 해야 한다. 구성원의 마음을 열기 위해서는 다음과 같은 노력이 요구된다.

① 커뮤니케이션

커뮤니케이션 활동이 이루어져야 한다. 조직에 있어서 커뮤니케이션은 리더와 구성원 간의 생각을 교환하는 경로이며 문제발견과 해결, 공감대를 형성하는 중요한 수단이다. 이러한 커뮤니케이션은 의미가 막히지 않고, 잘 통하고, 뜻이 서로 통하여 오해가 없는 것으로 사전적 의미를 찾을 수 있다. 중국의 철학자인 장자는 소통을 위해서는 상대방과의 차이를 인정하고, 상대방의 요구에 맞게 실천하며, 이를 위해 자신을 변화해야 한다고 하였다. 이러한 커뮤니케이션은 리더와 구성원 간의 상호작용을 도모하여 구성원에 대한 이해와 신뢰를 형성할 수 있다.

② 배려

배려할 수 있어야 한다. 배려는 타인을 도와주거나 보살펴 주려고 마음 쓰는 것을 의미한다. 구성원과의 커뮤니케이션에 의한 상호 관계가 형성되면 구성원의 삶을 이해할 수 있고, 그 과정에서 더 많은 배려를 할 수 있을 뿐만 아니라 구성원에게 희망과 용기를 주며, 정서적인 안정을 가질 수 있도록 도움자의 역할을 할 수 있으며 이는 구성원들이 리더에 대한 신뢰를 갖게 하는데 많은 도움이 될 것이다. 이러한 리더의 인간적인 배려를 지각한 구성원들은 조직의 생산성에 자발적인 노력을 기울일 수 있고, 더 나가 리더가 잠재적 능력 개발이 이루어 질 수 있도록 환경을 조성할 때 과업에 보다 집중할 수 있게 된다.

③ 지도와 조언

지도와 조언을 할 수 있어야 한다. 구성원은 일방적인 지시를 받는 사람이 아니라 함께 가야할 사람으로 여기고 구성원이 성장할 수 있도록 지도와 조언을 해야 한다. 지도와 조언을 해야 하는 이유는 구성원이 지니고 있는 기술이나 지식이 부족하여 성과가 도출되지 않을 때 적극적으로 개입하여 도움을 제공함으로써 소기의 목적을 달성할 수 있기 때문이다.

그림 9-5 | 서번트 리더십의 중요한 가치

ㅁ스스로 구성원들에 대한 섬김을 선택 - 타인(구성원)의 삶에 관심 - 희망과 용기	배려
ㅁ구성원을 성공과 성장의 대상으로 여김 - 구성원을 섬기는 마음 → 성공과 성장을 바람 - 현실적 지원과 코칭	지도와 조언
ㅁ리더와 구성원의 상호작용을 중시 - 구성원 중심의 상호 관계 형성 - 섬김의 먼서	커뮤니케이션

03 서번트 리더가 보이는 특성

1. 서번트 리더십의 구성 요소

서번트 리더십의 구성요소는 어떻게 이해할 수 있을까? 그린리프는 존중, 봉사, 정의, 정직, 공동체 윤리 등과 같은 원칙이 있어야 함을 강조하였다. 심스는 비전 공유, 학습, 지원을 위한 권력 사용, 협력을 통한 공동체, 의사소통, 동기부여 등이 서번트 리더십의 중요한 구성요소라고 하였다. 보이어는 서번트 리더의 특징을 몇 가지 유형으로 나누었는데 서번트 리더는 질문하고 이해하려고 노력하는 사람, 격려하고 보살피며 편안한 분위기를 조성하려는 사람, 상대방을 존중하는 사람, 진정성을 갖춘 신뢰할만한 사람, 권한위임을 하고 학습을 장려하는 사람, 공동체를 구성하려는 사람 등으로 분류하였다.

2. 서번트 리더십의 특성

이러한 구성요소들을 중심으로 서번트 리더들의 보편적인 행동의 특성을 도출할 수 있다. 서번트 리더십 행동의 특성으로 스피어스(L. Spears)는 다음과 같이 10가지 행동 특성을 제시하였다.

① 경청

경청(listening)이란 부하에 대한 존중과 수용적인 태도로 구성원의 의견을 주의 깊게 듣는 것으로 의사결정이 구성원들의 의견을 반영하고 고려하는 메커니즘으로 될 수 있도록 노력하는 리더의 행동을 말한다. 따라서 경청은 서번트 리더의 가장 기본적인 자질로서 부하의 요구를 이해하는데 절대적 특성 요소이다.

② 공감

공감(empathy)이란 구성원의 입장에서 이해하려고 노력하는 것으로 다른 사람이 처한 상황에 부합하려는 정서적 반응을 말한다. 공감은 높은 이해심이 바탕이 되기 때문에 리더에게는 구성원과 감정의 공감을 형성하여 일체감을 갖는 중요한 특성이 될 수 있다.

③ 치유

치유(healing)는 업무와 조직 내의 동료들과의 관계에서 발생하는 정신적·육체적 스트레스 등으로부터 정서적 불안정을 경감시켜 주는 행동으로 멘토 역할을 통해 구성원들과 함께 해결 방안을 적극적으로 모색해 나가는 리더의 특징을 의미한다.

④ 설득

설득(persuasion)은 일방적인 지시보다는 커뮤니케이션을 통해 영향력을 행사하는 행위로 구성원과의 합의를 이루는 과정이다. 즉 커뮤니케이션을 통해 자신의 의견을 제시하고, 상대방을 이해하며, 상대방에게도 그러한 자세를 갖게 함으로써 자신의 입장을 이해하도록 유도하는 것을 말한다. 설득은 권위나 일방적인 지시, 통제보다는 쌍방향적 환경이 될 때 더 효과적이다.

⑤ 인지

인시 또는 지각(awareness)은 조직내의 상황과 구성원에 대한 이해의 정도를 의미한다. 리더는 자신이 다른 사람을 이끌어 조직의 목적을 달성하는 사람이다. 그리고 구성원들은 성공과 성장의 대상으로 기업경영에 중요한 자원으로 인식해야 한다. 따라서 리더는 구성원들보다 조직 내의 모든 상황과 상황에 영향을 주는 요소들을 정확하게 판단하는 능력을 지녀야 하고, 이 능력을 바탕으로 어떤 상황에도 의연함을 지녀야 한다.

⑥ 비전제시

비전제시(conceptualization)란 미래를 예측하고 부하를 설득하여 목표에 도달할 수 있도록 방향을 제시해 나가는 것을 의미한다. 비전은 부하들에게 조직의 목표가 무엇인지를 분명하게 알 수 있도록 설정되어야 하며, 이를 토대로 성과 있는 과업을 수행함으로써 목표 달성을 이루도록 해야 하는 것이 리더가 갖추어야 하는 특성으로 볼 수 있다.

⑦ 통찰력

통찰력(foresight)은 과거의 경험을 토대로 미래를 보고 현재와 미래의 결과를 예측하는 능력으로 부하가 미래를 걱정하지 않고 부여된 자신의 직무에 충실함을 기할 수 있도록 유도하는 특성을 말한다. 그러나 과거의 경험만으로는 미래를 예측할 수 없기 때문에 직관도 필요하다.

⑧ 공동체 형성

공동체 형성(community building)이다. 공동체란 구성원이 하는 일과 그 일이 갖는 의미를 알고 함께 공유하는 역동적인 시스템을 의미한다. 따라서 리더는 구성원 간에 활발한 의사소통과 협력을 장려하는 역할을 수행해야 한다. 리더의 이러한 역할은 조직 내에 우리라는 의식을 형성시켜서 그 안에서 개인의 역할을 수행하도록 유도하여 조직의 목표 달성을 위해 구성원 간의 배려와 협력을 잘 이루어 질 수 있도록 촉진활동을 해야 함을 의미한다.

⑨ 청지기 의식

청지기의식(stewardship)이란 리더는 개인적인 욕구나 이익 보다는 다른 사람의 욕구를 먼저 생각하고 배려하는 태도가 요구된다. 즉 어떤 의사결정이나 행동을 할 때 그 결과가 구성원에게 미치는 영향을 먼저 고려하는 행위로 조직 내에서는 조직의 자산을 증식시키며 조직 발전에 노력을 기울이는 리더를 말한다.

⑩ 구성원 성장에 대한 관심

구성원 성장에 대한 관심(commitment to growth)은 구성원들이 능동적으로 직무를 수행할 수 있도록 지원하고 역량을 발휘할 수 있도록 환경을 조성하고, 기회를 제

그림 9-6 | 서번트 리더십의 특성

공하는 것을 의미한다. 리더가 관심을 주어야 할 것은 생산성일 수도 있지만 조직성과를 이루기 위해서는 구성원의 적극적인 참여와 헌신이 요구된다. 따라서 구성원들에게 재량권을 부여하고 업무 수행 능력을 향상시키기 위한 학습 기회를 제공하여 구성원 스스로가 능동적으로 과업을 수행할 수 있도록 하는 여건을 조성하는 것이 리더가 갖추어야 할 중요한 특성이다.

04 전통적 리더십과 서번트 리더십 어떻게 다를까

서번트 리더십은 리더가 구성원과의 커뮤니케이션을 통하여 조직의 비전과 목적을 공감하고 리더의 배려와 지원 등에 의하여 활발한 상호작용이 이루어져 신뢰를 형성하는 과정을 거친다. 이러한 신뢰는 조직의 목표를 이루기 위해서 구성원의 절대적인 참여를 이끌어 내는 효과로 나타난다. 따라서 서번트 리더는 구성원들에게 배려와 지원으로 성장의 기회를 제공하여 구성원 스스로 자기 역량을 함양할 수 있도록 돕는 역할을 수행한다. 또한 주어진 과업을 수행하는 과정에서 구성원들이 자율적으로 업무를 수행하도록 권한과 책임을 위임하고, 동기부여를 통해 창의적인 능력을 발휘하여 환경변화에 능동적으로 대처할 수 있도록 구성원을 함께하는 동료의 개념을 내포하고 있다.

전통적 리더십에서는 리더가 자기중심적인 가치관을 가지고 구성원에게 자신의 기준에 맞추어 줄 것을 요구한다. 즉 구성원에 대하여 명령이나 지시 등과 같은 권한과 책임을 활용하여 조직 목표를 향해 구성원들을 독려하는 모습을 볼 수 있다. 따라서 전통적 리더십은 조직 체계가 수직적으로 형성되어 있으며, 구성원의 보편적인 모습도 리더에게 의존하는 경향이 크고, 창의적인 역량을 발휘하기는 어려운 구조로 되어 있다.

위계질서와 효율성을 강조하는 전통적인 리더십과 신뢰를 바탕으로 개방적인 가치를 추구하는 서번트 리더십의 특성을 비교해 보면 다음과 같다.

첫째, 리더의 인간관이다. 전통적인 리더십에서는 사람을 조직이 활용할 수 있는 자원 중의 하나로 본다. 그렇기 때문에 리더는 조직의 목적 달성을 최우선으로 여기고 구성원을 자신의 지시에 따르고 이를 수행하는 대상으로 본다. 이러한 기본적인 바탕은 리더와 구성원 간의 관계에도 리더는 문제발생에 심판자의 관점에서 문제를 해결하려 하고 복종할 것을 요구한다. 그러나 서번트 리더십에서는 사람을 조직의 목적을 달성하는데 가장 중요한 자원으로 여긴다. 따라서 리더는 구성원을 성공과 성장의 대상으로 보고 돕고 협력하는데 초점을 둔다. 이러한 사고는 리더와 구성원과의 관계에서도 리더는 문제발생이 있을 경우 구성원 간 커뮤니케이션을 촉진하여 자율적인 해결을 유도하며, 관심과 존중을 통한 공동체 이미지를 추구한다.

둘째, 리더의 가치관이다. 전통적 리더십에서는 자기중심적인 가치관을 가지고 있기 때문에 자기 기준에 의한 지시와 감독을 통하여 조직의 목적을 이루고자 한다. 따라서 리더가 가지고 있는 관심은 과업에 대한 결과를 중요하게 여기고, 과업 수행 과정에 직접적으로 개입하여 추진과정과 방법을 지시·감독하는 등의 최종 결과 중심의 평가를 추구한다. 반면, 서번트 리더십에서는 타인을 믿고 수용하는 개방적인 가치관을 가지고 있어서 과업 수행에 있어서도 과업의 성공과 개인의 성장을 중요하게 여길 뿐만 아니라 과업 수행과정에서도 장애 요소 및 필요한 지원과 코칭을 하며,

그림 9-7 | 전통적 리더십과 서번트 리더십의 비교

구 분	전통적 리더십	서번트 리더십
조직적 차원의 추구하는 가치	위계질서와 효율성	신 뢰
리더의 인간관	조직이 활용할 수 있는 자원	조직의 목적은 달성할 수 있는 자원
리더의 가치관	자기 중심적 가치관	개방적 가치관
생산성 추구 방식	경쟁적 구도	자발성
동기부여	상의 하달식	공감과 공유

노력에 대한 평가를 추구한다.

셋째, 리더의 생산성 추구 방식이다. 전통적인 리더십은 과제 중심의 사고 및 측정을 추구하기 때문에 개인의 경쟁심을 유발하여 이를 활용한다. 따라서 리더 중심의 기준으로 구성원의 과업수행 방식을 요구하여 시간이나 경비, 생산량 등 가시적이며 양적인 기준을 중심으로 평가한다. 서번트 리더십에서는 구성원의 자발성을 추구한다. 즉 구성원의 성공이 조직의 성공으로 이어질 수 있도록 과업 수행과 목표 수립에 다양한 추진방법을 모색하고 구성원들이 잘 할 수 있다는 신념을 갖게 한다.

넷째, 동기부여이다. 전통적 리더십에서는 상의하달식의 일방적인 의사소통을 중심으로 당근과 채찍의 개념을 도입하여 구성원들을 이끌어 가야한다고 생각한다. 그러나 서번트 리더십에서는 목표 수립과정에서부터 구성원들과의 의사소통을 활성화하고 정보를 공유하며 구성원들이 과업을 수행하면서 성장할 수 있도록 필요한 정신적·물질적 지원을 아끼지 않는다.

EXAMPLE

서번트 리더십의 꽃, 영화 '울지마 톤즈'

인간의 숭고한 아름다움은 아픔과 상처가 있는 곳에서

2010년 한국방송(KBS)에서는 스페셜로 '울지마 톤즈'라는 다큐멘터리를 방영을 하였다. 그 이후 영화로도 제작되어 많은 사람들로 하여금 가슴 속 먹먹함을 전했던 한 사람의 인생 이야기가 있다. 그 주인공은 아프리카 수단의 톤즈 지역에서 선교활동을 하던 한국의 슈바이쳐로 불리우는 고 이태석 신부이다. 48살의 짧은 생이지만 모든 이에게 눈물의 작별 인사를 하게 한 사람으로 우리는 기억한다.

수단은 아프리카 국가들 중에서도 늘 전쟁이 있는 곳이다. 북수단과 남수단은 1983년부터 2011년 남수단이 분리 독립하기까지 내전을 치르렀고, 200만 명 이상이 목숨을 잃은 나라이며, 아직도 전쟁이 끝나지 않은 불안한 상태의 국가이다. 따라서 국가적 차원에서 복지는 생각할 수도 없는 환경으로 2005년 1인당 GDP가 134위인 가난이 있는 나라이며, 온갖 풍토병 및 전염병 등과 같은 질병으로 신음하는 곳이다. 이러한 열악한 환경은 사람들의 마음을 분노, 증오의 메마른 상태에 이르게 하였다.

고 이태석 신부는 1987년 의대를 졸업하였고, 그 후 사제의 서품을 받아 2001년에 아프리카의 가난한 나라 수단에서 가장 가난한 지역, 미래가 없는 지역인 톤즈에 정착했다. 그리고 그 곳에서 병원을 세웠고, 학교를 설립하였다. 의사로서 이태석 신부는 하루에 200여 명 넘는 환자를 돌보았고, 남들이 쉽게 접근하지 않아 버려졌던 한센인의 치료와 질병으로 신음하는 사람들과 함께 하면서 환자들의 발에 맞는 샌들 모양의 신발까지도 만들어 줄 정도로 열과 성을 다해 치료를 해 주었다.

수단의 미래는 아이들임을 보고 학교를 지어 아이들에게 교육의 기회를 제공하였으며, 학생들에게 총 대신 악기를 들게 하여 전쟁으로 몸도 마음도 가난해진 아이들에게 음악을 가르쳐서 브라스 밴드까지 조직하여 웃음이 없던 지역을 새롭게 변화시켰다. 이러한 값진

희생에도 본인의 건강은 암으로 인하여 세상과 영원한 이별을 하였다.

이태석 신부에 대한 안타까운 소식을 접한 톤즈 지역 사람들은 이 신부의 사진을 보며 눈물을 흘렸고, 사랑으로 대하였던 아이들은 가족이 아파도, 누가 죽어도 눈물을 보이지 않았던 모습에서 진정 안타까움의 눈물을 보였다.

어떻게 이런 일이 가능했을까? 의사로서 보장된 삶이였지만 진정한 아픔이 있는 곳을 알았고, 어려서부터 꿈꿔 오던 일에 대한 열정을 선택했고, 그 속에서 행복이 무엇인지를 알았을 것이다. 그리고 그 일을 실행하는데 어떻게 접근해야 하는지를 몸소 실천한 사람이었다. 이 실행력의 중심에는 섬김의 리더십이 있었다.

세계적인 지도자를 키워 온 미국의 아이비 리그 대학에서도 30여 년 동안 강조해 온 리더십이 서번트 리더십임을 볼 때 이기심으로 가득한 우리가 살고 있는 이 세상에 진정한 리더의 모습을 보여준 위대한 리더임은 자명한 사실이다.

성경 마태복음 20장 26~28절에 보면 너희 중에 누구든지 크고자 하는 자는 너희를 섬기는 자가 되고 너희 중에 누구든지 으뜸이 되고자 하는 자는 너희 종이 되어야 하리라. 인자가 온 것은 섬김을 받으려 함이 아니라 도리어 섬기려 하고 자기 목숨을 많은 사람의 대속물로 주려 함이니라.

이 성경 구절이 오늘 우리 사회가 요구하는 진정한 리더의 모습일 것이다.

출처 : KBS 스페셜-울지마 톤즈(2010)

10장

리더십 효과성, 갈등과 커뮤니케이션 그리고 설득

01 갈등, 풀어야할 과제

02 공유의 가치, 커뮤니케이션

03 리더십의 능력 검증, 설득

01 갈등, 풀어야할 과제

1. 갈등, 무엇이 문제인가

리더의 중요한 역할은 매듭을 묶는 사람이 아니고 풀어가는 사람이다. 조직 내·외의 다양한 문제와 상황을 어떻게 인지하고 있으며, 이를 어떻게 해결해 나갈 것인가는 리더가 해야 할 가장 중요한 일이다. 직장 생활을 한 경험과 많은 직장인을 대상으로 한 설문조사의 결과를 보면, 이직을 하거나 하려고 생각하는 대다수의 직장인이 주어진 과업의 어려움보다는 직장 내에서 동료들과의 갈등 때문인 것으로 나타났다. 갈등은 인간의 생활과정에서 나타나는 보편적인 현상으로 경험하지 않는 사람은 없을 것이다.

갈등(葛藤, conflict)을 한자로 풀어보면, 칡과 등나무를 의미하는데 사전적 의미는 칡과 등나무는 서로 성장하는 방향이 반대이기 때문에 얽히게 되면 풀기 어려운 상태가 됨을 뜻한다. 즉 일이나 인간관계가 까다롭게 뒤엉켜 있어 풀기 어려운 상태로 개인 또는 조직 내에서 상반되는 생각이 벌이는 충돌상황을 의미한다.

개인이나 조직 사회에서 경험하게 되는 갈등은 개인 한 사람, 또는 집단의 기대나 목표 지향적 행위가 타인이나 타 집단에 의해서 좌절되거나 차단되는 상황을 포함한다. 따라서 갈등은 한 당사자가 소중하게 여기는 어떤 것에 대하여 다른 사람이 부정적인 영향을 미쳤거나 미칠 것이라고 인식될 때 시작되는 과정이다.

갈등의 수준은 다른 사람과는 관계없는 개인적인 내부의 갈등, 동료나 가족 등과 같은 다른 사람과의 관계에서 발생하는 갈등, 어떤 조직 내에서 일어나는 것으로 노사관계, 부서 간, 조직 내의 집단 간, 관리자와 조직구성원 간 등과 같은 조직수준의 갈등, 사회 계층이나 지역 그리고 종교 등과 같은 사회적 갈등, 인종, 문화, 이념 등의 국가 수준의 갈등에 이르기 까지 모든 수준에서 존재하며, 갈등을 피하고 산다는 것은 거의 불가능하다.

이렇게 우리가 흔히 접하는 갈등은 다양한 원인에 의해 발생하면서 우리의 개인생활과 조직 생활에 많은 도움이 되기도 하고 해가 되기도 한다. 따라서 리더십과 관련하여 리더는 조직 안에서 발생하는 개인 간 또는 집단 간의 갈등을 예방하고 관리하는 역할을 수행하게 된다.

2. 갈등이 가지고 있는 특징

첫째, 갈등은 서로 의존적일 때 발생하는 것으로 대부분 다른 사람이나 집단과의 상호작용에서 발생한다. 그러므로 어느 한 쪽의 책임보다는 상호 복합적인 인과 관계를 갖는 쌍방의 책임인 경우가 일반적이며, 책임의 비중을 다르게 지각하지만 책임을 상대방에게 더욱 귀인시키는 경향이 강하다. 그러나 현실적으로 갈등은 부분적인 예방이나 관리는 할 수 있어도 제거할 수 없는 인간과 사회의 본질적인 속성을 가지고 있다.

둘째, 갈등은 불일치일 때 발생하는 것으로 인간관계에서는 필연적으로 상대방에 대한 기대가 생기기 마련인데 그 기대가 충족되지 않으면 갈등을 경험하게 한다. 추구하는 가치를 얻지 못하거나 상대방과 대립하는 상황에서 해결이 원만하지 않은 경우, 상대방에 대한 기대의 어긋난 경우, 상호권력 관계의 불균형 등이 원인이다.

셋째, 갈등은 항상 표면화 되는 것이 아니라 숨겨진 채 잠재적인 상태로도 존재한다. 특히 불안, 분노, 긴장, 후회, 적대감, 스트레스 등의 내적인 불편한 심리상태를 경험한다. 또한 다른 사람과 관계없는 개인만의 갈등이라 할지라도 직접적인 영향은 당사자에게 미치겠지만 타인에게도 간접적인 영향을 미친다.

넷째, 갈등은 가치중립적이면서 동태적이다. 시간이 지나면서 인간관계와 조직과정에서 발생한 갈등은 발생시점에서의 상태가 지속되기 보다는 역동적으로 변화한다. 즉 갈등이 해소되거나 심화되기도 하고, 갈등 참여자가 줄어들거나 늘어나기도 하며, 다른 갈등으로 번지기도 한다. 그리고 파괴적인 역기능으로 작용할 수도 있고, 건설적인 순기능으로 작용할 수도 있지만 동일한 이슈일지라도 상황이 변하면 순기능과 역기능이 바뀔 수도 있다.

3. 갈등의 기능

갈등은 양면적 속성을 지니고 있다. 그리고 조직 효과성에 긍정적으로 작용하는 순기능과 부정적인 영향을 미치는 역기능이 있다. 이러한 갈등은 발생하는 이슈와 정도에 따라 단기적으로는 역기능으로 작용하지만 장기적으로는 순기능으로 작용하기도 한다. 이는 순기능과 역기능이 별개의 것이 아니라 하나의 갈등 속에 순기능적 속성과 역기능적 속성이 동시에 존재하기 때문이다. 이러한 속성을 살펴보면 다음과 같이 비교할 수 있다.

첫째, 갈등의 균형화의 모습이다. 개인과 집단 및 조직의 균형을 깨뜨리고 무질서를 초래한다는 점에서는 역기능적이다. 그러나 이러한 불균형의 경험을 통해 보다 높은 수준의 균형을 만들 수 있다는 점에서는 순기능적이다.

둘째, 갈등의 통합화의 모습이다. 개인과 집단 및 조직의 통합과 조화를 파괴할 수 있다. 그러나 오히려 갈등 후에는 조직의 내적 응집력을 높여서 조직 통합력을 향상시킬 수 있다.

셋째, 갈등의 안정화의 모습이다. 개인과 집단 및 조직에 불안과 긴장을 가져와 안정을 해친다. 그러나 어느 정도의 불안과 긴장은 오히려 동태적인 변화와 발전의 돌파구를 제공한다.

넷째, 갈등의 창의성과 혁신성이다. 갈등은 조직 내의 창의성과 혁신성을 억제하기도 하지만, 오히려 갈등상황의 해결과정에서 창의적인 아이디어와 대안을 유도할 수 있고, 새로운 조직방향의 비전을 찾아 혁신의 계기가 될 수 있다.

이렇게 갈등의 속성은 다양하게 표출되고, 그 결과 또한 여러가지 형태로 나타난다. 그렇기 때문에 최적의 조직관리를 위해 리더에게 주어진 과제는 갈등을 어떻게 풀어내어 효과적인 조직관리를 할 것인가를 고민해야 한다.

조직효과와 관련된 갈등의 기능을 다음과 같이 이해할 수 있다.

① 조직효과에 긍정적으로 작용하는 갈등의 순기능

첫째, 갈등의 예고적 기능이다. 더 큰 갈등이나 파국을 미리 알려 주는 기능으로 잠재된 문제점과 문제해결 방안을 파악하고, 방향을 알 수 있는 단서를 제공한다. 그리고 비판적인 현실 분석을 통해 새로운 비전을 설정하는 계기로 작용한다.

둘째, 갈등은 존재의 긴장감을 준다. 경쟁 환경에서 지각하는 갈등은 자신과 상대의 능력과 잠재력을 확인할 수 있고 여기서 발생하는 긴장감은 능력 개발 등 자기 발전을 위한 노력의 계기가 되고 생활의 생동감을 준다.

셋째, 갈등은 인격적인 성숙의 단초가 된다. 갈등의 해결과정에서 당사자 간의 이해를 넓혀 인간관계를 개선하고, 상호 간의 커뮤니케이션 능력을 높여 자기반성의 계기가 될 수 있다.

넷째, 갈등은 응집력의 효과가 있다. 외부 집단과의 갈등 상황에서 관심의 대외적 전환을 통해 내부적인 응집력을 높이고, 더 나가 기존의 내부 갈등을 해소할 수 있는 계기가 된다.

② 조직효과의 부정적으로 작용하는 갈등의 역기능

첫째, 갈등으로 인한 성장성 저해요인이다. 갈등은 인간관계의 문제가 발생하면 회복할 수 없는 상처를 남길 수 있고, 갈등이 적정 수준을 넘게 되면 파벌, 반목, 질시가 고착화되면서 고질적이고, 장기적인 병적 요인이 되어 조직이 와해되거나 구성원의 조직 이탈을 가져오는 결과를 낳게 된다.

둘째, 갈등으로 인한 비효율성이다. 조직은 다양한 기능을 가진 부문들 간의 협력으로 움직이는 시스템이다. 그러나 조직 내에서의 갈등은 개인과 집단의 협력을 저해하여 조직의 안정성과 생산성에 나쁜 영향을 주게 되며, 더 나가 조직의 심리적 에너지와 물리적 자원을 소모하여 조직의 힘을 감소시킨다. 즉 갈등은 생산적 활동에 사용할 수 있는 자원을 소모시킴으로써 기회이익을 감소시키고 기회비용을 증가시키게 된다.

셋째, 갈등으로 인한 대립의 심화이다. 갈등은 경쟁을 심화시키고, 조직 정치를 과도하게 하여 공식적인 질서에 악영향을 끼친다. 대립 당사자 간에 자신들의 정당성을 알리려는 노력을 하게 되므로 그 과정에서 갈등을 유발했던 이슈뿐만 아니라 다른 문제들도 이슈화하게 되고, 대립적 집단의 참여자를 증가시켜 갈등의 확대 생산의 부정적 결과를 초래한다.

4. 갈등의 수준

① 개인수준

개인수준의 갈등이다. 주로 선택의 기로에서 발생하는 것으로 개인이 선택하는 대안이 만족스럽지 못할 때 개인 혼자 겪는 갈등을 의미한다. 즉 자신만의 욕구와 가치관 및 역할이 외부의 요구와 상충할 때 발생한다. 개인수준에서 나타나는 갈등의 형태는 다음과 같다.

첫째, 욕구의 좌절에서 비롯되는 갈등으로 승진하고 싶은데 누락되었을 때와 같이 개인이 갖고 싶은 가치를 실현하지 못할 때 갈등이 발생한다.

둘째, 목표의 양립에서 비롯되는 갈등이다. 양립하는 두 개 이상의 가치를 동시에 실현하지 못하거나 회피하지 못할 때 발생한다. 가령, 좋아하는 두 개의 직위 중에 한 직위를 선택할 수밖에 없는 상황이거나, 보수는 높은데 위험성 또한 높을 경우와 같이 상반되는 가치가 하나의 대안에 공존할 때, 현재의 상사가 싫어서 부서를 옮기고 싶은데 옮겨갈 수 있는 부서의 직무가 싫을 때와 같은 회피하고 싶은 가치들이 동시에 존재할 때 느끼게 되는 갈등이다.

셋째, 역할의 부조화 때문에 발생하는 갈등이다. 자신에게 기대된 역할이 불합리하거나 하기 싫은 것일 때, 두 개 이상의 상반된 역할을 동시에 수행해야 할 때, 역할이 모호할 때, 역할이 과중할 때 오는 갈등이다.

넷째, 의사결정에서 비롯되는 갈등이다. 의사결정 결과를 받아들일 수 없거나, 의사결정의 결과가 가져올 영향이 불확실하여 예측할 수 없을 때, 더 나은 결정이 있음에도 정치적인 이유 등으로 채택되지 않은 경우 겪는 갈등이다.

② 개인 간의 인간관계에서 오는 갈등

조직에서 일어나는 가장 보편적인 형태의 갈등으로 갈등의 단서를 제공하는 사람과 반응하는 사람 간의 차이에서 발생하는 것을 의미한다. 개인 간의 인간관계에서 오는 갈등은 다음과 같이 설명할 수 있다.

첫째, 서로 다른 성격과 가치관, 스타일, 그리고 현실에 대한 인식의 차이에서 겪는 갈등으로 표현방법이 직선적이거나 독단적인 의사결정 스타일, 윤리적 개념, 발생한 이유에 대한 비관적 또는 낙관적 인식 여부의 차이 등이 원인이 된다. 또한 서로 추구하는 목적이 배타적인 이해관계에서도 발생한다.

둘째, 해소되지 않은 선행 갈등 등에 의한 갈등이다. 갈등은 상호의존적 교류관계에 있는 사람 간에 쉽게 발생하는데 과거 풀리지 않은 감정에서 오는 것이다.

셋째, 커뮤니케이션 과정에서 오는 오해와 편견 등의 의사전달 왜곡이 갈등의 원인이 된다.

③ 집단 수준의 갈등

주로 집단과 집단 사이 또는 부문과 부문사이에서 일어나는 갈등으로 갈등 해결에 리더의 역할이 중요하다. 집단수준의 갈등은 조직 내의 집단은 상호 의존적인 관계를 형성하고 있다. 그러나 집단 간의 부적절한 기능이 존재하거나 목표와 전략이 상충할 때 갈등의 원인이 된다. 예를 들어 생산량에서 보면, 생산부서는 생산량에 관심을 두지만, 마케팅부서는 재고관리에 관심을 갖는 것과 같다.

④ 조직 수준의 갈등

조직수준의 갈등은 조직 전체의 구성원이나 부문들이 관계된 갈등으로 조직 구조상의 문제, 자원 확보와 같은 조직과 환경 간의 관계에서 오는 갈등을 의미한다. 첫째, 조직은 변화하는 환경에 적응하거나 환경변화를 이끌어 가야하는데 이 과정에서 나타나는 제반 문제들 원만하지 않을 때 갈등이 발생한다. 즉 경쟁 관계에 있는 조직과의 갈등 등과 같은 이해관계집단의 영향력 때문에 발생한다.

둘째, 부적절한 업무 시스템으로 조직 구조상의 지위와 역할, 조직의 부문들 간의 업무 분장, 업무 비중에 따르는 보상의 공정성, 권한과 능력간의 불균형 등으로 발생하는 갈등이다.

셋째, 불확실한 상황과 자원의 부족에서 오는 갈등이다. 자원이 희소하면 자원을 획득하기 위한 조직 간의 갈등으로 자원이 희소할수록 긴장감과 갈등은 증가하는 원인이 된다.

5. 리더십과 갈등관리

리더들이 흔히 빠지기 쉬운 함정이 화합에 대한 갈망이다. 갈등 자체를 없애려는 것보다 건설적으로 활용하는 것이 리더의 지혜이다. 갈등을 관리한다는 것은 갈등을 해소하거나 조정함으로써 갈등의 순기능적 역할을 확대하여 조직 효과성을 증가시키려는 리더의 행위로서 갈등을 관리할 때 리더는 다음과 같은 실천력이 있어야 한다.

첫째, 잠재적 갈등들을 관심 있게 살펴서 파괴적인 형태로 표출되지 않도록 예방한다. 둘째, 윈-윈(win-win)의 해결방안을 추구해야 한다. 갈등을 무마하거나 억압했을 때 외면적인 갈등은 해소된 것처럼 보일 수 있지만 더 큰 잠재적 갈등을 내재시킨다. 셋째, 갈등의 확산을 적시에 차단하고 갈등의 재생산적 이슈의 확대를 막는다. 갈등을 제때에 관리하지 않으면 시간이 지날수록 상황이 악화되는 눈덩이 효과가 발생한다. 넷째, 갈등에 관해 리더는 확고한 원칙을 정립하고 구성원들에게 인식시킬 필요가 있다. 다섯째, 모든 갈등은 리더가 모두 해결해야 한다는 강박관념을 가지지 않는 것이 바람직하다.

갈등의 예방과 감소 및 해결은 리더의 직책에 근거한 권한을 통해서도 할 수 있고, 인간적인 능력의 발휘를 통해서도 할 수 있다. 조직 상황과 사람 간의 관계에서는 언제든지 매듭과 벽이 생길 수 있다. 매듭을 풀고 쌓인 벽을 허물어 다리를 놓는 사람이 리더이며, 이것이 갈등관리에서 리더십의 역할이다.

02 공유의 가치, 커뮤니케이션

1. 조직사회의 혈관, 커뮤니케이션

사람은 사회적 동물임을 누구나 인정한다. 사회는 자기 혼자서 살아가기 보다는 다른 사람과 함께 생활하고 협력하며 살아가는 곳이다. 사회에서 상생을 하기 위해서는 사회구성원들과의 관계에서 서로의 생각을 전달하면서 살아간다. 자신의 생각을 알리고 타인의 생각을 이해하는 것이 커뮤니케이션이다.

커뮤니케이션(communication)이란 서로 의사소통하는 것으로 다른 사람과 대화를 하고 자신의 생각을 이해시키며, 또한 상대방이 생각하고 있는 것을 이해하는 것을 의미한다. 보다 구체적으로 표현하면 커뮤니케이션은 발신자의 어떤 종류의 정보, 아이디어, 느낌 등의 의미를 수신자에게 전달하는 과정으로 발신자와 수신자 간에 피드백을 통하여 교환하거나 공유하는 것이다.

커뮤니케이션은 인간생활의 모든 영역에 걸쳐 있는 문제이지만, 조직에서는 매우 중요한 요소로 조직성과와 직결된다. 특히 리더십 영역에서의 커뮤니케이션은 조직과 구성원과의 비전과 가치의 공유 그리고 정보와 감정을 교류하는 등의 소통을 통하여 비효율적인 업무를 해소하고, 갈등의 여지를 파악하여 이를 줄임으로써 조직의 목표달성의 효율성을 높이는 활동이다. 즉 커뮤니케이션은 리더와 구성원과의 상호작용적인 양방향 과정으로 서로 간의 공유와 공감을 통하여 정보와 감정을 원활하게 하는 것으로 이해할 수 있다.

리더십에서 커뮤니케이션의 중요성은 조직과 리더의 비전과 의도하는 것을 구성원들이 정확하게 인식하여 그것을 공유하며, 또한 리더와 구성원 간의 정보 및 감정을 교류하여 업무의 효율성은 물론 인간적인 갈등을 예방하고, 신뢰를 높이는 효과를 추구하는 것이 커뮤니케이션의 중요한 목적이다.

2. 커뮤니케이션의 효과와 기능

커뮤니케이션의 효과는 송신한 메시지의 양보다는 수신자의 이해정도에 의해 결정된다. 리더십 효과를 이끌어 내기 위해서는 커뮤니케이션 활동의 방향에 따라 결정될 수 있다. 따라서 커뮤니케이션이 지니고 있는 기능을 보다 면밀하게 이해하고 이를 실행할 필요가 있다. 커뮤니케이션의 핵심적인 기능은 다음과 같다.

① 정보 제공 기능

정보제공기능(providing knowledge)이란 조직에서 직무수행을 효율적으로 하기 위한 정보를 제공하는 것을 의미한다. 조직이 추구하는 목적을 이루기위한 과업을 수행할 때 과업수행에 필요한 대안의 파악 및 평가, 의사결정 방법 등의 필요한 정보를 제공하여 의사소통을 원활하게 만드는 기능을 말한다.

② 동기유발 기능

동기유발 기능(motivationing organizational member)은 구성원들의 동기유발을 촉진하는 것으로 구성원에게 구체적이고 명확한 목표를 설정해 주고, 수행과정에서 바람직한 행동을 지속적으로 유지하도록 하는 것을 의미한다.

③ 조정 및 통제 기능

조정 및 통제 기능(controlling and coordinating group member)은 구성원의 행동을 조정·통제하는 기능으로 구성원들의 행동이 조직이 원하는 특정한 방향으로 움직이도록 통제하고자 할 때 커뮤니케이션을 통하여 이루어지게 한다.

④ 정서적 기능

정서적 기능(expressing feelings and emotions)은 구성원들이 자신의 감정을 표현하고 사회적 욕구를 충족시켜 주는 역할을 한다. 구성원 자신이 속한 집단이나 조직에서 이루어지는 자신의 고충이나 기쁨, 만족감, 불쾌감 등을 커뮤니케이션을 통하여 표출하고 이를 다른 사람들과 교류해 나가는 것을 의미한다.

3. 커뮤니케이션의 구성 요소

커뮤니케이션은 집단행동에 있어서 구성원 사이를 연결해 주고 상호작용을 원활하게 하는데 중요한 요소이다. 커뮤니케이션은 집단의 효율성과 성과에 결정적인 작용을 하는 요건으로 조직의 상·하간, 개인과 개인, 부서와 부서 등의 업무 협력이나 의견조정 뿐만 아니라 조직의 관리기능도 커뮤니케이션 수단을 통해 이루어진

그림 10-1 | 커뮤니케이션 과정

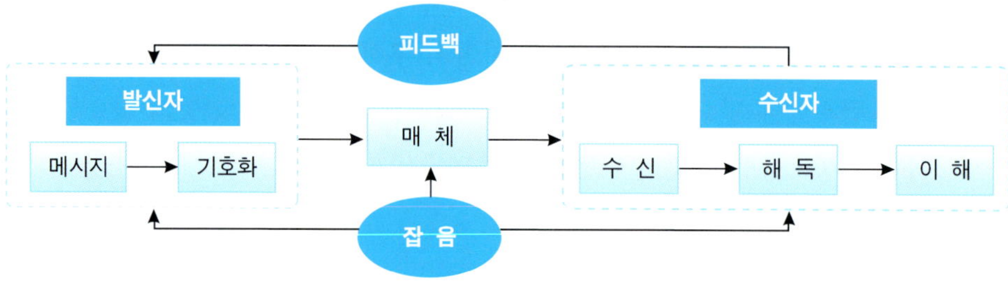

다. 따라서 리더는 명확하고 충분한 커뮤니케이션을 통하여 구성원과의 좋은 인간관계 형성하고, 이를 바탕으로 동기부여 하는 등의 리더십 역량의 중추적 조건이다.

커뮤니케이션의 구성요소를 이해하기 위해서는 커뮤니케이션 과정을 이해할 필요가 있다. 먼저, 필수적으로 있어야 하는 것은 메시지, 발신자, 수신자, 매체가 있어야 하고, 그리고 피드백과 장애요인이 있다. 세부적으로 살펴보면 다음과 같다.

첫째, 발신자(sender)가 있다. 발신자는 메시지를 보내는 사람으로 상대방에게 자신이 갖고 있는 생각, 의사, 정보 등을 전달하고자 하는 사람을 의미한다. 발신자는 전달하고자 하는 것을 언어, 몸짓, 기호 등의 특정한 형태의 체계화된 메시지로 변환시키는 과정을 거친다.

둘째, 수신자(receiver)가 있다. 수신자는 발신자가 메시지를 받도록 의도한 대상이다. 수신자가 지녀야할 중요한 요소는 해독능력으로 메시지에 대하여 갖고 있는 지식, 발신자와의 관계, 성격 등 수신자 자신의 여러 가지 특성에 따라 메시지를 받아들이고 해석하는 방향이 다르게 되기 때문이다.

셋째, 메시지(message)가 있다. 메시지는 발신자가 수신자에게 보내고자 하는 내용으로 발신하기 전에 기호화(encoding)한다. 기호화 형식은 크게 두 가지 형태가 있는데 먼저, 언어적 메시지(verbal message)는 조직 생활에서 가장 보편적인 것으로 직접적인 말을 사용하는 구두 메시지(oral message)와 서류, 보고서, 편지 등과 같이 문서의 형태인 문서 메시지(written message)가 있다. 그리고 비언어적인 메시지로는 표정, 자세, 음성의 높낮이, 눈짓, 몸짓, 상징 등이 있다.

넷째, 매체(medium)가 있다. 매체란 메시지를 전달하는 수단으로 직접 대화, 전화, 방송, 도표, 메모, 우편 등 다양하게 있다. 매체 선택은 커뮤니케이션 목적에 따라 결정된다.

다섯째, 커뮤니케이션 과정에서 중요한 것으로 해독이 있다. 해독(decoding)은 수신자에게 전달된 메시지를 수신자가 어떤 개념이나 생각, 감정 등으로 변환시키는 사고과정을 의미한다. 수신자는 이 과정에서 전달된 메시지에 대하여 자신의 경험에 의한 메시지를 해석하게 되는데 이 과정을 발신자들이 고려해야할 부분으로 수신자 지향적인 커뮤니케이션 능력을 겸비하는 것이 조직성과와 직결된다고 할 수 있다.

여섯째, 피드백과 장애요소이다. 피드백(feedback)은 수신자가 자신에게 전달된 메시지에 대하여 응답하는 것으로 커뮤니케이션에 대한 수신자의 반응이 다시 발신자에게 되돌아가는 과정을 의미한다. 그리고 장애요소(noises) 또는 잡음은 커뮤니케이션 과정에서 메시지가 의도하는 것을 왜곡시킬 수 있는 모든 요인을 의미한다. 이러한 잡음은 커뮤니케이션 모든 과정에서 발생할 수 있다.

4. 커뮤니케이션의 장애 요인

커뮤니케이션 과정에서 나타나는 장애요인(noises)은 각 단계에서 정보의 전달을 방해하는 모든 요인으로 대화 중의 잡음처럼 다양한 형태를 보이고 있다. 커뮤니케이션 과정에서의 정확한 의사전달이 되지 않는다면 조직은 심각한 문제에 직면하게 된다. 커뮤니케이션의 장애요인은 발신자로부터 오는 장애요인, 수신자에게 찾을 수 있는 장애요인, 상황에 의한 장애요인 등이 있다.

① 발신자의 장애요인

- 커뮤니케이션 기술 및 발신자의 신뢰성 부족

  발신자로서 커뮤니케이션에 뚜렷한 목적의식을 갖고 수신자가 이해할 수 있는 능력을 지녀야 한다. 언어 사용에서 올 수 있는 문제, 말이나 글의 부정확성, 서투른 메시지 전달 등은 수신자로 하여금 메시지 이해에 어려움을 갖게 한다. 특히 수신자는 발신자의 신뢰성을 중요하게 여기는데 발신자가 지니고 있는 전문적 지식, 신용, 의향, 진지성, 행동적 특성, 일반적인 평가 등으로 전달된 메시지의 이해에 영향을 미친다고 할 수 있다.

- 타인에 대한 민감성 부족과 준거 틀의 차이에서 오는 장애

리더는 타인에 대한 이해가 필요하다. 그 이유는 메시지를 분명하고 정확하게 전달한다고 해도 수신자의 긍정적 반응과 동기부여를 하지 못한다면 의미가 없게 된다. 타인에 대하여 민감하지 못하면 상대의 감정을 상하게 하여 효과적인 의사전달의 실패로 이어질 수 있다. 뿐만 아니라 사람들은 각자의 경험에 의해 자기만의 기준으로 사물을 인식하고 이해하려고 하기 때문에 똑같은 상황이라도 해석은 다를 수 있다. 따라서 타인에 대한 이해의 부족으로 오는 문제는 효과적인 의사전달을 실패하는 요인이 될 수 있다.

② 수신자의 장애요인

- 평가적 경향과 선입견

메시지에 대한 수용과 해석과정에서 볼 수 있는 것으로 평가적 경향이란 수신자가 발신자로부터 메시지 전부를 다 전달 받기 이전에 메시지의 전반적인 가치를 평가해 버리는 경향을 의미한다. 또한 선입견은 수신자가 발신자의 말에 대해 즉흥적인 판단을 내리게 되고, 메시지가 수신자 관점에 따라 해석되기 때문에 메지시의 원래 의도와 다른 의미가 된다.

- 선택적 청취

사람들은 자신들이 듣기 원하는 것은 듣고, 듣기 싫은 것은 듣지 않으려는 경향이 있다. 즉 자신의 욕구를 충족시키거나 자신의 신념과 일치하는 메시지는 잘 받아들이고, 자신에게 위협이 있거나 기존의 신념과 갈등을 일으키는 메시지에 대해서는 귀 기울이지 않는 경향을 말한다.

③ 상황에 따른 장애 요인

- 어의상의 문제와 비언어적 메시지의 오용

어의상의 문제(語義上, mantic problems)은 언어를 부적절하게 사용함으로써 해석의 오류를 가져오고 커뮤니케이션을 왜곡시키는 문제를 말한다. 또한 비언어적 메시지를 잘못 활용할 때도 커뮤니케이션에 영향을 주게 된다.

- 정보의 과중과 시간의 압박

  정보의 량이 많을 때에도 합리적 의사결정을 하는데 어려움을 겪게 되고, 시간에 쫓기게 될 때에도 효과적인 커뮤니케이션을 기대할 수 없다.

- 커뮤니케이션 분위기와 지위 차이

  하급자가 지각하는 상급자에 대한 개념이 오류를 범하게 되면 커뮤니케이션의 왜곡으로 이어질 수 있고, 반목과 불신이 있는 조직에서는 부정적인 의도로 왜곡될 여지가 있다.

5. 장애요인의 극복, 이런 노력이 필요하다

지금까지 리더십의 이해와 조직성과를 위해 다양하게 접근하였다. 또한 조직사회에서 존재할 수 있는 갈등과 그리고 리더십의 효과를 높이기 위해 커뮤니케이션 활동의 중요성을 살펴보았다. 분명한 것은 현대사회가 요구하는 것은 조직의 변화이다. 조직 변화의 중심에는 구성원의 변화도 함께 이루어져야 조직성과를 기대할 수 있다. 커뮤니케이션은 구성원의 변화와 동기부여에 지대한 영향을 미치는 리더십 구성요소이다. 따라서 리더와 구성원, 조직과 구성원 간의 커뮤니케이션 과정에서 있을 수 있는 장애 요인을 줄이는 것은 매우 중요하다.

인간의 속성으로 볼 때 완벽한 커뮤니케이션은 기대하기 어렵다. 하지만 리더는 정보와 메시지가 구성원들에게 믿을 수 있고, 쉽게 이해할 수 있는 효과적인 커뮤니케이션 방법을 갖추어야 한다. 그러기 위해서 리더가 해야 할 일은 첫째, 구성원들에게 리더를 믿을 수 있는 신뢰성을 높이는 일이다. 리더십의 제 이론들이 강조하는 것 자체가 신뢰관계 구축이 중심이다.

둘째, 전달할 메시지와 매체 선정이 중요하다. 메시지의 기호화와 매체의 적합성이 높을 때 커뮤니케이션 효과는 높아진다. 따라서 메시지는 수신자가 쉽게 이해할 수 있도록 기호화해야 하고 분명하게 표현되어야 한다. 예를 들어 최대한 빠른 시간에 생산성 높이는 방법을 강구할 것이라는 표현보다는 날짜와 생산성 목표량을 정확하게 제시하는 것이 더 효과적이다. 매체도 전달할 메시지에 따라 직접전달, 문서전달, 브리핑 등을 적절하게 활용해야 한다.

② 설득력 있는 메시지 구조

메시지 구조(message structure)란 메시지의 전달내용 구성을 의미하는데 메시지의 설득력은 메시지 내용뿐만 아니라 어휘의 선택, 메시지의 배치 등과 같은 구성에 따라 영향을 받는다. 구성원을 설득할 때 논리적으로 설득할 것인지 아니면 감성이나 정서에 호소할 것인지에 따라 메시지의 내용이 다르다.

따라서 효과적인 메시지를 위해서는 메시지의 내용을 어떻게 제시하는가에 있다. 사람의 기억력을 감안할 때 가장 중요한 내용은 메시지의 시작부분이나 마지막 부분에 배치하는 것이 효과적이다. 메시지의 내용이 구성원들이 익숙하거나 흥미가 있는 경우에는 시작부분에 배치하는 것이 바람직하다. 반면, 자신이 전달하고자 하는 메시지의 내용이 구성원의 관심을 유발하지 못하거나, 중요하게 지각하지 못할 때는 마지막 부분에 배치한다. 이렇게 하는 이유는 사람들은 처음 제시된 내용으로부터 강한 인상을 받지만, 끝에 제시된 내용은 보다 오래 기억하기 때문이다.

③ 메시지의 일면성과 양면성

일면적(one-sided)으로 메시지를 구성하는 것은 자신의 견해를 위주로 하는 것을 의미한다. 메시지를 일면적으로 구성하는 이유는 상대방의 입장을 생각하기 보다는 자신의 의견만을 일방적으로 전달하고자 할 때 하는 방법이다.

또 다른 구성 방법으로는 양면적(two-sided)인 것이 있는데 자신의 견해와 상대의 견해를 비교하는 것으로 이렇게 구성하는 이유는 상대의 견해를 언급하면서 자신의 견해와 비교하고 어떤 근거 때문에 상대의 견해가 부적절하며 자신의 견해가 적절한지를 설명하는데 유용하다.

메시지를 접하는 구성원의 교육수준이 높거나, 처음부터 자신의 입장에 반대하고 있거나, 내용이 익숙한 경우에는 양면적 메시지가 일면적 메시지보다는 더 효과적이다.

④ 설득효과의 극대화, 메시지의 활용

리더가 구성원의 참여를 유도해 낼 때 상대방의 감정을 활용하는 것도 효과적이다. 강력한 자세로 설득할 것인지, 간청하는 자세로 임할 것인지, 연설하는 방식을 선택할 것인지, 아니면 대화를 나누면서 끌어안는 자세로 설득할 것인지, 구체적인 사실을 제시해 결론을 이끌어 낼 것인지 등 메시지를 전달하는 방식에 따라 설득의 효과는 다르게 나타난다. 메시지를 효과적으로 전달하는 방법은 다음과 같다.

첫째, 상대방의 참여를 유도하는 것이다. 사람들은 학습 또는 이해과정에 직접적이고 적극적으로 참여할수록 학습효과는 크다. 따라서 구성원이 메시지를 직접 느끼고 이해할 수 있도록 만들 때 메시지 전달효과는 커진다.

둘째, 비유법을 활용한다. 전달하고자 하는 사실이나 모습과 일치하는 비유법을 활용하면 구성원은 전달할 메시지와 내용을 보다 분명하게 이해할 수 있다. 그러나 비유법을 과도하게 사용하면 상대방에게 거부감 주게 되고 신뢰를 떨어뜨리는 역효과가 있다.

셋째, 위협을 활용하는 것이다. 위협이 담긴 메시지를 전달할 때 위협을 어떻게 활용하는가에 따라서 설득의 효과가 달라진다. 위협을 조심스럽게 활용해야 하는 이유는 위협은 상대방의 감정적인 대응을 유발할 수 있고, 마지못해 수락한 경우에는 번복할 가능성이 크기 때문이다.

넷째, 언어의 강도를 조절하는 것이다. 설득을 할 때 상대방이 압박감을 느끼거나 긴장하고 있다면 언어의 강도를 낮추는 것이 효과를 높일 수 있다. 상대가 예상하지 못했던 방법을 사용할 때 설득력이 올라가기 때문이다. 강도를 높여 이야기할 것으로 예상하고 있을 때 오히려 목소리를 낮추고 조용하게 말하거나, 침착하게 이야기 할 것으로 기대되는 부분에서는 오히려 정열적으로 이야기 할 때 설득력은 올라간다.

3. 설득의 효과, 어떻게 높일 수 있을까?

설득할 메시지의 내용이 동일하더라도 효과는 누가 메시지를 전달하는가에 따라 다르다. 즉 설득효과를 좌우하는 것은 설득하는 당사자인 리더의 몫이다. 따라서 리더는 과업을 수행하는 구성원에게 다음과 같은 모습으로 인지하도록 노력해야 한다.

이는 설득 효과에 미치는 요인이 설득하는 당사자가 상대방에게 얼마나 신뢰할 수 있는 사람으로 보이는가에 관한 신뢰적 접근이고, 또 다른 하나는 상대방이 설득하는 당사자에 대해서 얼마나 관심을 가지는가에 관한 호감적인 면을 보기 때문이다.

① 설득 당사자인 리더에 대한 구성원의 신뢰

설득효과를 높이기 위해서는 리더에 대하여 구성원이 얼마나 신뢰성을 가지고 있는가에 따라 다르게 나타난다. 리더는 설득의 대상자인 구성원으로부터 신뢰를 많이 받고 있을수록 구성원들은 리더의 주장을 보다 쉽게 받아들이게 된다. 리더의 주장을 얼마나 신뢰할 것인가를 판단할 때 구성원들은 다음과 같은 사항을 고려한다.

리더가 주장하고 있는 문제에 대해서 정보를 획득할 수 있는 역량을 가지고 있는지, 또한 그러한 주장을 할 수 있는 적절한 지위에 있는지를 구성원은 판단하게 되고, 다른 하나는 리더가 알고 있는 바를 정직하게 사실대로 이야기 하고 있는지를 판단하게 된다.

리더가 상대인 구성원들에게 신뢰를 얻는 데 영향을 미치는 요인은 다음과 같다. 첫째, 개인적 평판이다. 평판이 좋을수록 설득의 효과는 커진다. 그리고 첫 인상과 편견이 있다. 사람들은 첫 대면에서 부정적인 측면보다는 긍정적인 측면을 보고 싶어 한다. 처음 만나는 사람에 대한 이런 편견은 상대방을 설득할 때 유리하게 활용할 수 있다.

둘째, 전문성이다. 설득 하고자 하는 사람이 가지고 있는 전문적인 지식이나 능력은 신뢰도를 높이는데 중요한 단서가 된다.

② 설득 대상자인 구성원의 리더에 대한 호감의 정도

리더가 구성원으로부터 호감을 얻기 위해서는 구성원의 위신이나 체면을 세워주거나 구성원이 돋보이도록 할 때 효과를 얻을 수 있다. 구성원으로부터 호감을 얻기 위한 방법은 다음과 같다.

첫째, 칭찬에 인색하지 말 것. 상대방을 잘했다고 인정해 주거나, 상대의 장점을 칭찬해 주면 구성원은 리더에게 호감을 느끼고, 상호성의 원리에 따라 상대방에게 보답해야 한다는 생각을 하게 된다. 그 이유는 자신에게 칭찬을 하는 상대방에게 불리한 이야기를 할 때 심리적 부담을 느끼기 때문이다.

둘째, 구성원의 배려와 유대감 조성할 것. 서번트 리더십의 특징은 구성원에게 배려를 함으로써 구성원이 리더가 자신에게 관심을 갖고 있음을 지각하게 하고, 또한 상대방의 이야기를 경청함으로써 상대가 존중 받고 있다는 것을 알게 함으로써 리더십 효과를 높일 수 있음을 제시하고 있다. 따라서 리더는 구성원이 리더에 대하여 자신이 갖고 있는 경험이나 경력 등의 공통점이나 유사성을 찾아낼 수 있도록 적극적인 커뮤니케이션 활동을 수행하여 공감과 유대감을 느낄 수 있도록 할 때 구성원들이 보다 많은 호감을 느끼고 전달하는 메시지에 귀를 기울이게 된다.

EXAMPLE

치유와 소통 영화 '패치 아담스'

산업화에서의 리더십, 인간성 회복에서 찾을 수 있다.

많은 사람들이 영화나 드라마를 보고 공감한다. 어떤 경우에는 내 얘기인 것 같고, 어떤 소재는 우리 주변에서 흔하게 일어나는 일인 것 같고, 그러면서 그 이야기 속으로 빠져든다. 가치의 공유는 어떻게 생성될까? 서번트 리더십의 중심적 가치는 신뢰였고, 신뢰를 구축하여 구성원의 마음을 얻기 위해서는 구성원과 커뮤니케이션이 되어야 함을 강조하였다. 커뮤니케이션은 신뢰를 구축하고 가치를 공유하는 중요한 리더십 요소이다.

갈등을 겪는 대부분의 경우는 커뮤니케이션 과정에서 발생한다. 커뮤니케이션의 효과는 상대방을 이해하면서 시작된다. 오늘날 서번트 리더십이 조명 받는 이유는 리더가 먼저 다가가서 구성원의 이야기를 경청하고 공감해 줄 때 그들이 마음을 열고 리더의 이야기를 이해하려고 한다. 한자어로 성스러울 성(聖)자를 풀어보면 다른 사람이 말하는 것을 듣는 것이 우선인 점을 알 수 있듯이 커뮤니케이션의 시작도 상대방을 이해하고 상대방의 이야기를 듣는 것이 리더가 해야 할 첫 번째 과제일 것이다.

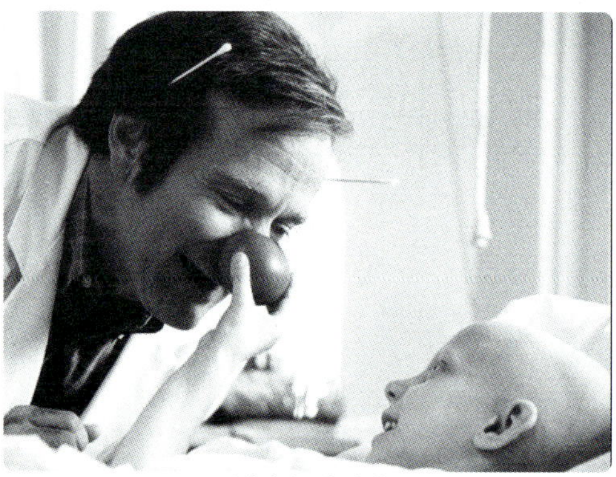
(영화 속 한 장면)

의료기관을 이용하다 보면 진료를 잘하는 의사들에게서 찾는 공통점이 이다. 그것은 아픈 이들이 선호하는 의사의 보편적인 모습에서 설명할 수 있다. 환자들이 대기시간이 길어도 말없이 기다려 주는 이유는 먼저 환자들의 이야기를 들어 준다는 점이다.

병원을 찾는 사람들은 전문성을 갖고 있는 사람들을 만나러 가는 것이다. 나의 증상을 소상하게 들어줄 전문가를 원한다는 것을 의미한다.

1998년 실화를 바탕으로 제작된 패치 아담스(Patch Adams)라는 영화를 보면 진료에 의한 치료가 의술이나 우수한 의료기기에 의해 이루어지기도 하지만 의료진이 얼마나 환자와의 커뮤니케이션 활동을 하는가에 따라서도 치료의 효과가 다르게 나타나는 것을 간접적으로 설명하고 있다.

환자의 관점에서 접근하고, 그들의 이야기를 들어주며, 그들에게 관심을 갖고 대할 때 놀라운 치료의 효과가 있음을 알 수 있다. 영화 속에서 패치 아담스는 정신병원에 입원한 상태에서 환자 치료과정을 보면서 환자들이 하는 행동에 왜? 라는 의문을 가졌고, 문제가 무엇일까 생각하였다.

영화에서 학장은 의사의 권위와 의술을 강조한다. 그런 면이 의사들이 환자를 대하는 자세에서 볼 수 있듯이 교수가 환자를 두고 병명만으로 실습생들과의 대화하는 모습으로 표현된다. 그러나 패치 아담스가 환자의 이름이 무엇이냐고 묻는 모습은 비록 질병을 갖고 병원을 찾았지만 그도 한 인간으로서 삶의 가치를 가지고 있다는 것으로 이해할 때 소통이 될 수 있음을 설명할 수 있다. 환자가 고통을 호소하면 단순히 처방만 하는 것이 아니라 동행이라는 공감을 통해 환자 스스로 극복할 수 있도록 도와주고 지원해 줄 때 효과가 있음을 의미한다.

의사에게 필요한 것은 환자를 치료할 수 있는 의술이다. 그러나 목표는 환자가 만족하는 치료이다. 그러기 위해 더 중요하게 고려해야 하는 것은 환자와의 소통과 공감이 공유될 때

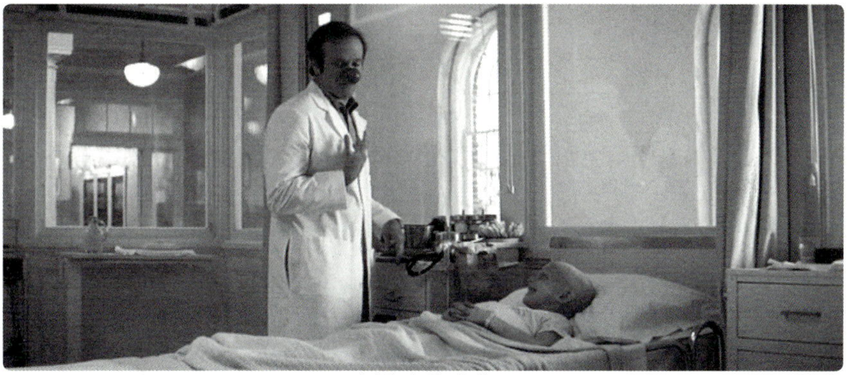

(영화 속 한 장면)

보다 나은 치료의 효과가 있을 수 있다.

조직도 목적이 있다. 리더도 수행해야 할 역할이 있다. 진정한 소통과 공감 어떻게 이끌어 내야 할까?

출처 : 영화 '패치 아담스'(1998)

11장

리더십과 조직의 역동성

01 조직과 행동과학

1. 조직 구성원의 행동 분석

경영은 인류의 시작과 같이 존재하였고, 인류의 발전에 공헌한 것은 부인할 수 없다. 경영을 학문적 영역으로 접근하기 시작한 것은 20세기 들어서면서 부터이다. 경영학 발전의 초석이 된 것은 테일러(F. W. Taylor)의 과학적인 관리법으로 조직의 능률을 증대시키고 생산성을 향상시키는데 많은 영향을 주었다. 그러나 과학기술·사회·경제·문화의 발달은 과학적 관리에서 본 기계적 인간관을 조직의 인간적인 측면을 강조하는 새로운 경영이론의 등장배경이 되었다. 근로자에 대한 경제적 보상이 동기부여를 위한 중요한 요인은 될 수 있으나, 또 다른 측면인 인간적·사회적 욕구가 작업의 질과 양에 중대한 영향을 미치는 결과가 있음을 행동과학에서 밝히게 되었다.

행동과학(behavioral science)은 심리학·사회학·문화인류학·정치학 등을 바탕으로 조직의 인간행동에 초점을 두고 개인행동, 집단행동, 사회행동에 대하여 과학적·체계적으로 행동을 연구하고 예측하는 학문 영역이다. 행동과학의 태동은 심리적·사회적 속성의 이해에서 출발하였다. 즉 인간은 복잡하고, 가변적이며, 예측이 불가능하고, 이로인해 인간 행동에 대한 변수를 설정하는 것은 객관적 절차나 실험과 같은 방법으로는 불완전하다. 또한 인간은 예측을 뛰어 넘는 능력이 있어서 인간을 연구하여 사회과학으로 분석하고 기술하는 것은 더욱 어렵다. 특히 현대 사회의 기술혁신과 사회 환경의 급격한 변화는 기업 경영활동을 더 복잡하게 만들고 있으며, 조직과 조직구성원에 대한 복잡한 문제를 이해하기가 쉽지 않은 점은 다양한 영역을 아우르는 종합적인 사고의 행동과학이 등장하는 계기가 되었다.

2. 행동과학의 등장 배경

행동과학은 조직의 인간적 측면을 중시하면서 경영의 합리성을 추구한다. 행동과학은 경영자의 근로자들에 대한 인식 전환에 의한 것으로 사회적 분위기의 변화와 노동조합 운동의 강화로부터 기인한다.

① 산업사회의 변화

테일러의 과학적 관리법과 포드 자동차의 이동조립생산 방식은 대량생산이 가능하여 생산원가 절감과 품질 향상을 이루었고, 제품 가격 인하의 효과를 가져 왔으며, 근로자에게는 보다 많은 경제적 혜택을 갖게 하였다. 이와 같은 사회 전반의 변화는 근로자의 작업조건의 개선과 고객에 대한 생각을 다시하게 하였고, 인간에 대한 인식의 전환을 가져 오는 계기가 되었다.

② 관련과학의 발달

사회심리학, 사회학, 문화인류학, 정치학 등 관련 과학의 발달로 인간 행동에 관한 실험과 관찰을 통한 실증적 검증이 이루어지면서 산업과 경영 전반에 영향을 미치게 되었는데 과학적 관리의 기계적 인간관에 대한 비판과 조직의 인간적 측면을 강조하는 새로운 경영이론의 등장배경이 되었다.

③ 노동조합 운동의 강화

선진국 사회에서 일어난 사회 교육의 확대와 인권사상의 신장, 그리고 정치 분야

그림 11-1 | 행동과학의 등장 배경

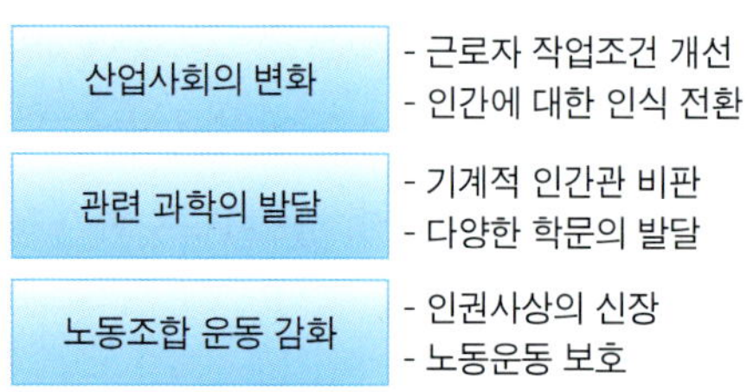

에서의 노동조합 활동의 보호 등이 경영층의 의사결정에 영향을 미쳤고, 노동조합 운동은 더욱 강화되었다. 이러한 변화에 대응하기 위하여 경영자는 근로자들의 행동을 연구하게 되었다.

02 인간에 대한 새로운 이해, 호손 공장의 실험

1. 인간 관계론과 호손 실험

행동과학에서 빼 놓을 수 없는 것이 인간 관계론이다. 인간 관계론은 과학적 관리의 논리적 근거인 능률성이나 비용 보다는 인간의 본질을 사회적 존재로 가정하고, 인간의 태도나 감정을 중시하는 감정의 논리가 중심인 이론이다.

인간 관계론의 출발은 호손실험이다. 호손실험(Hawthorne Studies)은 미국의 Western Electric사의 호손 공장에서 인간 행동에 관해 수행된 일련의 실험들을 의미하며, 이를 호손연구라고 한다. 메이요(E. Mayo)를 중심으로 실험한 호손 연구는 작업장 내의 조명도를 비롯하여 작업 조건과 생산 능률 간의 어떤 상관관계를 규명하기 위하여 설계 되었다.

2. 호손 실험의 중심, 사람은 관심 받고 싶어 한다.

① 제1차 조명실험

조명실험은 조명도와 생산량 간의 상관관계를 연구하기 위하여 실내조명을 변화시킨 실험집단과 종전대로 고정 시킨 대조 집단으로 나누어 비교·관찰한 실험이다. 실험 결과, 조명을 개선해 준 집단의 생산성은 증대되었다. 그러나 변화를 주지 않은 대조 집단에서도 생산성의 증대가 있었다. 그리고 실험집단의 조명도를 종전대로 바꾸었을 때도 생산성은 그대로 증가한 결과를 보였다. 이 실험 결과에 대한 의문을 해결하기 위하여 2차 실험을 실시하였다.

② 제2차 계전기 조립 실험

2차 실험은 계전기 조립 작업의 근로자를 대상으로 실시하였다. 생산성에 도움이 된다는 작업조건들을 개선하였을 때 작업 능률은 급격하게 상승하였고, 일정 기간 후에 작업 조건을 개선 전 상태로 환원하였으나 생산성은 더 상승하였다. 실험의 결과 작업 조건의 변화와 노동 생산성은 상관관계가 존재하지 않고 작업 능률에 결정적인 영향을 주는 다른 요인이 있다는 것이 확인 되었다.

이 실험의 결과에서 물리적 작업조건의 변화보다는 심리적인 변화가 보다 더 중요성을 갖는다는 사실을 알게 되었다. 즉, 실험 참가자들은 자신들이 중요한 실험을 받고 있다는 책임감, 다른 사람들이 자신들을 주목하고 있다는 긴장감, 작업 조건 개선에 자신들의 의견이 존중되었다는 만족감 등이 생산성에 영향을 미치게 되었다는 추론을 하게 되었다.

③ 제3차 면접실험과 제4차 배선 관찰 실험

면접실험은 근로자가 현장 생활을 어떻게 느끼고 있는가를 파악하기 위하여 상사의 감독·지도방법·작업환경·업무 등에 대하여 근로자의 불평·불만을 면접·조사한 것이다. 조사 결과, 물리적 조건보다는 사회적 조건이 근로자의 의식과 태도 그리고 생산성에 영향을 준다는 사실을 알게 되었다.

호손 실험의 마지막 실험으로 배선 작업 근로자를 대상으로 비공식적인 집단의 행동을 연구하기 위하여 배선작업에서의 관찰실험을 실시하였다. 실험 결과, 의식적 또는 무의식적으로 형성된 근로자들의 비공식조직이 작업의 성과에 영향을 미치고 있다는 사실을 알게 되었다.

3. 호손 실험의 결과

호손연구에서 얻어진 결과는 호손 효과(Hawthorne effect)로 표현되는데 이는 사람들이 자신이 관찰되고 있다는 것을 알 때, 다르게 행동하는 경향을 의미한다. 호손

실험에서 연구자들이 보게 된 것은 어떤 것을 하든지 상관없이 생산성이 증가한 것을 보았는데 이는 어떤 인간적 또는 심리적 요인이 작용하였다는 것을 생각하였다. 따라서 호손 실험은 생산성의 변화에 영향을 미친 요인을 다음과 같이 결론을 내리게 되었다.

첫째, 생산성의 변화에 영향을 미친 것은 작업자들의 심리적 반응이라는 것이다. 선발된 작업자들은 특별한 주목의 대상이 되어 자부심이나 조직에서 중요한 존재라는 생각이 동기부여 되었고, 그 결과 높은 성과로 나타났다는 것이다.

둘째, 실험에 참여한 근로자들은 자신들의 의견이 존중된다는 것을 통해 경영의사결정에 참여한다고 느껴 동기부여 되었고, 또 높은 생산성에 따른 대가로 주어진 추가적인 임금에 만족하여 놀라울 정도의 직무만족이 향상되었다.

호손 실험 이후에 많은 연구자들이 행동과학에 따른 연구를 수행하였고, 그 결과 조직의 관리자들에게 근로자를 이해하고, 예측하며, 통제할 때 집단에 대한 이해와 집단 간의 관계 그리고 관리자의 관리방식이나 지도력 등에 도움을 주는 근거가 되었다.

행동과학에서 다루고 있는 내용들을 보면, 조직 내의 개인의 성격, 동기, 학습, 지각, 긴장감 등의 연구와 조직 내 집단의 유형, 집단 내 대인관계, 의사소통, 지위구조와 집단 형태, 지위와 역할 간의 관계, 집단 내의 규범과 권력관계 등으로 연구영역이 다양성을 갖게 되었다.

03 조직 내의 집단

1. 집단이란 무엇인가

조직 안에는 집단(집단, group)이 있다. 집단은 조직 현상에 불가피하게 내재하는 요소로 조직은 계획적으로 집단을 구성하고 또 자생적인 집단 형성의 여건을 제공한

그림 11-2 | 집단에 가입하는 이유

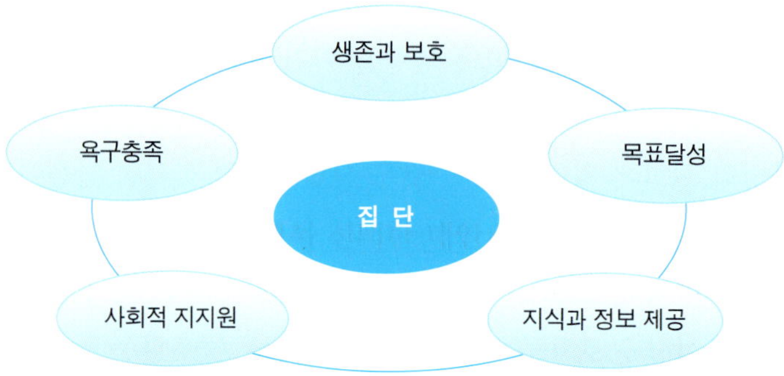

다. 집단은 사람들이 모여 일정한 상호작용의 체계를 이룰 때 형성된다. 즉 개인들이 모여 집단을 형성하며 집단들은 모여 하나의 조직을 형성한다. 따라서 집단이란 대면적인 접촉을 통하여 상호작용을 하고, 서로의 존재를 심리적으로 의식하며, 자기들이 한 집단의 구성원들이라고 지각하고, 공동의 목표를 추구하는 사람들의 모임을 의미한다.

집단은 구성원에게 여러 가지 도움을 준다. 이것이 집단이 형성되는 이유이기도 하고, 사람들이 집단에 가입하는 이유가 되기도 한다. 첫째로는 집단은 개인의 생존을 위협하는 환경적 위험으로부터 개인을 보호하고 안정감을 제공한다. 둘째로는 집단은 개인의 중요한 심리적·사회적 욕구를 충족시켜 준다. 셋째로는 집단은 지식과 정보를 제공하며, 중요한 사회의 지지원이다. 넷째로는 집단은 혼자서 이룰 수 없는 목표를 달성하는데 도움을 준다.

2. 집단의 특성을 결정하는 요인

① 규범과 동조성

규범(norms)은 행동의 기준을 제공한다. 규범은 자신과 관련있는 사람들이 자신의 행동에 대하여 어떻게 생각할 것인가에 대한 개인적인 생각을 나타내는 주관적 규범, 그리고 구성원들의 집단내의 행동을 통제하는 집단내의 규범 등이 있다. 조직

그림 11-3 | 집단의 특성과 영향관계

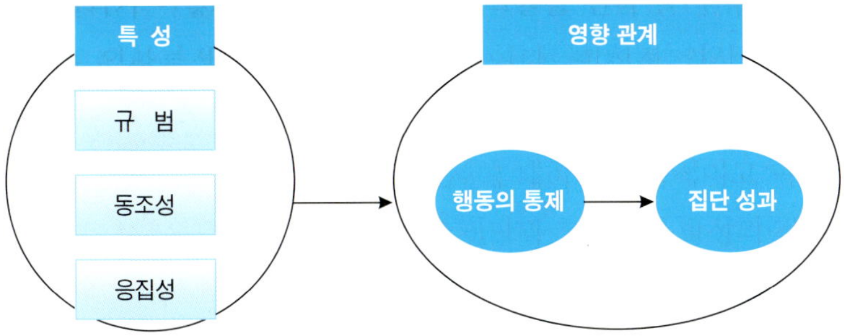

과 관련된 집단의 규범은 집단에 의해 수립되고, 그 구성원들의 행동을 통제하는 데 활용되는 수용된 형태의 규칙이나 지침으로 나타난다. 구조화된 공식적인 집단에서의 규범은 운영규칙들로써 기술되고 있다. 규범은 집단에서 상호작용이 상당기간 지속되어 구성원들 사이에 관계가 안정되면 집단의 구조가 발달되고, 구성원의 역할과 지위가 분화되며, 집단의 규범이 형성되어 이것이 구성원들의 지각과 행동 경향에 영향을 주게 된다.

동조성(conformity)은 사람이 규범을 알고 그에 따라 행동하려고 할 때 나타나는 것으로 제시된 규범에 맞게 행동 수정을 하려는 것이다. 동조성은 실제적이거나 상상이 된 집단 압력의 결과로 집단에 대한 신념이나 행동의 변화로 볼 수 있다.

규범적 행동을 이해하기 위해서는 동조성의 두가지 측면을 이해할 필요가 있다. 첫째는 복종(compliance)이다. 복종은 집단 규범에 맞게 외부로 나타나는 형태이다. 두 번째는 개인적인 수용인데, 개인적인 수용(personal acceptance)은 태도의 변화로 외부로부터의 행동뿐만 아니라 내적 가치체계까지 변화한다.

② 집단의 응집성

응집성(cohesiveness)은 구성원들이 서로 매력을 느끼는 정도 또는 구성원들이 서로 같이 결속하는 정도를 의미한다. 집단의 응집성은 공통의 목표를 추구하려는 유일한 단위로서 생각하고 행동하는 집단의 힘이다. 응집성이 증감하는 요인과 응집성의 정도가 미치는 효과를 보면, 응집성이 강할수록 구성원 간의 상호작용빈도는 높아지고 구성원 개인의 행동에 미치는 영향은 커진다. 집단의 응집성을 추정하는 지표들을 살펴보면 구성원의 결근율, 이탈율, 집단 참여기간, 집단규범의 명료성과 수용도, 집단 목표의 성취에 대한 구성원의 열성도와 기여도 등이 있다.

04 집단의 역동성

1. 집단과 인간

조직관리와 인간에 대한 연구는 불가분의 관계이다. 특히 사회를 구성하고 있는 인간이 누구인가라는 속성을 이해하기 위하여 연구자들은 인간의 본질, 구조, 기능 등에 대하여 접근하였고, 많은 연구가 있었다. 조직과 관련하여 그 속에서의 인간에 대한 연구도 성격이론, 동기부여 이론, 학습이론, 인지이론, 리더십이론, 관리이론 등 다양하게 전개되어 왔다. 그런데 이러한 연구들의 공통적 특성은 현상을 객관화하여 규명하고자 하였다는 것이다. 즉 인간에 대하여 연구할 때 자기 자신을 바라보려고 하지 않고 타인을 보려고 하기 때문에 타인을 객관화하여 조명함으로써 과학적으로 이해하려고 하였다.

이 가운데 알게 된 것은 인간은 삶 자체가 자신을 보기보다는 남을 보며 살아가고, 인간의 일상적인 삶에서도 타인을 바라보며 타인을 고치려고 한다는 것이다. 정작으로 필요한 것은 자기가 누구인지 이해하고 자신을 발견하여 자신의 행동을 수정하여야 하는데 그렇지 못하다는 것이다. 인간행동의 수정을 위해서는 먼저 해야 할 일은 나를 발견하는 것이 선결과제일 것이다.

2. 집단 역동성의 개념

dynamics란 일반적으로 역학으로 이해된다. 본서에서는 dynamics라는 용어가 지닌 역동적 현상을 보다 의미 있게 보기 위하여 역학보다는 역동성으로 보고자 한다. 역동성이란 사전적 의미를 보면, 힘의 상호작용, 힘의 원천, 힘을 연합시키는 구체적인 방법 또는 힘이 영향을 미쳐 변화를 가져 오게 하는 것 등으로 표현하고 있다. 따라서 역동성이란 말과 생각과 행동이 타인에게 영향을 미쳐서 그 사람의 기분, 생각, 말과 행동의 변화를 가져올 때를 말한다.

역동성은 우리 일상생활이나 가정, 집단, 조직에서 활동하는 가운데 일어나게 된다. 레빈(K. Lewin)은 집단 역동성에 대하여 집단 내에서 힘이 작용하는 것을 집단 역동성이라고 하였다. 이같이 집단 구성원 개개인의 힘이 상호작용하는 장으로 집단을 이해할 때 전류가 흐르듯이 집단 내에서 구성원 개개인의 힘이 상호작용하는 것을 집단 역동성이라고 할 수 있다. 따라서 집단 역동성은 집단 내 개인 또는 집단 간에 영향을 미쳐서 생각이나 행동의 변화를 가져 오게 하는 것이다.

3. 소집단, 그리고 대집단의 역동성

소집단의 역동성은 소집단 내에서 개인 간에 상호작용하는 것을 의미한다. 쇼(M. E. Shaw)는 소집단에 대한 정의를 상호작용하면서 서로 영향을 미치는 관계에 있는 두 사람 또는 그 이상의 모임이라고 하였다. 소집단 내에서 일어나는 역동적 환경의

그림 11-4 | 소집단과 대집단의 역동성 과정

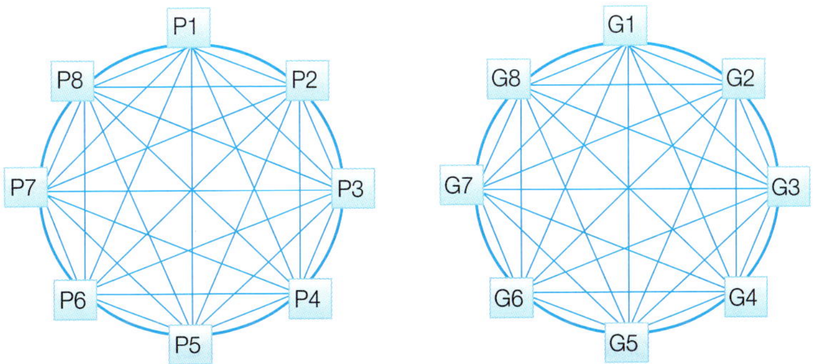

- P1-P8은 소집단의 각 구성원
- 선은 power의 전달과정

- G1-G8은 각각의 소집단
- 선은 power의 전달과정

그림 11-6 | 자리배정 방법

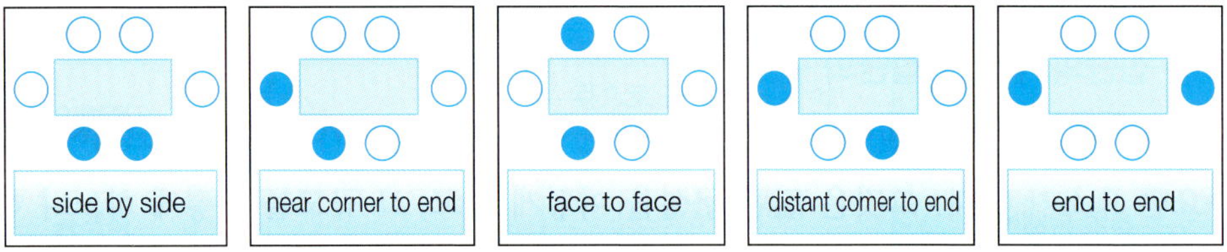

쇼(M. E. Shaw)는 사람들 간의 지리적 거리에 따라 각각의 문화를 수용하는 정도는 물론 구성원 간의 상호작용의 정도, 상호작용의 질까지 달라진다고 하면서 자리의 모양을 설명하였다. 자리의 위치에 따라서 어떻게 앉고 어떻게 마주 대하느냐에 따라 상호작용이 다르다는 것이다.

가장 바람직한 자리 배치는 원탁일 때 효과가 높다. 원탁일 경우 모든 구성원의 상호작용이 골고루 이루어져 효과적인 역동성이 나타날 수 있다. 또한 구성원이 누구와 누구를 만나게 할 것인가도 중요하다. 그 이유는 개개인의 말과 행동, 표정, 생각까지 상대방에게 영향을 줄 수 있기 때문이다. 거리가 가까울수록, 마주보고 있을수록 더 큰 영향을 주기 때문에 구성원이 어떻게 결합하여 앉느냐에 따라 역동성의 효과는 다르게 나타난다.

자리 배치할 때 고려해야 할 것은 긍정적인 사람과 부정적인 사람의 자리배정, 시간의 경과 및 상황 변화에 따른 자리 이동 등을 고려해야 한다. 일반적으로 자리를 배치할 때 나타나는 현상을 보면, 서로 자연스러운 대화를 할 경우는 코너에 앉거나 마주 보면 된다. 또한 협동적인 사람들은 서로 나란히 앉게 하거나, 보다 경쟁적인 사람들의 경우에는 마주 보고 앉거나 더 거리를 두면서 책상 반대편이나 교차하는 자리가 효과적이다.

유의할 것은 부정적인 사람의 자리배치에서는 부정적인 사람들끼리 붙여 놓아서는 안 된다는 것이다. 부정적인 사람들 사이에서 부정적인 역동성이 일어나면 집단에게는 부정적인 영향을 미치기 때문이다. 그러므로 부정적인 사람은 리더 옆자리에 앉게 하여 리더의 긍정적인 힘으로 부정적인 역동성을 최소화하는 것이 좋다. 또한 부정적인 사람의 마주 보는 자리에는 보다 긍정적인 사람을 앉게 함으로써 부정적인 사람의 옆과 마주 보는 위치에서 긍정적인 역동성이 일어나게 할 수도 있다. 이와 같이 긍정적인 사람에 의하여 부정적인 역동성을 최소화하는 데에는 자리 배치가 중요한 역할을 한다.

자리 이동할 경우에도 효과적인 역동성이 일어나도록 하기 위해서는 적당한 횟수의 자리 이동이 필요하다. 집단 간 자리 이동할 때는 조직 전체에 속한 모든 소집단이 일정 간격으로 이동하여야 하며, 이때는 조직 전체의 규모와 상황 요소를 고려하여야 한다. 집단 내에서의 자리 이동은 먼저 소집단 내에서 움직이는 것으로 하되 구성원의 상태를 파악하여 긍정적인 역동성이 일어나도록 자리를 배정하면서 이동시켜야 한다. 따라서 리더는 관찰력을 갖고 구성원의 상태를 항상 파악하고 있어야 한다.

EXAMPLE

시계를 되돌린 듯 한 영화 '모던 타임즈'

산업화에서의 리더십, 인간성 회복에서 찾을 수 있다.

미국의 산업혁명은 19세기 후반부터 시작되었다. 산업혁명이 동반하는 것은 기업의 규모가 커지고 많은 노동력이 요구된다는 점이다. 그렇기 때문에 기업들은 조직을 효율성과 효과성 제고를 위해 다양한 노력을 하였고, 생산성 향상을 위하여 작업설계와 노동의욕 고취 방법을 강구하게 되었다. 이 과정에서 노동자를 기계와 같이 취급하여 작업과정을 분석하고 불필요한 동작을 제거하는 등의 작업 표준화를 시도하였다.

테일러(F. W. Taylor)는 구체적으로 과업을 합리적으로 결정하기 위해 근로자의 동작 연구를 실시하여 작업 방법을 표준화하였고, 작업을 요소별로 분석하고 기본동작에 대한 작업시간을 측정하여 표준 작업시간을 설정하는 과학적 관리법을 제시하여 생산성 향상하고자 하였다. 또한 포드(H. Ford)는 생산량을 늘리기 위해 생산의 표준화와 이동식 생산관리 방식을 도입하여 대량생산 체제를 구축하여 오늘 우리가 살고 있는 사회의 풍요로움에 가장 영향을 준 포드시스템(Ford system)을 고안하였다.

(영화 속 한 장면)

과학적 관리법이나 포드시스템과 같은 생산방식은 1936년에 만들어진 영화 '모던 타임즈(Modern Times)'에 적나라하게 표현하고 있다. 당시의 산업화 과정에서의 폐해를 채플린(Charlie Chaplin)은 이 영화로 우회적으로 비판하였다.

초기 미국 산업화 과정에서 노동자를 기계적인 도구로 생각하였고, 성과급에 의한 경제적인 속성을 강조하였을 뿐만 아니라 늘 감시의 대상으로 여겨 생산성 향상에만 집중한 것을 꼬집은 것이다. 영화 속에서도 주인공은 컨베이어 벨트에서 나사를 조이는 공정의 조임공으로 이름도 없는 떠돌이(The Tramp)로 표현할 정도로 단순 노동자로 표현하고 있다.

대표적인 몇 장면을 보면 노동자들이 기차에서 내려 공장으로 가는 장면은 축사로 끌려

가는 양떼에 대비한 것과 자본가들이 스크린을 통해 노동자들을 감시하는 모습, 단순 조임만 하는 근로조건 등은 하나의 기계적인 인간의 모습으로 비춰지고 그 가운데서 얻게 된 강박관념은 주인공으로 하여금 정신질환까지 앓게 하는 웃음은 주지만 서글픔이 동시에 존재하게 만든다.

그러나 경제적 여건의 개선과 제1차, 2차 세계대전의 영향으로 노동력이 부족하여 지면서 노동환경은 새로운 전환점으로 맞이하게 된다. 인간 행동에 대한 연구와 노동조합 운동의 강화로 조직을 구성하고 있는 구성원에 대한 새로운 관심을 갖게 되었고, 생산성은 노동을 제공하는 근로자들이 과업을 어떻게 생각하고 임하느냐에 따라 다름을 알게 되어 인간을 이해하고자 하는 노력으로 이어졌고, 결국은 인간이 지닌 무한한 능력이 있음을 알게 되었다.

출처 : 영화 '모던 타임즈(1936)'

12장

리더, 세상을 알고 나도 알아야한다

01 기업 경영과 환경, 그 밀접한 관계

1. 왜 환경을 알아야 하는가

조직은 유기체로써 조직을 둘러싸고 있는 환경으로부터 영향을 받는다. 조직이 지속적인 성장을 하기 위해서는 환경의 변화를 읽을 수 있는 능력이 있어야 한다. 변화하는 환경을 적극적으로 대응하고 능동적으로 적응할 때 조직은 성장과 발전을 할 수 있다. 조직체 중에서도 환경의 영향을 가장 민감하게 받아들이는 것은 기업이다. 따라서 기업을 경영하는 리더들에게 있어서 환경에 대한 이해는 매우 중요한 과제이다.

환경(environment)은 사람이 살아가는데 영향을 주는 외부적 상황을 의미한다. 사람이 환경을 이해해야 하는 이유는 환경이 생존에 우호적이기도 하지만 적대적일 수도 있기 때문이다. 마찬가지로 기업도 환경 속에서 생존하기 위하여 다양한 노력을 해야 한다. 기업의 존재의 이유이며 추구하는 가치는 이윤 창출과 지속적인 발전이다. 기업이 목적을 이루기 위하여 환경으로부터 생산 활동에 필요한 자원들을 공급받고 이를 투입하여 소비자들이 필요로 하는 재화나 서비스를 생산하여 제공한다. 즉, 기업은 외부환경과 상호 작용을 통하여 기업을 성장시키고 이를 지속적으로 유지하기 위하여 환경에 적응하려고 노력한다.

그림 12-1 | 환경과 기업의 상호작용

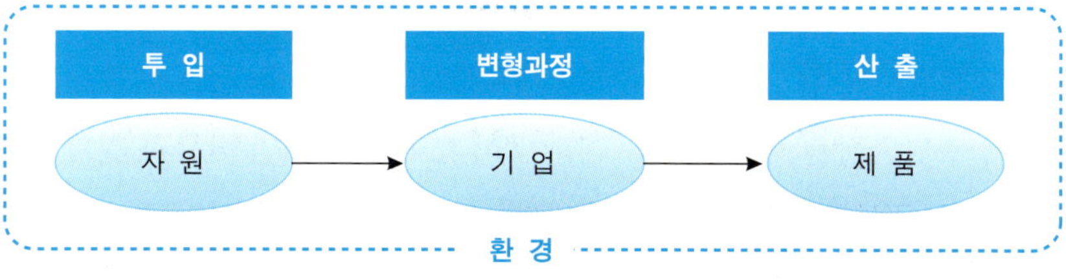

기업이 외부로부터 받는 영향을 경영환경이라 한다. 경영환경(business environment)은 조직의 의사결정과 경영활동에 직·간접적으로 영향을 주는 외부의 모든 요인으로 조직을 둘러싸고 있으면서 경영에 기회(opportunities)나 위협(threats)이 될 수 있는 각종의 조건·상황·세력들을 총칭한다.

경영환경을 알아야 하는 이유는 기업의 지속적인 성장에 기인한다. 기업 경영에 영향을 미치는 경영환경은 먼저 기술적인 변화이다. 그리고 경제정책, 경제성장, 시장, 환율 등의 경제적인 변화와 노동시장, 제품의 수요 그리고 고객관리 등의 사회·문화적인 변화, 국내·외적의 정치·법률 그리고 자연 등은 원자재나 에너지 공급 등에 영향을 줄 수 있고, 윤리적인 문제는 기업들의 사회적 책임과 관련하여 기업경영에 지대한 영향을 미치는 요인이다.

경영환경은 기업 경영활동에 광범위하게 영향을 주기 때문에 환경에 대한 이해와 그에 따르는 적절한 대응 노력이 절대적으로 필요하다. 오늘날과 같이 빠르게 변화하고 미래에 대한 불확실성이 높은 환경에서 제대로 대처하는 능력을 갖게 되면 기업에 위협적인 환경이라 하더라도 오히려 성장의 기회가 될 수 있고, 그렇지 못할 경우에는 기업에게 위협적인 요인으로 작용할 수 있다.

2. 경영환경의 중요성

기업과 환경은 상호의존적이며 불가분의 관계에 있다. 생존과 성장에 필요한 자원을 환경으로부터 공급받고 환경이 필요로 하는 재화와 서비스를 생산하여 환경으로 공급하기 때문이다. 이렇게 밀접한 관계인 기업과 환경은 경영관리의 발전과정에서도 볼 수 있듯이 변화하는 환경에 어떻게 적응하였는지가 기업의 생존에 직결되는 문제이기 때문이다. 현대 사회에서의 환경은 기업경영과는 다양하고 복합적으로 작용한다. 특히 미래에 대한 환경 예측은 쉽지 않아 그 위험성이 어떻게 기업에게 영향을 미칠지 알 수 없다.

변화하는 경영환경을 중요하게 고려해야 하는 이유를 보면 다음과 같다. 첫째, 의사결정의 어려움이다. 급변하는 기술의 변화와 경쟁의 심화는 경영자의 환경예측과 대책수립에 있어서 의사결정을 어렵게 만들고 있기 때문이다. 둘째, 기업의 사회적

그림 12-2 | 경영 환경 변화의 중요한 고려 요소

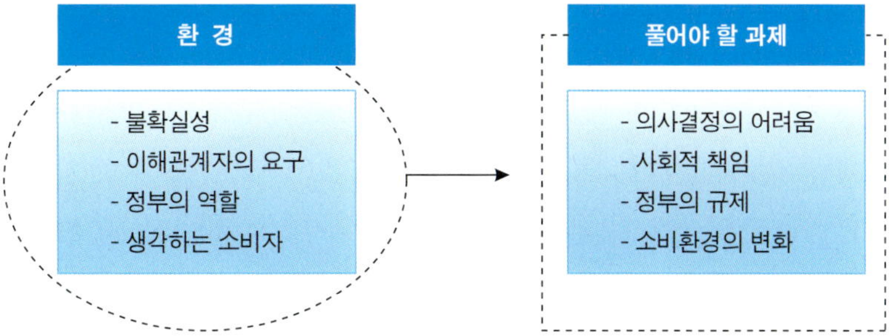

책임과 역할이다. 기업 경영 활동이 인간 생활에 미치는 영향이 커지게 되었고, 사회의 요구에 기업이 부응해야 하는 상생의 관계가 되었다. 셋째, 정부의 규제 강화로 일반 대중의 소비 생활패턴의 변화에 따라 소비자들의 안전과 편의를 위해 기업의 경제활동에 대한 정부의 규제가 강화되고 있다. 넷째, 환경오염에 대한 인식의 변화이다. 기업이 생산 활동과정에서 배출하는 산업공해가 인간 생명을 위협함에 따라 환경 파괴에 대한 인식이 증대되고 있다.

02 기업 경영에 영향을 미치는 환경요소

일반적으로 환경은 모든 조직이나 기업의 경영활동에 직·간접적으로 영향을 미친다. 경영활동에 영향을 주는 환경은 크게 두 가지로 분류하는데, 먼저 경영활동과 관련하여 거래 또는 교류에 직접적인 이해관계를 가지거나, 상호 의존관계에 있으면서 영향을 미치는 이해관계자에 의한 환경이 있다. 또 다른 하나는 모든 조직에 공통적으로 간접적인 영향을 주는 일반 환경 등으로 나누어 볼 수 있다.

그림 12-3 | 경영 환경의 구성

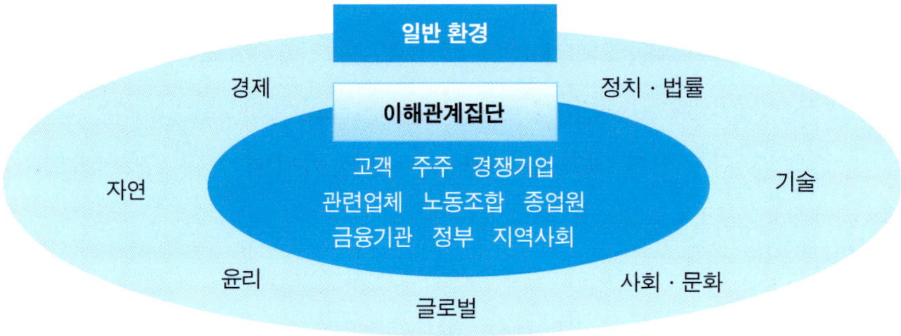

1. 경영활동에 직접적인 영향을 주는 기업의 이해관계자

① 고객

고객(customers)은 경영환경과 관련된 이해관계자 중에서 가장 영향력이 큰 환경요인이다. 특히, 시장에서 공급자인 기업들은 대량생산이 가능해지고 제품 간의 차별적 요소가 미미한 상태가 되면서 경쟁은 치열해졌고, 공급의 초과로 소비하는 고객의 영향력은 점점 더 커지고 있다. 이렇게 형성된 경쟁 환경은 기업들이 고객 만족을 위해 전사적인 고객 지향적 마케팅 활동을 전개하는 계기가 되었다.

고객들의 의식, 생활양식, 가치관, 태도, 기호 등의 변화는 기업의 사업영역 확장이나 새로운 기회를 찾는 단서가 될 수 있다. 따라서 기업은 고객의 욕구 발견을 위해 부단한 노력을 해야 하고, 여기에 맞는 적절한 대응방법을 찾을 때 기업이 제공하는 제품이나 서비스로부터 이탈하지 않고 지속적인 관계를 유지하며 더 나가 기업의 가치를 창출하게 된다.

② 주주

주주(stockholders)는 기업에 출자하여 주식을 보유하고 있는 자로서 기업의 소유자라고 할 수 있다. 기업의 규모가 커지고 경영의 제반 기능이 복잡해짐에 따라 전문경영인시대가 되었다고는 하지만 주주총회라는 의결기관을 통하여 기업의 중요한 의사결정에 권리를 행사하고 있어서 기업경영에 최대의 이해관계자로 볼 수 있다.

③ 경쟁 기업 및 관련업체

경쟁이 심한 제품이나 서비스를 생산하는 기업은 경쟁우위를 확보 할 때 지속가능한 발전을 도모할 수 있다. 뿐만 아니라 기업 경영활동에 필요한 원·부재료를 공급하는 공급업자나 제조기업이 생산한 제품이나 서비스를 유통·판매하는 유통업자 등은 안정적인 제조활동과 기업 목표 달성에 중요한 일익을 담당하고 있는 요소로 기업경영에 중요한 역할을 수행하는 이해관계자이다.

④ 노동조합과 종업원

노동조합은 조직의 공통목표를 위해서 노력하는 조직 내부의 협력단체이면서, 임금·보상과 관련하여서는 이해가 상반되는 경영활동에 중대한 영향을 주는 외적 환경요인이다. 종업원은 기업 경영에 노동력을 제공하는 생산의 핵심요소로 기업 경쟁력의 중심이다. 기업은 종업원의 동기부여와 생산성 제고를 위해 다양한 노력을 해야 한다. 경영자는 종업원과 노동조합과의 관계를 기업의 성장을 위해 원만한 노사관계를 유지하여 협력을 이루어 낼 수 있어야 한다.

⑤ 금융기관

금융기관은 자본이라는 물적 자원을 공급하는 공급자로서 여유자금을 가지고 있는 개인이나 조직이 자금이 필요로 하는 기업이나 개인에게 연결해 주는 업무를 수행하는 조직을 의미한다. 금융기관은 자금을 빌려 줄 때 기업을 평가하는데 신뢰성, 재무건전성 등을 고려하여 자금을 공급한다. 따라서 기업들은 금융기관과의 유기적인 관계를 유지하는 방안을 고려해야 한다.

⑥ 정부

정부는 공익을 대표하여 기업 활동에 제약을 가하거나 영향을 주는 규제기관으로서의 성격이 강하지만, 기업에 대한 자금지원, 연구개발 활동 지원, 산업 육성 등의 촉진자 역할도 수행한다. 정부는 기업에 미치는 영향이 크기 때문에 경영자들은 정부의 정책을 면밀하게 파악해야 한다.

⑦ 지역사회

기업은 사회의 일부분으로 지역사회로부터 자원을 공급받기도하고, 지역사회에 기여하기도 한다. 기업은 주민들에게 고용의 기회 제공도 하지만 지방정부에 세금을 납부도 하며, 때로는 지역사회의 요구도 충족해야 한다. 특히 기업의 윤리성에 대한 지역사회의 관심은 매우 높다. 공해나 소음의 발생, 이익만 추구하는 과거의 경영형태에서 벗어나 새로운 생존전략으로 지역사회와 상생을 위한 노력이 절대적으로 필요하다.

최근의 경향은 기업도 일반 시민과 같이 사회의 안정과 발전을 위해 책임 있는 기업시민으로 요구받고 있다. 기업시민이란 지구와 사회가 안고 있는 문제를 기업 활동 속에 포함시켜서 기업의 차원에서 이 문제를 해결하는데 공헌하면서 그 대가로 적절한 보수를 받는 기업 즉 기업의 사회적 책임을 다하는 기업으로 그 역할을 충실히 수행해야 함을 의미한다.

2. 세상을 보는 지혜, 일반 환경

① 경제적 환경

경제적 환경(economic environment)은 경영활동에 직접적인 영향을 주는 전반적인 경제 시스템으로 경영환경에 매우 큰 영향력을 미치는 요소이다. 이러한 경영환경의 요인은 생활수준의 향상을 위한 생산성과 일반 소비대중의 실질소득의 증가를 의미하는 경제성장, 국민경제 내에서의 어떤 산업비중이 높은가를 볼 수 있는 산업구조, 그리고 기업이 생산한 재화나 서비스의 매매 교환이 이루어지는 시장의 형태 등으로 국가가 어떠한 경제 체제를 유지하는가는 기업 입장에서는 매우 중요한 환경요인이다. 이외에도 재정·금융정책, 물가수준, 경기변동, 소비자들의 성향, 노동시장 등이 경제적 환경의 의사결정에 영향을 주는 요인으로 볼 수 있다.

② 정치·법률적 환경

정치·법률적 환경(political-legal environment)은 여러 가지 법률적 규제와 행정적 조치 등과 관련된 것으로 기업의 전략적 의사결정이나 행동방향 결정에 매우 중요한 영향을 주는 환경 요인이다. 정부 정책이 기업을 지원하는 방향일 때는 경영 활동을 촉진시키기도 하지만 각종 규제와 제약을 강화하게 되면 기업의 경영활동은 위축되는 측면도 있다. 정치적 환경은 정치적 위험에서 오는 것으로 일부 국가에서는 정치적 환경 변화가 예측이 어렵고 다양하게 나타나기도 한다. 테러, 국수주의, 국가 또는 인종 간의 갈등 등이 있다. 법률적 환경은 경영활동을 억제 또는 촉진한다. 소비자 보호차원의 제조물 책임법, 리콜제도, 소비자 보호를 위한 법·제도적 장치 등이 지속적으로 생성·발전되고 있는 활동이다.

③ 사회·문화적 환경

사회·문화적 환경(social-cultural environment)은 사회를 구성하는 개인들의 행동에 영향을 미치는 가치관·전통·관습·사회제도·사회적 태도 등을 말한다. 사회·문화적 환경 요인들은 조직구성원의 가치관이나 행동뿐만 아니라 고객의 행동에도 영향을 미친다. 사회·문화적 환경을 세부적으로 살펴보면, 첫째, 인구통계(demography)로써 어떤 집단을 구성하는 구성원의 특징을 나타내는 지표인 연령, 성별, 가족관계, 소득, 교육, 직업 등 다양한 형태로 나타낼 수 있다. 우리나라의 인구 통계적 변화는 저출산과 고령화 현상이 뚜렷하고, 노동시장도 많은 영향을 주고 있다.

둘째, 사회적 환경과 관련된 요인은 기업을 둘러싸고 있는 제반 이익집단과 각종 사회적 제도, 그리고 전통이나 관습, 가치관 등이 있다. 사회적 환경이 기업 경영에 미치는 영향으로는 신기술·신제품에 대한 수용 여부, 사회계층이나 준거집단 등에 따라 서로 다른 생활양식이나 소비 패턴을 보이며, 조직 구성원의 역할에도 영향을 주게 되어 이를 파악하여 적절하게 대응해야한다.

셋째, 문화적 환경은 인간의 가치체계로서 지식·신념·윤리·도덕·관습 등이 사회 구성원들의 행동에 영향을 주는 것으로 사회 구성원들에게 어떤 특정한 행동 패턴을 규제하는 인간의 가치체계이다. 문화를 구성하는 요소를 보면 첫째, 정신세계를 지배하고 있고, 일상생활에도 많은 영향을 주는 종교가 있다. 둘째, 교육으로 기존의 문화·전통 등을 후세에게 전파하는 기능이 있다. 셋째, 언어로 인간의 사고와 의사 전달의 가장 효율적인 수단으로 문화권을 구분하는 기준이 된다. 넷째, 미학으로 특정 문화가 지니는 예술의 표현으로 기업 입장에서는 현지인을 이해하는데 중요하게 작용한다. 다섯째, 가치관으로 어떤 행동이나 태도에 대하여 판단할 수 있게 하는 것으로 소비자의 태도에 영향을 준다. 이외에도 사회 제도로서 가족과의 관계, 사회를 구성하고 있는 조직 등의 영향력을 배제할 수는 없다.

④ 기술적 환경

기술적 환경(technological environment)이란 기업에 영향을 미치는 산업 기술의 수준으로 대부분의 기업들은 생산성을 높이기 위해 기술 개발에 노력을 기울인다. 생산성(productivity)은 생산을 위해 소비된 생산요소들의 투입량과 생산과정을 거쳐 생산된 산출량을 의미하는 것으로 생산요소가 얼마나 유효하게 활용되어 원하는 만큼의 효과를 얻었는가를 의미한다. 기술은 기업들의 경쟁력 강화의 주된 수단이다. 기술의 발달이 가져온 변화는 인간의 육체노동 비중을 감소시켰지만 보다 높은 수준의 기술력을 지닌 노동력을 요구하고 있다. 또한 커뮤니케이션 기술의 발달은 조직 간의 의존도를 더 높였고, 자동화 기술과 신기술 등의 진전은 직업 상실의 우려와 신기술에 대한 무지, 비인간화의 위험 등으로 나타나 새로운 사회적 문제를 야기하고 있다.

⑤ 윤리적 환경

윤리(ethics)는 도덕적인 기준, 즉 옳고 그름을 따져 사회적으로 옳다고 용납되는 행위로 개인행동에 관한 일련의 표준이다. 윤리기준은 법에 의하여 강행되지 않지만 사람들이 자율적으로 지키지 않으면 무의미하게 된다. 기업들이 윤리적으로 경영활동에 도입해야 하는 이유는 윤리는 하나의 의무이면서도 책임이 수반되기 때문이다. 윤리적 환경에서 다루어야 하는 부문은 환경보호, 인권, 신뢰와 투명한 거래 그리고 판매활동에서 볼 수 있는 것으로 강제적이지는 않지만 이를 수행하지 않을 때에는 기업에게 막대한 경영에 손실을 초래할 수 있다.

⑥ 자연적 환경

자연적 환경(natural environment)이란 기업을 둘러싸고 있는 자연적 조건과 관련된 환경으로 인구의 증가와 산업화 그리고 도시화에 의해 인간이 필요로 하는 자원의 소비가 급증하였고, 소비 후 배출되는 오염물질이 자연환경의 문제를 야기하였다. 산업화는 천연자원의 고갈과 환경오염을 가중시켰고, 이러한 요인들은 기업 경영에 직·간접적으로 영향을 주고받는 관계를 형성하게 하였다. 최근에는 환경보존에 대한 인식이 확산되면서 기업은 경제적 수익성과 환경적 지속가능성을 동시에 추구하기 위해 기업 활동의 전 과정에 환경적 성과를 제고하기 위한 경영철학을 새롭게 도입하게 하였다.

선진국에서는 자연적 환경의 보존을 위해 녹색환경을 조성하여 친환경적인 제품이나 서비스를 요구하고 있다. 화석연료의 고갈을 극복하기 위해 새로운 에너지원을 개발하고 있고, 환경오염 제품에 대한 규제를 강화하고 있는 것은 이 분야의 가치가 새로운 시장을 창출하는 기회요인이 되고 있기 때문이다.

⑦ 글로벌 환경

우리의 미래를 결정하게 될 다양한 변화들 가운데 세계화는 또 다른 모습의 변화를 요구하고 있다. 국제 경제 관계가 종전에는 개별 국가단위의 국제무역이 중심이었고, 국제사회의 힘의 균형도 이데올로기적 사고에 따라 형성되었으나, 오늘날에는 경제적 이해관계에 따라 블록화를 형성하여 경제적 냉전의 심화를 가져온 환경으로 변화하였다. 소비자들도 정보통신과 유통기술의 발달로 소비문화가 새로운 욕구와 수요를 창출하였고, 국가 간 국경에 대한 개념도 모호하게 만들고 있다. 따라서 글로벌 환경에 대한 이해는 각국이 가지고 있는 제반 경영환경 요소에 미치는 영향을 살펴볼 필요성을 제기한다. 즉 현지국의 법률적 문제, 관세 정책, 정치·경제적 요인 등에 따라 규제와 투자에 민감하게 반응해야 함을 의미한다.

03 환경, 어떻게 대응해야 하나, 경영환경 분석

1. 환경조사, 정보를 가공할 수 있는 능력이 요구 된다

지금까지 살펴 본 것처럼 기업을 둘러싸고 있는 환경은 경영활동에 지대한 영향을 미치고 있다. 경영자들은 이러한 환경에 대한 이해가 그 무엇보다도 중요하다. 그 이유는 기업의 지속적인 성장과 발전을 위해서는 환경에 대한 정확한 정보가 있어야 하고 이를 분석하여 가공할 수 있는 능력이 있어야 하기 때문이다. 즉, 환경 정보에 대한 철저한 분석을 통하여 기업 적용 여부에 대한 의사결정을 내려야 하며, 환경정보에 대한 이해를 통해서 미래에 대한 불확실성을 줄일 수 있는 예측을 해야 하기 때문이다.

현재의 기업이 처한 현실을 보면서 계획을 수립하지만 미래의 결과 값에 대한 현재의 의사결정은 매우 어렵다. 또한 경영자가 미래 환경에 대한 충분한 정보를 갖고 있지 않기 때문에 미래에 대한 불확실성은 높을 수밖에 없다. 따라서 경영자는 이러한 의사결정의 어려움과 미래의 불확실성에 대한 문제해결을 위해서는 환경에 대한 정보를 수집, 분석, 해석하는 기법을 개발해야 한다. 급격히 변하고 다양하게 나타나는 환경에 대하여 사전에 예측하고 적극적으로 대처할 수 있는 통찰력과 판단력을 갖추어야할 이유가 여기에 있다.

환경조사(environment scanning)는 많은 사람들에게 통용되지 않은 정보를 탐색하고, 중요하고 중요하지 않은 정보를 분류하여 해석하는 것을 의미한다. 환경조사의 핵심은 기업이 생산하는 제품이나 서비스가 판매되는 시장 분석을 하는 것이다. 경쟁자와의 관계, 잠재적 진입자, 공급자와 수요자의 의존 정도, 대체재 등이 고려대상이고 이를 면밀하게 분석하기 위한 조사가 이루어져야 한다.

2. 어떻게 접근할 것인가, 시나리오 개발

시나리오(scenario)란 사람들이 미래에 변화하게 될 환경 특성을 인식하고 적용하는데 도움이 될 수 있는 이야기를 의미한다. 시나리오의 예측기법은 미래에 전개될 여러 시나리오를 예측하여 각 시나리오에 대응되는 계획을 수립함으로써 미래에 있을 환경변화에 유연하게 대응할 수 있는 기법으로 조직이 미래에 일어날 수 있는 환경변화를 예측하고, 환경변화에 대응해 나갈 행동방향을 선택할 수 있는 방식을 제시한다. 기업의 미래가 유리한 상황이 예상된다면 최상의 시나리오를 개발하고, 불리한 상황이 예상된다면 최하의 시나리오를 개발하여 그 상황에 맞는 의사결정이 될 수 있게 할 때 미래의 변화에 의연하게 대처할 수 있다.

3. 살아남는 방법, 환경 적응

경영환경을 이해해야 하는 이유는 조직을 둘러싼 환경의 변화가 빠르고 다양하며 불안정하기 때문이다. 환경을 분석하고 이해하면 불확실성을 줄이면서 미래에 대한 예측가능성을 높일 수 있다. 이렇게 환경에 대한 분석이 이루어지면 환경에 대한 적응력을 높이거나 조직이 선호하는 환경으로 바꾸어 갈 수 있다.

먼저 환경에 대한 적응은 조직 활동이 현재의 환경적 조건에 따를 수 있도록 조직의 일부 또는 전체를 변화시키는 것을 말한다. 환경에 대한 적응방법은 첫째 완충활동(buffering)이 있다. 완충활동은 기업이 환경으로부터 획득된 자원을 예비로 충분히 갖춘다면 외부환경의 변화에 부담을 줄일 수 있는 효과가 있는 것을 의미한다.

둘째, 경계활동(boundary spanning)이다. 환경 정보를 얻기 위해 개인이나 조직 등과의 상호작용하는 것을 의미한다. 이 활동을 통하여 수집된 정보로 변화하는 환경에 대한 예측을 하여 조직을 적응시킬 수 있다.

셋째, 예측활동이다. 예측은 미래에 발생할 사건과 경향을 추측하기 위하여 과거나 현재의 자료를 수집·분석하는 것을 말한다. 예측에서 무엇보다도 중요한 것은 환경변화가 일정한 규칙을 가지고 변화하는가를 파악하는 것이다.

넷째, 할당으로 기업의 경영활동 과정에서 중요성의 정도에 우선순위를 두고 경쟁력을 구축하는 방안이다.

04 환경, 알면 실천 전략 수립하기

1. 경쟁 우위와 경영전략

전략(strategy)이라는 용어는 병법 또는 군사용어로서 적을 제압하기 위한 계획적이고 종합적인 실행 작전을 의미한다. 이러한 전략의 개념이 경쟁 환경에서 생존을 해야 하는 기업 경영에 도입되면서 조명받기 시작하였다. 이는 전쟁과 기업의 경쟁 관계를 중심으로 볼 때 많은 유사점을 가지고 있는데 군사 조직과 기업은 인력, 자본, 장비, 기술 등을 갖고 경쟁을 하며, 외부의 환경 영향을 많이 받기 때문이다. 따라서 생존이라는 목표를 달성하기 위하여 경쟁에서 이기는 방법과 관련되어 있는 전략적 사고 능력이 필요하다. 이렇게 전략이라는 의미는 오늘날 기업이 처한 경쟁적 현실을 극복하기 위해 절대적으로 필요한 것으로 볼 때 기업경영을 전략적으로 실행해야 한다고 볼 수 있다.

경영전략(Business Strategy)이란 조직의 목표를 달성하기 위하여 조직이 가용할 수 있는 경영자원을 최적으로 배분하여 경쟁 환경에 있는 기업을 경쟁우위를 갖게 하고 이를 유지시키는 활동이다. 오늘날과 같이 기술의 발달과 소비문화의 변화로 인하여 점점 더 경쟁이 치열해지는 환경인 점을 감안한다면 경쟁자와의 경쟁관계에서 어떻게 자신에게 유리한 경쟁우위를 가져다 줄 수 있는가를 생각할 때 매우 중요한 활동이다.

따라서 경영전략이란 기업의 내부 역량을 강화하여 투입되는 비용절감의 효과를 기대하고, 대 고객과의 관계를 재설정하여 경쟁자와 다른 차별적 경쟁우위를 확보하며, 더 나가 기업 경영목표를 달성하기 위해 경영환경 변화에 부응하기 위한 종합적인 계획과 목표를 설정하여 실행하는 구체적인 경영기법의 종합체로 볼 수 있다. 이러한 관점에서 볼 때 경영전략의 중요성은 현대 사회가 풀어야 할 과제로 기존 시장을 유지하면서 새로운 성장의 기회를 찾고, 기업이 궁극적으로 추구하는 지속적 발전과 안정적 성장이 필요한 시대적 요청이 있기 때문이다.

2. 경영전략, 계획에서 평가까지

경영전략을 수립할 때 고려해야 하는 것은 무엇을 할 것인가와 어떻게 실행할 것인가를 생각해야 한다. 첫째, 무엇을 할 것인가는 기업이 존재해야 하는 이유를 나타내는 기업의 사명을 제시하는 것부터 시작한다. 이는 기업 미래의 모습을 설계하는 것으로 기업이 나아가야할 방향인 사명, 비전, 목표를 수립하는 것을 의미한다. 사명, 비전, 목표는 경쟁자 보다 더 높은 가치를 창출할 수 있는 경쟁우위 요소를 분석하여 전략을 수립하고 이를 달성하기 위한 방법을 제시한다. 전략 수립은 해당 산업 분야에서 경쟁우위를 위한 핵심 성공 요소를 찾는 것이다. 그러기 위해 먼저 해야 할 일은 외부환경에 대한 분석이다. 외부 환경 분석은 경영활동과 경영성과에 영향을 미칠 수 있는 기회요소와 위협요소들을 파악한다. 다음으로는 내부의 경영자원에 대한 분석이다. 즉 자사의 강점과 약점을 분석하여 타사와의 경쟁에 있어서 상대적 우위를 제공해 줄 수 있는 핵심역량(core competencies)을 찾는 것이다. 이러한 분석을 통하여 수립된 전략에 적절하게 대응할 수 있는 최적의 경쟁방법을 제시한다.

둘째, 어떻게 실행할 것인가는 경영전략을 실행하는 단계이다. 수립된 전략을 달성하기 위해서는 조직구조와 경영관리시스템 등을 최적화하여 경쟁 우위를 통한 목

그림 12-4 | 전략적 경영계획 수립과정

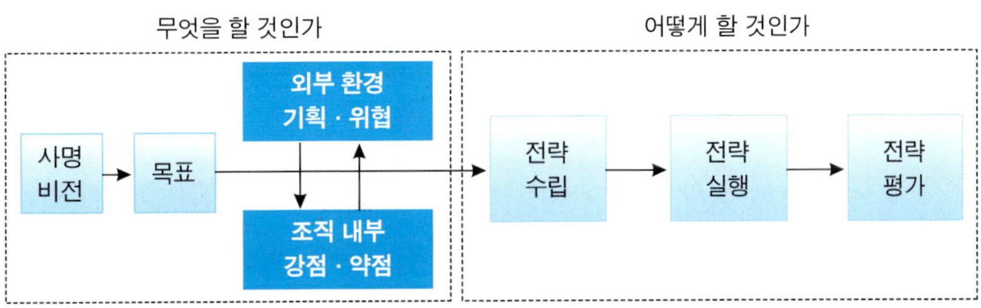

표 달성 여부를 결정짓는 것이다.

① 기업의 사명과 비전 그리고 목표

구성원 모두가 이해하고 동기부여 될 수 있는 기업의 미래를 제시하는 것은 매우 중요한 과정이다. 기업의 사명(Corporate Mission)은 기업의 미래 설계를 기술해 놓은 것으로 기업이 존재해야 하는 이유를 나타낸다. 즉, 기업의 기본 목적, 존재 이유, 철학, 이념, 가치관, 기업정신 등을 포괄한 개념으로 정의할 수 있다. 기업의 미래상을 나타내는 비전(Vision)은 조직 구성원들이 궁극적으로 이루고자 하는 미래모습이다. 사명과 비전은 의사결정을 용이하게 하며, 목표수립이나 개인 또는 조직의 업무활동의 방향을 제시한다.

기업의 사명은 첫째, 명확한 가치를 제공해야 한다. 즉, 모든 조직구성원들의 경영활동에 명확한 지침을 제공해야 함을 의미한다. 둘째, 기업이 활동할 사업 영역에 대한 명시가 있어야 한다. 자사가 진출할 산업의 범위와 각 산업 내에서 자사의 사업이 공략해야할 시장의 범위를 나타내야 한다. 셋째, 조직 구성원들의 동기유발을 하는 것이어야 한다. 넷째, 기업 장래에 대한 비전을 제시해야 한다.

경영전략의 실행 결과로 달성하고자 하는 목표(goal)는 구체적인 지표 형태로 수립한다. 기업의 목표는 기업의 방향을 제시하며, 조직 구성원의 노력이 집중되는 것으로 계획에 따른 조직의 성과를 평가하고 통제하는데 도움을 준다. 바람직한 기업목표는 다음과 같은 기준을 제시해야 한다. 첫째, 기업목표는 계량적으로 서술하여야 한다. 둘째, 기업목표는 실현가능한 것이어야 한다. 셋째, 기업목표는 서로 상치되지 않고 일관성을 유지하여야 한다.

② 환경과 조직 분석

기업 외부환경은 사업의 기회를 제공하기도 하지만 위협적 요소로 작용하기도 한다. 기회(opportunities)란 외부환경이 경영전략을 수립하여 목표를 설정하였을 때 목적 달성에 도움이 되는 유리한 상황이나 조건을 의미한다. 위협(threats)이란 기업의 경영 목적 달성을 이루지 못할지도 모르는 외부환경의 특성으로 불리한 상황을 의미한다. 외부 환경의 주요 요인으로는 소비자, 경쟁자, 공급업자, 기술, 경제, 사

그림 12-5 | SWOT분석 매트릭스

	강점(Strengths)	약점(Weakness)
기 회 (Opportunities)	SO 전략(확대전략) 외부환경이 제공한 기회가 기업 내부에 강점이 되는 영역	WO전략(우회전략) 외부 기회 활용하기 위해 내부 약점 보완
위 협 (Threats)	ST전략(안정적 성장전략) 위기에 대처하기 위해 내부의 강점을 활용	WT전략(철수전략) 내부의 약점 때문에 외부의 위협요인을 극복하기 어려움

회·문화, 정치·법률, 각종 매체 등으로 기업이 통제할 수 없기 때문에 이를 적절하게 대응할 수 있는 역량을 구축해야 한다.

기업은 자사가 지니고 있는 자원과 능력을 중심으로 강점(strengths)과 약점(weakness)을 분석하여 외부 환경에 적응할 수 있는 기업 내부의 역량을 파악하는 것도 중요하다. 기업의 외부환경과 내부의 역량을 파악하고 분석하는데 사용되는 기법을 “SWOT분석”이라고 한다.

③ 핵심역량

SWOT분석으로 경쟁에서 지속적 우위를 가져갈 수 있는 능력을 찾아내어 이를 활용할 방안을 수립할 때 이 능력을 핵심역량이라고 한다. 핵심역량(core competence)은 경쟁기업에 비해 기업의 지속 가능한 경쟁우위를 지닐 수 있는 가치를 가지고 있어야 하고, 다른 경쟁자들에게 없는 희소한 자원과 능력을 소유해야 하는 것으로 기업이 소비자들에게 특별한 효용을 제공할 수 있게 하는 기술이나 지식의 묶음으로 그 의미를 둘 수 있다. 기업의 경쟁 우위의 근원이 되는 핵심역량의 조건은 다음과 같다.

첫째, 핵심역량은 최종 고객에게 주는 편익이 있어야 한다. 기업이 제공하는 제품이나 서비스가 고객에게 중요한 편익을 제공해야 함을 의미한다. 둘째, 핵심역량은 다른 기업의 유사한 능력과 비교하여 차별적 요소가 있어야 한다. 셋째, 핵심역량은 다양한 제품이나 서비스의 원천으로 활용되어야 한다. 기업이 지닌 능력을 통하여 다양한 시장으로 진출할 수 있는 가능성을 지니고 있어야 한다. 넷째, 핵심역량은 구

그림 12-6 | 핵심역량의 조건

체적인 능력으로 표현될 수 있어야 한다. 또한 경쟁자들이 모방하기 어려워야 함을 의미한다. 지속적인 경쟁 우위를 갖기 위해서는 이렇게 핵심역량이 지닌 조건이 가치가 있어야 하고, 차별적이며 희소해야 하며, 쉽게 모방할 수 없는 조건을 가지고 있어야 한다.

3. 경영전략의 수준

기업의 외부 환경 요인과 기업 내부의 역량에 대한 분석을 통하여 기업의 사명과 비전, 그리고 목표가 수립되면 이를 달성하기 위해 기업은 다양한 형태의 전략들을 활용하여 목표 달성을 위해 노력을 기울려야 한다. 경영전략의 유형은 기업 수준의 전략과 사업부 수준의 전략, 그리고 기능별 수준의 전략 등으로 구분할 수 있다.

기업수준의 전략(corporate-level strategy)은 기업이 나아갈 방향을 결정짓는 문제에서 접근하는 것으로 기업의 사업을 수행할 영역을 결정하는 전략이다. 경쟁 환경에서 기업을 성장·확장하는데 역량을 집중할 것인가, 안정을 추구하며 현재의 기업을 정리 또는 축소할 것인가를 결정하는 것이다.

사업부 수준의 전략(business-laver strategy)은 각 사업단위에 관련된 의사결정이나 활동들을 다루며 그 주된 목적은 각 사업단위가 그 시장에서 경쟁력을 갖게 하는 것이다. 이 전략의 핵심은 다른 기업이 지니고 있지 않은 독특하고 차별적인 분야에 집중하여 경쟁 우위를 유지하고 시장에서 지속적인 성장을 도모하는데 있다.

기능별 수준의 전략(functional-lever strategy)은 사업 부문에 있어서 주요한 각각의 기능을 수행하는 직능에 관한 것으로 개별 사업부보다 하위 수준의 전략이다. 이 전략은 사업수준 전략을 어떻게 지원할 것인가와 관련된 것으로 기능별 분야에서 세부적인 수행방법을 결정한다. 주요한 기능부문은 생산·마케팅·인사·재무·연구개발 등이 있다.

05 경영전략, 이렇게 접근하자.

1. 현재 기업의 경쟁력과 대응

기업수준의 전략(corporate-level strategy) 목표는 장기적인 이윤을 창출하는 것과 신규산업으로 진출, 인수합병, 제휴, 해외시장 진출 등의 기업전략을 수립할 때 해당 산업의 구조를 파악하거나 경영자원과 핵심역량으로 경쟁우위를 창출할 수 있는 능력을 분석하는 것이 중요한 과제이다.

① 산업 구조분석 기법

산업환경 분석의 대표적인 기법은 포터(M. Porter)의 5Forces 모델이다. 이 분석기법은 산업환경의 영향 요인을 5가지로 보고 있으며, 각 요인을 다음과 같다.

그림 12-7 | 산업구조 분석의 틀

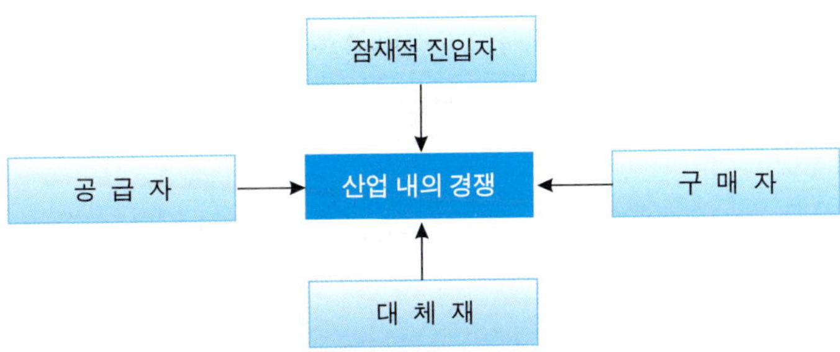

첫째, 산업 내부의 경쟁이다. 경쟁강도가 높다는 것은 비슷한 규모의 다수 기업이 존재하고, 산업 성장률이 낮으며, 제품의 차별화정도와 전환 비용이 낮은 경우로 높은 철수 장벽이 존재하여 경쟁이 치열한 것을 나타낸다.

둘째, 잠재적 기업의 진입위협이다. 기존 기업들은 잠재적 기업들의 진입이 어렵게 진입장벽을 구축하려고 한다. 진입장벽은 단위당 생산원가의 절감을 이룰 수 있는 규모의 경제, 학습과 경험 효과에 의한 비용 부분의 우위, 제품이나 서비스의 차별화, 유통채널 및 원료획득의 용이성 정도, 사업 개시할 경우 초기의 과다한 투자비용, 독점적 생산 기술 등이 잠재적 진입자들의 진입을 어렵게 한다.

셋째, 구매자의 협상력이다. 구매자의 구입 규모가 다수의 공급자에 의해 공급량이 많을 때 구매자의 협상력은 우위를 가져 갈 수 있다. 구매자의 협상력이 높은 경우는 제품의 차별화 정도가 낮거나 제품이 품질이나 가격에 중대한 영향을 미치지 않을 때, 구매자가 후방 통합을 통해 부품을 직접 생산할 수 있는 능력을 가지고 있을 때 구매자에게 유리하게 영향을 미치게 된다.

넷째, 공급자의 협상력이다. 공급자가 협상력의 우위를 가져갈 수 있는 환경은 공급자 보다 구매자가 많은 경우, 대체품이 존재 하지 않는 경우, 제품의 차별화 정도가 높아 구매자의 전환비용이 높은 경우, 공급자가 전방통합을 통해 구매자가 제공하는 제품을 직접 생산하거나 서비스를 제공할 수 있는 능력을 가지고 있는 경우로 볼 수 있다.

다섯째, 대체재로서 타 제품과 동일하거나 유사한 용도로 사용될 수 있는 제품을 의미한다.

② 기업 포트폴리오 분석

기업포트폴리오 분석 또는 BCG매트릭스라고 한다. BCG매트릭스는 미국의 경영자문회사인 Boston Consulting Group에 의해 전략적 계획을 수립하기 위한 수단으로 개발되었다. BCG매트릭스 분석은 회사 내 여러 사업들을 시장성장률과 시장점유율이라는 두 변수와 그 사업 영역 내에서의 현금 흐름 등의 요인을 중심으로 각 사업 단위의 상대적 매력도를 살펴보는 것이다.

물음표(Question Marks)는 높은 시장 성장률과 낮은 상대적 시장 점유율에 해당되

그림 12-8 | BCG 매트릭스

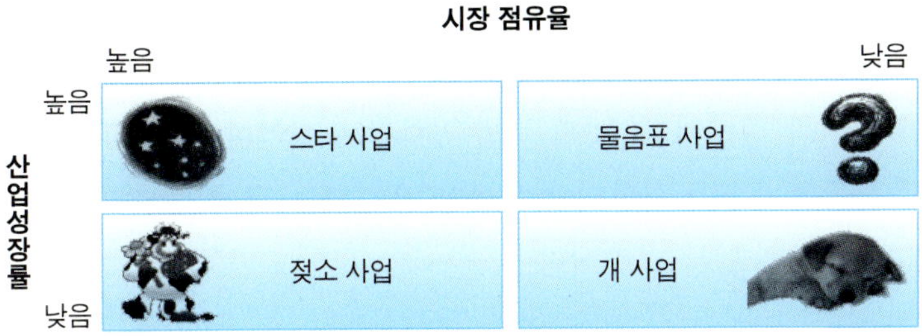

는 사업부문으로 시장의 성장속도는 높지만 수익성이 낮으며 현금창출은 적은 새롭게 성장 가능한 산업 부문으로 볼 수 있다. 이 영역은 시장의 유지·성장시키기 위해서는 많은 현금이 필요하며, 미래의 불확실성에 대한 신중한 의사결정이 요구되는 사업부문이다.

별(Stars)은 높은 시장 성장률과 높은 시장 점유율에 해당되는 빠르게 성장하는 산업 영역을 의미한다. 지속적인 성장을 위해서는 많은 자금이 투자되지만, 높은 이윤을 가져 오는 성장기에 해당된다. 이 부분은 성장성이 높은 산업부문으로 기업 간의 경쟁이 치열하며, 지속적인 점유율을 유지하기 위해서는 신기술의 개발, 생산시설의 확충, 시장 개척 등의 투자가 필요하다.

자금젖소(Cash Cows)는 성장은 정체되어 있지만 상대적으로 높은 시장 점유율을 확보하고 있고, 신규투자 규모가 줄어들기 때문에 자금에 대한 지출은 적다. 하지만 높은 수준의 자금 유입이 가능한 사업 부문으로 기업들은 이 부문의 사업에서 확보된 자금을 시장 점유율 강화를 위한 보다 높은 수준의 투자가 요구되는 물음표 또는 별 사업 부문에 투자할 수 있다.

개(Dogs)는 낮은 시장 성장률과 낮은 상대적 시장 점유율을 가진 사업 부문으로 성장이 정체된 산업영역에 해당되며, 대체로 수익성이 낮고 불안정한 시장으로 볼 수 있다. 따라서 기업들은 시장 내의 상황을 검토하여 사업을 유지할 것인지 아니면 철수할 것인지에 대한 의사결정이 요구되는 사업부문이다.

BCG매트릭스 분석을 중심으로 다음과 같은 전략을 수립할 수 있다. 첫째, 확대전략(build)으로 사업부문의 시장점유율 증가와 사업 확장이 필요한 물음표에 적절한 전략이다. 둘째, 유지전략(hold)으로 현금 흐름을 창출하는 자금젖소에 적절한 전략이다. 셋째, 수확전략(harvest)은 현금 흐름을 증가시키는 전략으로 더 이상의 투자보다는 보다 많은 이익을 얻기 위한 기업의 노력을 집중하는 사업부문으로 자금젖소나 물음표에 적절한 전략이다. 넷째, 철수전략(divest)이다. 경쟁력이 없는 사업부문으로 판단된 물음표나 기존시장의 점유율을 유지하는 것이 무의미한 개에 해당하는 사업부문에 적용할 수 있는 전략이다.

2. 사업부 수준의 전략(business-laver strategy)

① 본원적 전략, 기업이 근본적으로 고려해야하는 전략이다

기업이 경쟁력을 갖기 위해서는 기본적으로 구축해야할 핵심적인 능력이 있어야 한다. 경쟁기업보다 제품이나 서비스를 더 낮은 가격으로 제공할 수 있거나 다른 차별적 능력을 제공할 때 경쟁우위를 유지할 수 있다. 기업이 근본적으로 고려해야 하는 전략유형은 다음과 같다.

원가우위전략(cost leadership strategy)은 경쟁 기업에 비해 원가 부분에서 우위를 유지하는 전략으로 단위당 원가를 최소화하여 판매가격을 낮춤으로써 판매를 극대화하는 경쟁전략이다. 원가우위 전략은 산업의 발달로 대량생산이 가능해 지면서 제품의 생산량이 증가할수록 단위당 투입비용이 감소하는 규모의 경제 효과와 생산과정에서 반복적인 작업으로 축적된 경험이 공정을 개선하고 낭비적 요소를 줄이면서 생산비용 절감의 효과를 얻게 되었다. 따라서 경쟁 환경에서 비용절감을 통한 가

그림 12-9 | 본원적 전략의 유형

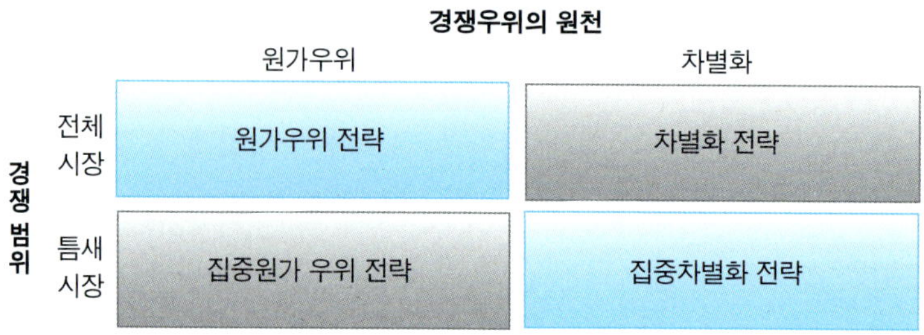

격경쟁력은 기업의 기본조건이 되었다.

차별화 전략(differentiation strategy)은 자사의 제품이나 서비스를 타사와 비교하여 다르게 인식하도록 하는 경쟁전략이다. 소비자들에게 독특한 가치를 인지하게 하여 경쟁기업보다 다른 차별화된 제품이나 서비스를 제공하는 것이다. 최근 많은 기업들이 차별화에 기초한 경쟁력을 유지하려고 하는 이유에는 외부 환경의 변화에 민감하지 않으며, 경쟁자들이 쉽게 모방할 수 없을 뿐만 아니라 높은 수익을 기대할 수 있기 때문이다. 그러나 이러한 차별화 전략은 차별적 요소를 유지하기위해 많은 비용이 수반되는 문제에 노출되어 있다.

집중화 전략(focus strategy)은 특정 고객집단이나 특정 제품라인 또는 특정 지역시장을 집중적으로 공략하는 전략으로 특별한 부분시장이나 틈새시장에 집중하는 전략이다. 집중화 전략을 실행하는 이유는 시장을 세분화하여 조직이 지니고 있는 자원과 전문적 능력을 바탕으로 경쟁의 우위를 가져갈 수 있는 세분시장을 목표로 사업의 역량을 집중하여 경쟁력을 구축하는 것이다.

② 제품수명 주기, 제품도 사람과 같이 수명주기가 있다

제품수명주기 이론(product life cycle theory) 은 하나의 제품이 출현하여 시간에 따라 제품시장을 형성하였다가 소멸되는 과정을 설명한 이론이다. 기업은 제품의 수명주기 단계를 파악하여 각 단계에 맞는 전략을 수립하여 대응할 수 있는 의사결정을 내려야 한다. 특히, 마케팅과 관련하여 볼 때 각 수명주기 단계별로 기업은 다음과 같은 전략 수립이 요구된다.

그림 12-10 | 제품수명주기

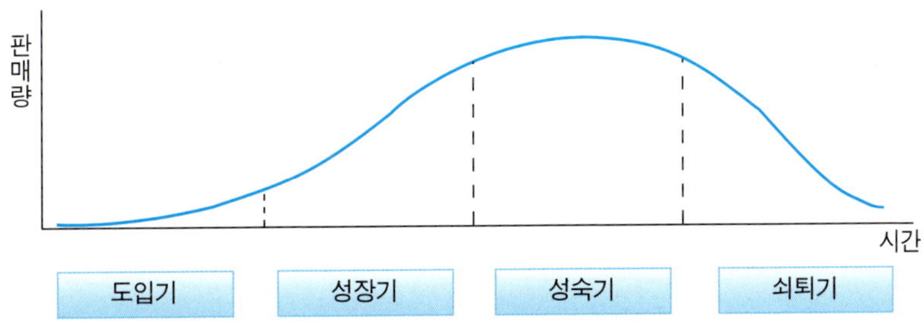

도입기(introduction phase)는 새로운 제품이 출시되는 단계로 제품의 가치를 인지시키는 것이 중요하다. 신제품이 개발되어 시장에 진출할 때 기업은 제품개발에 많은 비용을 투입한다. 또한 제품을 알리기 위해서도 촉진 비용의 지출이 높다. 이 시기의 특징은 이익이 매우 낮으며, 제품 판매 증가율도 완만하게 성장한다.

성장기(growth phase)는 새로운 제품이 고객의 만족 요인을 제공하여 수요가 급격히 증가하는 단계로 매출액과 이익 또한 급속하게 증가한다. 성장기의 특징은 수요증가에 따른 대량생산을 추구하게 되고, 축적된 경험효과로 비용 절감이 가능하여 이익이 급격히 증가한다. 또한 경쟁기업들이 출현하게 되어 시장의 규모도 급속도로 커진다. 이 시기에 기업은 높은 이익을 얻게 되지만 대량생산체제 구축에 따른 많은 투자비용과 새로운 경쟁자의 출현으로 지속적인 경쟁우위를 갖추기 위한 노력이 요구된다.

성숙기(maturity phase)는 제품의 매출성장률이 지속적으로 둔화되는 시점으로 다수의 경쟁기업의 출현과 잠재고객의 수가 줄어드는 단계이며, 시장에서 판매량은 크지만 증가율은 감소하고 이익은 정체되거나 줄어들게 된다.

성숙기 시장은 경쟁기업들의 가격 인하와 제품의 판촉비용이 증가하며, 보다 나은 제품 개발을 위해 연구개발비용이 증가하기 때문에 이익은 점차 줄어드는 특징을 나타낸다. 이 시기에서 기업들은 경쟁사 또는 경쟁사의 제품과 다른 경쟁력을 구축해야 하는데 이 과정의 핵심은 제품이나 서비스에서의 차별적 요소를 가져가는 것이다.

쇠퇴기(decline phase)는 경쟁자의 신제품이나 대체품에 의해 시장에서 위축되어 판매량이 감소하게 되는 단계로 시장 수요의 포화상태, 신기술의 출현, 사회적 가치의 변화, 고객 욕구의 변화 등의 요인이 쇠퇴기의 원인이 될 수 있다. 판매량과 이익의 감소의 폭이 점차적으로 커지며, 많은 기업들은 기존 시장을 지킬 것인지 아니면 떠날 것인지를 결정해야 하는 시기이다.

단순한 개념의 이론으로 볼 수 있지만 기업은 제품수명주기이론을 중심으로 자사의 제품이 제품수명주기 과정에서 어디에 위치해 있는지를 파악할 필요가 있다. 즉 현재의 제품의 위치를 알게 되면 이를 근거로 미래에 일어날 수 있을 일들을 예측할 수 있기 때문이다. 따라서 변화에 대한 예측을 통하여 제품의 성장과 제품 개발의 기회로 삼을 수 있다.

3. 기능 수준의 전략

기능 수준의 전략(functional-lever strategy)은 사업부 수준의 전략을 구체화하기 위한 각 기능관리 부문에서 수립하는 전략이다. 기업 내의 주요 기능은 인사·생산·재무·마케팅·연구개발 등이 있으며, 상위 개념의 전략에 따른 경쟁력 제고를 위해 독특한 능력을 개발하고 육성하는 것이 핵심과업이다.

인적자원 관리는 실질적인 생산성에 영향을 미치는 것으로 인적자원의 교육과 훈련, 능력 개발, 평가와 보상, 노사 간의 관계, 장기적인 인재양성 등 조직의 성과를 높이기 위해 전략적으로 활동하는 부문이다. 즉, 교육과 훈련으로 스스로 문제를 해결해 나갈 수 있는 능력을 함양하게 하고, 동기부여를 통한 조직에 몰입을 유도하며, 기업에 대한 주인의식을 갖게 함으로써 기업의 생산성 향상과 높은 성과를 추구한다.

생산관리는 제품의 품질에 기초를 두고 원가를 절감할 수 있는 방안을 수립하며, 생산성 향상을 위한 노력을 기울이는 등의 생산 활동에 역점을 둔 전략적 활동이다. 생산전략은 비용과 관련된 것으로 원가절감과 효율성을 중점과제로 다루고 있다.

마케팅관리는 고객만족과 고객의 충성도 제고를 위해 적합한 제품을 설계하고 적절한 가격을 결정하여 소비자가 쉽게 접근할 수 있는 유통단계를 구축하고 이를 소비자들에게 어떻게 알릴 것인가를 전략적으로 접근하는 부문 활동이다.

재무관리는 기업의 성장과 유지에 적합한 재무구조를 결정하고 자본의 투자수익을 극대화하기 위하여 자본의 조달과 투자 그리고 운용에 관한 의사결정에 필요한 전략을 수립하는 것을 의미한다. 재무전략은 기업의 재무적 가치를 극대화하려는 노력이 요구되는 것으로 사업에 소요되는 자본 조달, 조달된 자본에 대한 자본투자, 운전자본 관리 등의 기능을 수행해야 한다.

06 경영전략의 실행과 통제

전략수립은 무엇을 할 것인가를 결정하는 것이라면 전략실행은 어떻게 할 것인가를 결정하는 것이다. 성공적인 전략실행을 위해서는 구체적인 계획에 의하여 무엇을 할 것인가를 명확히 할 때 자원과 에너지를 집중할 수 있다. 전략실행은 수립된 목표와 계획을 성과로 전환시키는 것으로 조직과 조직 내의 구성원 모두가 이를 실천하기 위한 노력이 요구된다.

1. 전략 실행과 조직구조

과업을 수행하기 위해서는 필요한 활동과 이를 수행할 수 있는 인적 자원을 어떻게 최적화를 할 것인가를 생각해야 하는데 이렇게 성과를 도출하기 위해 어떤 구조를 만들어 내는 것을 조직 구조라고 한다. 조직구조는 전략의 실행을 원활히 하고, 원하는 성과에 도달하도록 돕는 경영상의 장치이다. 조직구조가 지니는 역할은 조직의 자원이 어디로 배분될 것인지를 결정하는 것이다. 즉, 조직구조는 직무와 업무 프로세스를 결정하고, 구성원들이 성과를 내도록 동기부여하고, 정보의 흐름을 결정하는 중요한 역할을 한다.

조직구조의 유형은 경영자나 구성원들이 사용하는 자원이나 전문성 분야에 따라 활동하는 기능별 조직(functional organization), 상급자의 권한·명령이 계층에 따라 하급자에게 직접 전달되는 라인별 조직(line organization), 기업이 보편적으로 채택하고 있는 것으로 기능 조직과 라인 조직이 함께 있는 라인·스탭 조직(line and staff organization), 제품별·지역별로 사업부를 확정하고 사업부 중심의 책임경영체제를 추구하는 사업부 조직(divisional organization), 특정한 과업 수행을 위해 일시적으로 구성되는 프로젝트 조직(project organization) 등이 있다.

2. 전략실행과 리더십

전략 실행에서 중요하게 고려해야 하는 것은 구성원 모두가 전략을 이해하고 열의를 가지고 일관성 있게 활동하는 것이다. 수립된 전략과 목표를 중심으로 어떻게 구성원들을 원하는 방향으로 이끌어 갈 것인가는 리더가 해야 할 역할이다. 리더들이 성과를 높이기 위해 필요한 것은 구성원과의 커뮤니케이션을 통한 전략의 이해도를 높여야 하고, 구성원들이 충분한 동기부여가 될 수 있는 조직 문화가 있어야 하며, 더 나가 이를 뒷받침 해 줄 수 있는 리더십이 발휘 되어야 한다.

3. 평가와 통제, 반전의 계기가 된다.

효과적인 통제는 목표에 따라 수행방법을 결정하고 수행결과를 평가하는데 유용하게 쓰일 수 있는 정보를 제공하는 것이다. 통제는 성과가 기대에 못 미칠 때 문제의 근원을 찾아 부정적인 효과를 제거하고, 성과가 기대 이상으로 나올 때는 성공한 이유를 찾아 조직이 새로운 것을 학습하는 긍정적인 효과가 있다. 통제는 계획수립과 밀접한 관계가 있고, 조직이 바라는 미래의 성과를 이루기 위해 통제를 통해 기대했던 성과와 실제 성과 간의 차이를 계속해서 평가하여 의도된 방향으로 조직이 나갈 수 있도록 끊임없는 수정이 필요하다.

경영전략이 성공적으로 기업에 안착되려면 리더는 현재 기업이 가지고 있는 역량은 제한적이고, 경쟁은 치열하며, 각 전략을 실행할 때 성공의 가능성을 예측하기가 어렵다는 사실을 인지해야 한다. 그러나 경영전략의 핵심적 가치는 경쟁 환경에서

그림 12-11 | 경영인이 가져야할 경영전략 사고

게임의 법칙을 바꿀 수 있는 능력
관행을 깨뜨리는 발상의 전환을 가져올 능력
속도와 상대방의 허를 찌르는 의외의 전략을 구사하는 능력

게임의 법칙을 바꿀 수 있는 능력을 갖추어야 한다. 그리고 속도와 허를 찌르는 의외의 전략을 구사하는 능력도 지녀야 한다. 더 나가 관행을 깨뜨릴 수 있는 발상의 전환이 있어야 한다. 리더는 이러한 능력을 갖추어야 성공적인 전략가 될 수 있다.

13장

변화의 중심 리더, 그 해답 혁신

01 경영혁신의 새로운 패러다임

02 리더, 선택할 수 있는 경영혁신 기법

03 변화와 저항 그리고 극복

04 성공적인 경영혁신

01 경영혁신의 새로운 패러다임

1. 환경은 리더의 변화를 요구 한다

경영환경은 기술의 발달과 시장의 변화로 새로운 전환점을 맞이하고 있다. 기술의 발달은 기업 간의 경쟁관계를 형성하였고, 시장의 변화는 소비자의 욕구를 충족시키지 않으면 기업의 존립에 영향을 주게 되었다. 따라서 기업은 변화하는 경영환경 속에서 지속 가능한 발전을 이룩하고 새로운 성장의 기회를 찾는 노력이 절대적으로 필요하게 되었다. 경영환경 변화에 대응하기 위해서는 경쟁자와의 경쟁관계를 재조명하여 경쟁의 우위요소를 찾고, 이를 중심으로 조직과 경영관리 전반에 걸쳐 불합리한 부분은 개선하고, 기업 경영에 필요한 새로운 경영기법을 도입하여야 한다.

2. 경영혁신의 의미

혁신(innovation)은 새로운 아이디어를 창출하여 실천하는 과정을 말한다. 경영혁신(management innovation)은 새로운 제품이나 서비스를 창출하고 제품과 서비스를 생산·공급하는 데 좋은 방법을 개발하는 과정으로 경영관리 전반에 보다 나은 목표를 달성하도록 하는 것을 의미한다.

현재의 경영 환경은 이익창출이 중심이었던 개념에서 벗어나 보다 포괄적인 개념인 이익의 중심에 고객이 있음을 고려하여 고객만족을 우선하는 시장 지향적인 환경으로 변화되었다. 이는 기업들이 생존을 위해 기존의 조직 구조와 문화, 경영관리 등의 조직 전반에 걸친 체질 개선을 하여 경쟁력을 갖추어야 함을 의미한다. 따라서 경영혁신은 환경변화에 적극적이고 능동적인 대처를 통하여 기업의 경쟁력 강화를 위한 전반적인 조직의 체질 개선이라고 정의할 수 있다.

그렇다면 어디서부터 경영혁신이 이루어져야 할까? 첫째, 기술의 혁신이다. 제품·서비스, 그리고 생산 공정에 새로운 기법을 도입하여 상용화함을 의미한다. 둘째, 관리의 혁신이다. 새로운 조직 구조 및 관리 방식을 도입하여 이를 실행하는 것이다. 셋째, 인적 자원의 혁신이다. 구성원의 태도와 행동양식에 새로운 변화를 가져오는 것이다.

3. 혁신을 해야 하는 이유

많은 사람들은 현대사회를 무한경쟁사회라고 한다. 기업 입장에서 보면 지속적인 성장을 해야 하는데 경쟁 환경으로 인하여 각고의 노력을 해야만 궁극적인 기업의 목적을 이룰 수 있게 되었다. 특히 산업사회 자체가 대부분의 시장이 성장기와 성숙기를 지나고 있어서 경쟁력 구축과 지속적인 성장을 위해서는 기업이 변하지 않으면 경쟁력을 상실할 수밖에 없다. 이것이 경영혁신을 해야 하는 이유이다. 따라서 경영혁신, 어떻게 해야 할까?

첫째, 기업경쟁력 확보를 위한 수단으로서의 경영혁신이다. 이는 경쟁기업과 비교하여 수익성과 생산성을 더 높일 수 있는 방안을 마련해야 하는 것으로 경쟁 기업에 비해 더 낮은 원가를 실현 해야하는 원가 우위의 요소를 찾는 것을 의미한다. 또한 제품과 서비스가 보편화되고 다수의 경쟁자가 있는 성숙기 시장에서의 경쟁 우위

그림 13-1 | 경영혁신 중심 축

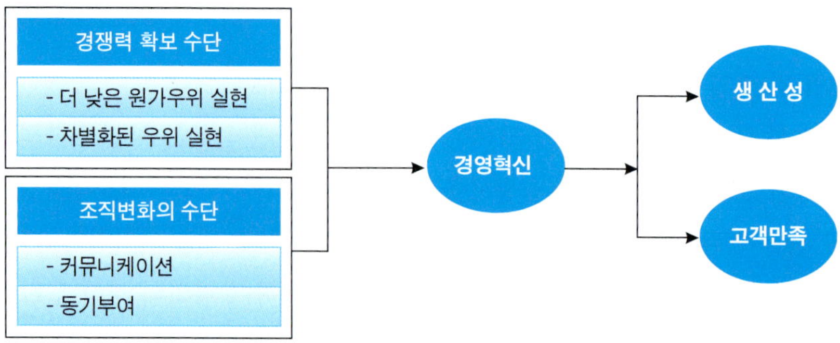

요소를 갖기 위해서는 경쟁기업 보다 더 높은 기술력과 서비스의 차별화로 우위 요소를 찾아야 한다.

둘째, 경영혁신을 추구하여 성과를 높이기 위해서는 구성원들의 적극적인 참여와 동기부여가 요구되고 이를 실현하기 위해서는 조직의 변화가 필요한데 이를 위한 수단으로서의 경영혁신이다. 비전의 공유와 설정된 목표를 위해 조직 또는 조직 내 구성원 상호 간의 절대적인 의사소통이 있어야 하고, 이러한 노력을 통해 혁신이 이루어지게 되면 기업의 성장, 구성원 개개인의 성장, 직무만족, 조직에 대한 애착과 개인과 조직과의 관계를 보다 긴밀하게 형성하는데 영향을 미치게 된다.

4. 경영혁신의 유형, 이런 것이 있다

우리는 변화를 두려워한다. 그 이유는 사회가 변화보다는 안정된 삶을 추구하기 때문이다. 또한 변화는 새로운 환경에 대한 위험과 불확실성이 존재하기 때문이다. 그러나 지금 조직 내에서는 많은 변화를 요구하고 있고, 얼마나 혁신할 수 있는가에 따라 조직의 운명이 좌우된다. 슘페터(J. A. Schumpeter)는 이러한 변화의 중심에 혁신을 두고 있으며, 그것을 창조적 파괴라고 하였다. 즉, 조직은 기존의 구조와 관습, 그리고 친숙하게 느껴지는 모든 것들을 체계적으로 폐기하는 것을 전제로 새롭게 만들어져야 한다고 하였다.

혁신적 조직이나 기업이 되기 위한 노력으로 필요한 것은 변화를 이끌 수 있는 리더가 있어야 하며 그 역할 또한 매우 중요하다. 변화는 저항이 수반되기 때문이다.

그림 13-2 | 경영혁신 유형

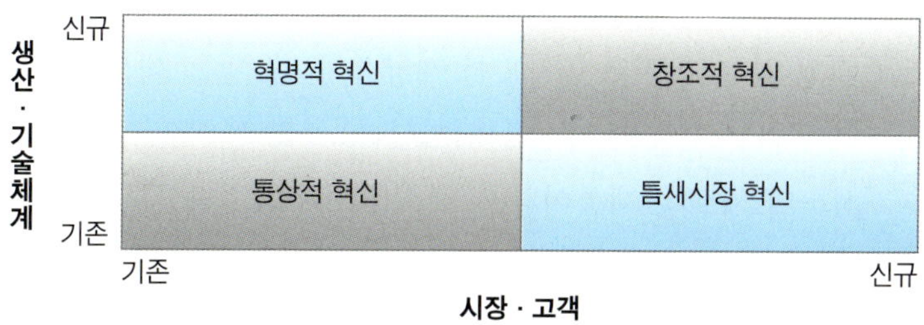

따라서 리더들은 현재의 기업 주변의 환경과 기업 내부의 역량을 분석하여 변화를 주도하여야 한다. 알버나디와 클락(Abernathy & Clark)은 혁신의 유형을 기업이 지니고 있는 생산·기술 체계와 시장·고객들과의 차이 정도에 따라 네 가지 형태로 구분하였다.

① 창조적 혁신

창조적 혁신은 완전히 새로운 기술이나 생산 체계를 도입하여 기존 체계를 파괴하고 새로운 시장과 고객에 대한 접근을 실행하는 혁신을 의미한다. 창조적 혁신의 대표적인 사례를 보면 포드의 T형 자동차 생산시스템 방식이 있다. 당시에 이동조립 생산방식의 도입과 부품이나 생산 공정의 표준화, 단순화, 전문화 및 규격화는 자동차를 대량 생산할 수 있는 조건으로 만들었고, 원가절감을 할 수 있어서 저가의 자동차 공급하였다. 결과적으로 소비의 촉진을 가져와서 자동차 시장의 새로운 전환점이 되었다.

② 통상적 혁신

통상적 혁신은 기존의 기술이나 생산 체계를 개선하여 기존 시장 및 고객과의 관계를 강화하는 방식의 혁신을 의미한다. 즉, 기존의 체계를 유지하면서 조직이 가지고 있는 경쟁의 우위를 중심으로 차별적 요소를 강화하는 활동이다. 이러한 통상적인 혁신은 조직성과를 위해 소규모의 변화와 제품 개선이나 공정 혁신 등의 특징으로 설명할 수 있다.

③ 틈새시장 혁신

틈새시장 혁신은 기존 기술이나 생산 체계의 개선과 판매조직 강화 또는 기존의 유통채널의 결합 등을 통해 충분한 가치를 제공해 줄 수 있는 세분화된 새로운 시장을 창출하거나 선점하는 방식의 혁신을 의미한다. 주로 변화의 위험 보다는 기존의 경영방식을 개선하여 새로운 제품이나 서비스를 제공하거나 시장과 소비자의 요구에 따르는 활동을 한다.

④ 혁명적 혁신

혁명적 혁신은 기존의 기술이나 생산 체계를 대체하는 창조적 파괴를 실행하여 기존 시장 및 고객과의 관계를 강화하는 방식의 혁신을 의미한다. GM의 기존 수동변속기를 대체한 오토매틱 트랜스미션의 도입이나 정보통신 분야의 진공관이 반도체를 활용하게 된 것 등과 같은 것으로 단순한 기술 응용의 단계를 벗어나 기존 산업의 경쟁 방식을 크게 변화시키는 것이다.

02 리더, 선택할 수 있는 경영혁신 기법

많은 기업들이 직면하고 있는 환경은 소비문화의 변화와 유연하면서도 첨단화를 추구하는 기술의 혁신, 소통의 중심인 통신·수송 수단의 발달 등으로 다시 해석해야 할 과제이다. 변화에 적응하고 대응하기 위해서는 그들이 직면한 문제의 상황에 맞는 경영혁신 기법을 도입하여 경쟁 우위 확보와 지속 성장을 이룰 수 있어야 한다. 경영혁신 기법은 경영관리 과정을 변화시키는 경영프로세스의 혁신 기법이 있고, 경영활동의 전반적 틀인 조직구조를 변경시키는 경영 혁신 기법이 있다.

1. 경영 프로세스 과정에서의 혁신 기법

① 변화는 불합리한 것부터, 리엔지니어링

리엔지니어링(BPR; business process reengineering)이란 직무과정을 근본적으로 재설계하는 것으로 기존 업무방식의 절차, 규칙, 순서 등의 모든 경영활동을 재편하는 것을 의미한다. 리엔지니어링의 핵심은 먼저, 경영효율을 높이기 위한 방안을 적극적으로 검토하기 위해 기업 내부의 경영정보시스템을 적극 활용하여야 한다. 둘째, 업무 재설계의 중심을 고객 만족으로 고객접점에서부터 유연한 의사결정이 이루어질 수 있도록 유연성을 제고하는 설계가 되어야 한다. 즉 리엔지니어링이란 고객

그림 13-3 | 리엔지니어링의 목표

만족과 비용절감을 실천하는 유연성 있는 조직으로 변화하는 것을 의미한다.

경영혁신 기법으로 리엔지니어링은 직무수행 과정과 방법에 관련된 방침·절차·서식·결재·회의 등의 모든 제도와 활동을 상세히 분석하여 불필요한 부분과 낭비적 요소는 제거하고, 필요한 부분은 효율화시키기 때문에 혁신의 가장 기본적 기법이다.

리엔지니어링 기법의 목표는 경영활동 과정에서 경영성과를 극대화하기 위하여 원가절감, 품질·서비스 개선 및 처리시간의 단축, 소비자 수요에 대한 신속한 대응 등을 기본적으로 재인식하고, 근본적으로 재설계하는 것이라고 할 수 있다. 기업이 리엔지니어링을 성공적으로 적용하기 위해서는 최고 경영층의 확실한 의지가 요구된다. 또한 기업 생존의 근간인 고객 가치 창조와 업무 수행과정의 간소화라는 명제가 분명해야 한다.

② 경쟁력을 위한 모방, 벤치마킹

벤치마킹이 등장하게 된 배경은 기업경쟁이 가속화되면서 동종업종의 경쟁자로부터라도 본받아야할 것은 본받아 기업이 변할 때 기업의 궁극적인 목적을 이룰 수 있다는 것에서 비롯되었다. 처음 시작은 미국의 제록스사로 경쟁업체인 일본 기업들의 경영 노하우를 파악하기 위해 직접 일본기업들을 조사하고 그 결과를 경영 전반에 활용하여 경쟁력을 회복하면서부터이다.

벤치마킹(benchmarking)이란 지속적인 개선을 이룩하고 경쟁적 이익을 도모하기 위해서 기업의 활동과 기술 그리고 관리능력을 다른 기업과 비교하여 평가·판단함으로써 개선·개발하려는 혁신 전략이다. 이는 벤치마킹 대상이 되는 우수한 기업의 제품, 서비스, 프로세스, 제도 등을 본보기로 삼아 그들의 뛰어난 경영전략을 배우면서 경영혁신을 추구하는 기법이다.

그림 13-4 | 벤치마킹의 전제 조건

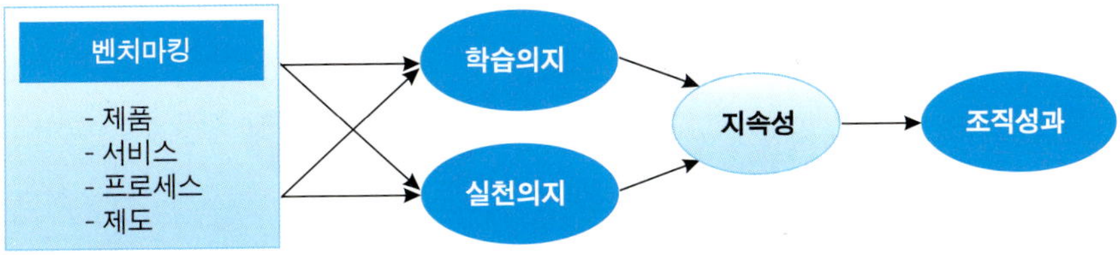

벤치마킹은 자신 기업과 비교 기업의 최고 수준과 비교하여 최고수준을 어떻게 이룩하였는지를 파악, 자사의 목표를 설정하고, 경영전략을 수립하여 구현하는 과정이다. 이 기법은 어느 분야의 어떤 기업을 대상으로 선정할 것인가와 어떤 기준으로 결과를 평가할 것인가, 그리고 적용과정을 어떻게 이끌어 낼 것인가 등을 중점적으로 살펴보아야 한다. 벤치마킹에서 가장 중요한 것은 1회성 행사에 그치는 단순한 복제·모방 수준이 아니며, 지속적인 학습과 개선을 실천해 가는 것이다.

벤치마킹의 활용범위는 기술혁신 또는 경영혁신 등의 모든 분야에서 적용이 가능하며, 벤치마킹 대상이 되는 기업이나 조직이 우수한 능력을 지니고 있기 때문에 그것이 기준이나 목표가 될 수 있다. 성공적인 벤치마킹을 위해서는 경영자의 의지와 지원, 벤치마킹 대상 기업이나 조직의 접촉 가능성, 프로세스에 관한 유능한 벤치마킹 팀 구성, 지속적인 조사와 인내력 등이 있어야 한다.

③ 과업, 책임질 때 효과가 있다. 임파워먼트!

임파워먼트(empowerment)란 리더가 개인이나 팀에게 권한·책임·재량권을 위임하는 것을 의미한다. 즉 리더가 모든 구성원에게 의사결정 권한을 부여하고, 결과에 대해 책임을 지도록 하여 품질을 개선하고 비용을 절감하도록 하는 과정이다. 리더가 구성원들과 함께 권한과 책임을 공유함으로써 조직의 목표달성 방법을 결정하도록 하고, 구성원 스스로 직무 몰입과 자기통제 의식을 갖도록 하는 것이다.

임파워먼트 효과를 높이기 위해서 리더는 구성원의 역량을 파악해야 한다. 구성원의 전문성에 맞게 지도하고 지원할 때 그들의 직무수행 능력이 향상되고, 이러한 조건에 만족한 구성원은 목표달성에 대한 직무몰입·동기부여·조직몰입을 하게 된

그림 13-5 | 임파워먼트의 효과

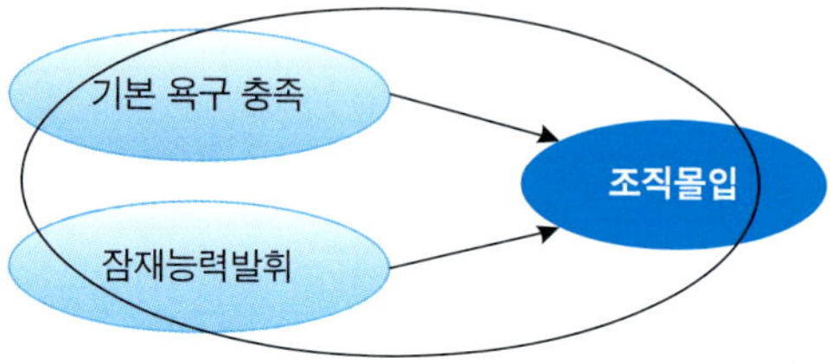

다. 따라서 임파워먼트는 인간의 기본욕구를 충족시켜주며, 구성원들이 직무에 대하여 의욕을 가지고 잠재능력을 발휘할 수 있도록 하는 강점이 있다.

2. 경영활동 틀의 혁신 기법

① 바꾸려면 과감하게, 리스트럭처링

리스트럭처링(restructuring) 또는 사업재구조화는 기업의 경쟁력 강화를 위해 전사적 차원에서 미래의 사업구조를 근본적으로 재구축하는 혁신기법이다. 이 기법의 주된 관심사는 경쟁력 제고를 위해 기존 사업을 축소 또는 철폐하고 새로운 사업 분야로 진출하는 등의 사업 구조를 재구성함으로써 변화하는 환경에 적극적으로 대처하는 경영전략이다.

리스트럭처링은 기업이 다른 기업이나 사업단위를 흡수·합병 또는 매각을 통해 사업영역을 확장해 나감으로써 사업구조를 변화시키는 사업다각화와 재무구조가 우수한 기업이 불필요한 고정자산의 매입, 자사주 확보, 타인 자본 등의 증대, 배당금 지급 등과 같은 방법으로 재무구조 내용을 재구성하여 외부에 노출 시키는 재무리스트럭처링이 있다.

② 경영의 효율화 감량경영, 다운사이징

감량경영 또는 다운사이징(downsizing)이란 조직의 효율성, 생산성 그리고 경쟁력을 개선하기 위해 조직의 인력, 비용구조, 업무 흐름 등에 변화를 주는 것으로 조직의 비용을 절감하고 효율성을 향상시키기 위해 의도적으로 조직의 직무·부문·계

그림 13-6 | 조직의 감량 경영, 다운사이징

의도적인 조작 혁신 → 조직문화, 태도, 가치관의 변화
인원 감축 수반 → 단기적이고 가시적인 효과
조직 효율성 증대 강조 → 조직과 부서 축소를 통한 조직 재설계

층·인력 등의 규모를 축소시키는 과정이다. 이 과정에서 볼 수 있는 특징은 주로 인력감축이나 조직의 재설계를 수행하게 되며, 인력 감축을 통한 인건비의 절감 효과와 조직 계층 및 부서의 축소 등과 조직의 재설계를 통한 직무의 효율성을 높이기 위해 시행된다.

다운사이징의 형태는 일반적으로 가장 널리 활용되는 방법인 인원감축을 수반하는 것으로 단기적이고 가시적인 효과 때문에 많이 활용하지만 부작용도 많은 특징을 보이고 있다. 또 다른 방법인 업무의 재설계는 업무의 수를 줄이는 것으로 조직 내에 불필요한 기능이나 계층, 부서, 작업집단 등 효과적이지 못한 것은 제거하고, 작업흐름의 재설계나 조직 단위의 통합 등을 통해서도 이룰 수 있다. 다운사이징은 인원이나 업무의 변화만을 추구하는 것이 아니라 조직 문화, 구성원의 태도, 가치관 등을 변화시키는데 초점을 둔 체계적인 접근 방법이다.

③ 이젠 모두가 하나 되기, 전사적 품질경영

1980년대 후반에 등장한 경영혁신 기법으로 경영활동 과정에서 기업 내의 여러 부서의 참여와 최고경영자의 리더십을 전제로 나타난 개념으로 전사적 품질경영이 있다. 전사적 품질경영(total quality management; TQM)이란 기업의 수익에 가장 영향을 주는 고객을 새롭게 인식하면서 나타난 것으로 고객만족을 위해서는 구성원뿐만 아니라 업무프로세스와 시스템도 고객중심으로 변화해야 하는 것을 의미한다. 이는 고객만족을 실천하기 위해 전사적인 참여를 통하여 조직의 업무프로세스와 시스템을 지속적으로 개선시키려는 통합적인 혁신기법이라고 할 수 있다.

전사적 품질경영의 핵심은 고객만족과 조직의 지속적인 성장에 있다. 전사적 품질경영을 성공적으로 이끌어 내기 위해서는 구성원 전체가 고객의 존재 이유와 고객의 의미를 알아야 하고, 고객만족을 위해 끊임없는 교육과 훈련이 되어져야 하며, 또한 고객만족 실천을 위한 조직 내의 모든 절차를 합리적이고 과학적인 방법으로 표준화하는 등의 프로세스를 개발하여 지속적으로 개선될 수 있도록 해야 한다.

전사적 품질경영의 기본 원리는 첫째, 고객에게 제공되는 품질은 고객의 기대(expectation)로부터 결정되는 것으로 고객의 기대에 부응하는 제품의 설계가 이루어져야 하고 이를 제조과정에 반영해야 한다. 둘째, 고객에게 제공되는 제품이나 서비스를 설계, 제조, 판매, 서비스 등의 통합적 프로세스로 접근해서 불량품이 나타나지 않도록 한다. 만약 문제가 발생하면 즉시 발생 근원을 찾아 해결한다. 셋째, 표준화를 통하여 바람직한 처리 방법을 계속 유지시키며 같은 문제가 재발하는 것을 방지해야 하며, 실수를 미연에 방지할 수 있도록 작업과 작업환경을 설계한다. 즉 작업자의 실수, 문제, 비정상적인 환경이 발생할 수 있는 모든 가능성에 대비할 수 있도록 사전 예방에 노력 한다.

④ 선택과 집중, 아웃소싱

아웃소싱(Outsourcing)은 단기간에 가장 많은 효과를 이룰 수 있는 경영혁신 기법으로 핵심적인 업무를 제외하고 기타 부분은 외부 전문기관에 위탁하고, 자사의 자원은 전략적으로 중요하면서 가장 경쟁력 있는 핵심역량에 집중시켜 최고의 경쟁력을 가진 기업을 구축하기 위한 경영혁신 기법이다. 아웃소싱은 빠르게 변하고, 예측이 불가능한 환경 속에서 기업 조직의 핵심적인 영역에 집중함으로써 미래에 대한 위험에 빠르게 대처할 수 있는 기업의 생존전략이다.

03 변화와 저항 그리고 극복

1. 조직 변화의 의의

리더가 가장 고민해야 하는 문제는 변화를 추구하는 과정에서 내부 조직의 변화를 이끌어 내는 것이다. 리더가 해야 할 일은 조직이나 기업의 외부 환경에 대한 이해와 조직 내부역량을 분석하여 다양한 경영혁신 기법으로 조직의 변화를 가져와야 한다. 조직 변화의 의미는 조직을 구성하고 있는 사람(people), 구조(structure), 기술(technology) 등이 변화하는 것이다.

조직 변화은 어디에서 기인할까? 먼저, 외부요인이다. 조직체가 접하고 있는 환경으로 물가상승이나 환율변동 등과 같은 경제적 요인, 생산자 간의 경쟁과 고객 욕구의 변화에 의한 시장 요인, 기업 활동에 대한 정부의 규제와 촉진에 관련된 법률 제정과 같은 정치·법률적 요인, 기술혁신의 정도, 신기술개발 등과 같은 기술적 요인, 무역환경의 변화와 같은 글로벌 환경 요인 등이 있다. 다음으로는 조직 내부요인으로 조직 내부의 새로운 목표와 관련된 변화, 기술의 변화, 구성원의 태도 및 행동 변화 같은 것도 조직변화가 일어나도록 압력을 가하는 요인이다.

2. 조직변화의 접근방법

리더는 조직의 생존과 발전을 위해서 환경에 대응하도록 계획적인 변화를 추구해야 한다. 계획적인 변화란 당면한 문제나 미래의 예상되는 필요에 부합하도록 질서있고 시의 적절하게 설계 및 집행되는 조직변화를 의미한다. 이러한 계획적 변화에 대한 접근방법은 구조적 변화, 기술적 변화, 사람의 변화 등이 있다.

그림 13-7 | 조직변화의 영역

변화영역	변화 내용	실행의 중심
구 조	복잡성 정도 변화 공식화 수준 변화 집권화 수준 변화	- 직무부서의 정돈 및 제도 수정 - 사업부문의 통폐합 - 의사결정 권한 변경
기 술	작업과정 변화 작업방법 변화 작업설비 변화	- 새로운 지식과 과학 도입 - 기술혁신의 가속화
사 람	태도의 변화 기대의 변화 지각의 변화 행동의 변화	- 사람 행동의 변화 - 조직 개발 - 인적자원의 선발, 배치, 훈련, 개발 등

① 구조적 변화

구조적 변화(structural change)는 조직의 효율성을 높이고 조직 목표를 달성하기 위해서 조직 설계, 권한 할당, 공식화 정도 등을 다시 결정하는 것으로서, 조직이 환경변화에 대응하기 위해서 직무부서를 다시 정돈하고, 사업부문을 통폐합하며, 의사결정 권한을 변경하고, 관리규정이나 제도를 고치는 것을 의미한다.

② 기술적 변화

기술적 변화(technological change)는 새로운 지식과 과학의 발달을 통하여 기술혁신을 가속화시키고 조직은 새로운 기술을 도입함으로써 조직변화를 이루게 된다.

③ 사람의 변화

사람의 변화(changing people)는 조직의 인적 자원의 변화를 통하여 조직변화를 도모하려는 것으로, 사람들의 기술, 태도, 지각 그리고 기대에 초점을 맞추어 그들의 행동변화에 직접적으로 영향을 주려고 한다. 이러한 변화를 위해서 통상적으로 조직 개발, 인적자원의 선발과 배치, 훈련과 개발 등의 접근 방법이 있다.

3. 조직 변화의 저항과 극복

① 이런 것이 조직변화의 저항요인이다.

조직은 변화를 추구하면서도 안정을 희망한다. 환경의 변화를 느끼면서도 쉽게 그 변화에 다가가지 못한다. 그것은 기존의 과업이나 관계에 익숙해져 있어서 새로운 것을 시도할 때 따르는 위험이나 불확실성에 대한 두려움과 혁신을 추구하는 조직에 대해 저항이라는 테스트 과정을 거쳐 부적절한 변화시도에 대하여 걸러내는 순기능의 역할도 한다. 저항은 여러 가지 원인으로 찾아 볼 수 있다. 로렌스(P. R. Lawrence)는 다음과 같이 변화 저항요인을 들고 있다.

첫째, 변화의 원인과 결과에 대한 불확실성이다. 조직 구성원은 변화로 인해 그들의 일과 생활이 어떻게 영향을 받을지에 관한 불안한 마음에서 변화에 저항하게 된다. 둘째, 기존의 이점을 포기하지 않으려는 태도이다. 변화의 결과가 조직구성원 모두에게 이득을 주어야 하겠지만, 구성원 가운데는 득보다 실을 더 감수해야 할 경우가 발생할 수도 있다. 셋째, 추구 변화에 내재하는 관점의 차이이다. 조직구성원들은 때때로 등한시했던 변화에 대한 문제들을 인지함으로써 변화에 저항하기도 한다.

② 변화에 대한 저항, 극복할 수 있다.

조직변화를 효과적으로 추진하는 방법은 변화에 대한 저항세력을 감소시키거나 제거하는 것이다. 경영자가 저항을 극복하는 방법을 코터와 슬레진저(J. P. Kotter and L. A. Schlesinger)는 다음과 같이 제시하고 있다.

첫째, 교육과 커뮤니케이션이다. 변화의 필요성과 논리성을 초기에 설명할수록 변화작업이 보다 원만히 이루어진다. 둘째, 참여와 개입이다. 변화에 대한 저항은 관련된 개인들을 변화설계에 참여시킴으로써 감소 내지 제거시킬 수 있다.

그림 13-8 | 변화의 저항 요인

셋째, 촉진 및 지원이다. 변화과정에 관련된 사람들을 지원하는 것도 저항을 극복하기 위한 한 가지의 방법이다. 넷째, 협상 및 동의이다. 변화에 저항할 것으로 예상되는 사람들과 서로 협상하거나 변경으로 영향을 받게 될 부서의 이해를 구하도록 한다. 다섯째, 조종 및 흡수이다. 경영자가 개인이나 집단을 저항으로부터 멀리하도록 조종하거나 변화에 관련된 주요 개인들을 변화과정에서 중요한 역할을 담당하도록 함으로써 변화를 원활히 진행시킬 수도 있다. 여섯째, 압력이다. 경영자는 변화에 따르지 않는 사람에 대하여 실직이나 전출을 강행한다는 등 공공연한 압력을 가함으로써 변화프로그램을 추진할 수도 있다.

③ 조직 변화, 이런 단계를 거친다.

변화가 어려운 것은 이미 가지고 있는 기득권을 포기해야하기 때문이다. 기존의 업무에서, 조직에서, 일하는 방식에서 등과 같이 조정되고 통폐합됨으로 해서 그동안 자신에게 있었던 권한과 책임의 영역이 재조정된다는 것이다. 또한 기존의 조직문화와 조직구조에서도 이기주의가 형성되었기 때문이다. 그러나 조직이 변화를 두려워하게 되면 도태될 수 있다는 명제가 분명하다면 이를 슬기롭게 풀어 나가야할 이유가 충분하다고 할 수 있다.

조직의 변화는 주로 3가지 단계를 중심으로 일어난다. 새로운 변화에 대한 기대를 가져오는 시기의 해빙단계, 변화를 수용하고 내면화하는 변화단계, 새롭게 변화된

그림 13-9 | 변화의 단계

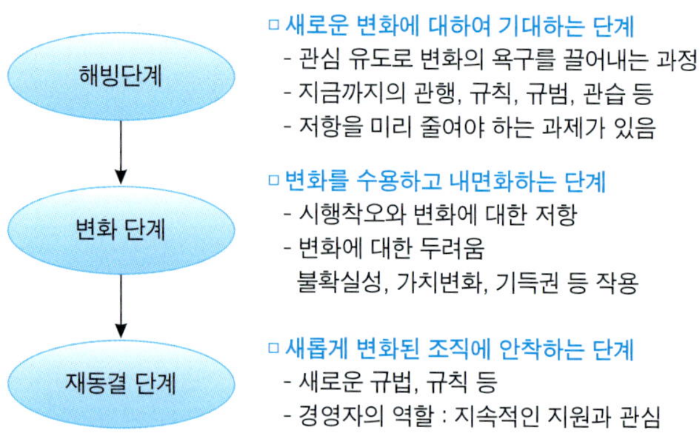

조직의 시스템이나 행동들이 안착하는 재동결단계 등으로 볼 수 있다.

해빙단계는 지금까지 지켜져 왔던 관행, 규칙, 규범, 관습 등에 대하여 의문을 제기하는 단계로 아직은 변화에 대한 저항이나 변화에 대한 필요성을 느끼지 못하는 조직 구성원들에게 관심을 유도하면서 변화의 욕구를 끌어내는 과정이다. 이 시기는 다가올 변화에 대한 저항을 미리 줄여야 하는 숙제가 있다.

변화단계에서 크게 나타나는 특징은 시행착오와 변화에 대한 저항이 있을 수 있다. 특히 변화에 대한 두려움인 불확실성, 가치변화, 기득권 등이 작용하여 어려워질 수 있다. 그러나 미래에 대한 확실한 비전 제시와 구체적인 청사진이 제시된다면 저항을 충분하게 줄일 수 있다.

재동결단계는 변화를 추구한 결과 새롭게 변화된 시스템과 행동 등이 정착되는 단계로서 새로운 규범, 규칙 등이 만들어진다. 이 때의 리더는 꾸준한 지원과 관심을 가지고 긍정적인 효과가 나타날 수 있도록 지속적인 관리가 요구된다.

04 성공적인 경영혁신

1. 경영혁신의 성공요인

기업문화가 보수적인 구조를 가지고 있으면 어떤 변화와 혁신을 이루기는 많은 어려움이 따른다. 즉, 구성원들의 타성이 변화를 시도할 때 저항으로 나타날 수 있다. 변화가 요구되는 환경에서 이를 따라가지 못한다면 생산성은 물론이요 조직 전체의 효율성과 효과성을 기대하기는 어렵게 된다.

따라서 기업 내의 경영혁신을 유발하고 촉진시킬 수 있는 방안을 적극적으로 도입해야만 한다. 경영혁신의 성공을 위해서는 조직구조를 유연하게 하여야 하며, 조직 자체가 자율적인 분위기를 조성하게 하여 개방적 사고를 가질 수 있게 기업들은 조직관리를 해야할 필요가 있다.

그림 13-10 | 경영혁신의 성공 조건

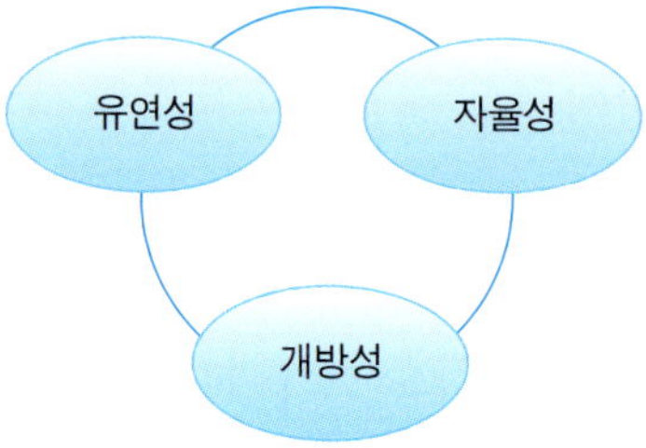

성공적인 경영혁신을 이끌어 낼 수 있는 요인들을 살펴보면 첫째, 기업의 사업 전략과 능력에 적합하고 구성원들이 공유할 수 있는 경영혁신 목표를 수립하고 이를 실행할 수 있는 확실한 의지의 경영자 리더십이 필요하다.

둘째, 추진하는 경영혁신 기법에 관한 구성원들의 충분한 의사소통이 있어야 하고, 경영혁신 기법이 요구하는 실행절차와 방법 및 원칙을 적용해야 한다.

셋째, 경영혁신에 저항하는 세력에 대해서는 설득과 이해로서 동참하여 협력하도록 유도해야한다.

넷째, 조직 구성원들에 대한 지속적인 교육과 훈련이 필요로 한다.

2. 효과적인 경영혁신 추진 방안

경영혁신을 성공적으로 추진하기 위해서는 기업이 당면하고 있는 상황을 정확하게 분석하고 이에 적합한 혁신기법을 선정하여 추진방법과 절차에 대한 결정이 이루어져야 한다. 효과적인 혁신방안은 다음과 같이 볼 수 있다.

첫째, 경쟁자보다 비교우위를 지속화하기 위한 차별적인 경영혁신 목표를 수립해야 한다. 둘째, 경영혁신 성과는 중·장기적인 성과에 중점을 두어야 한다. 셋째, 경영혁신은 모든 조직구성원이 혁신의 주체가 되어야 한다. 그리고 전사적인 참여의 바탕에서 분권화와 자율화의 원칙을 지향해야 한다. 넷째, 경영혁신은 치밀한 계획과 체계적인 추진 활동이 필요하다. 일시적인 유행성 기법들보다는 기업의 특성과 해결해야 할 문제를 고려하여 이론과 실제 응용에서 효과성이 충분히 검증된 기법을 도입해야 하며, 혁신 프로젝트의 세부적인 계획, 구조 및 프로세스의 혁신과제, 조직문화 등의 체계적인 추진계획이 마련되어야 한다.

우리는 다양한 기법과 방법으로 경쟁 우위를 가져갈 수 있는 혁신 방안을 고려해 보았다. 그러나 모든 과정에서 성공을 이루기 위해서는 가장 먼저 해야할 일은 경영자의 확고한 의지가 있어야 한다. 또한 명확한 비전을 제시하고 이를 실행했을 때 미래에 돌아올 혜익에 대한 충분한 설명이 있어야 한다. 이러한 변화와 노력이 있을 때 경영혁신은 성공할 수 있다.

Leadership

참고문헌

- 강정애 외, 「리더십론」, 시그마프레스, 2011.
- 강정애 외, 「조직행동론」, 시그마프레스, 2009.
- 권구혁 외 공역 , 「경영학 이해」, 생능출판사, 2010.
- 권기성, 「Group Dynamics」, 레마성서연구원, 2000.
- 권기성 · 허철선 · 한인규, 「리더십」, 형설출판사, 2012.
- 김기평 · 윤명길, 「리더십의 이해」, 두남출판사, 2014.
- 김태기, 분쟁과 협상, 경문사, 2007.
- 김남현, 「리더십」, 경문사, 2008.
- 김영재 · 김재구 · 이종영, 「조직행동론」, 무역경영사, 2010.
- 김재명, 「경영학 원론」, 박영사, 2009.
- 김종재, 「지식사회의 인간관계」, 박영사, 2009.
- 김준호, 「고객만족경영」, 무역경영사, 2007.
- 동아일보 경제부, 「한국 대기업의 리더들」, 김영사, 2002.
- 무굴판댜 · 로비셀 저/신문영 역, 「세상을 변화시킨 리더들의 힘」, 럭스미디어, 2006.
- 민경호, 「리더십 이론과 개발」, 무역경영사, 2010.
- 박유진, 「현대사회의 조직과 리더십」, 양서각, 2009.
- 시드니 핑켈스타인 저/하정필역, 「실패에서 배우는 성공의 법칙」, 황금가지, 2009.
- 신유근, 「경영학원론」, 다산출판사, 2009.
- 신철우, 「경영학원론」, 삼영사, 2006.
- 스티븐 코비 저/김경섭 역, 「성공한 사람들의 7가지 습관」, 김영사, 2003.

- 양동원 · 이택호 · 허철선, 「리더십의 이해」, 코아비즈, 2014.
- 유광우 · 허철선, 「경영학 입문」, 사람과 경영, 2016.
- 유영대, 「선순환 리더십」, 박영사, 2007.
- 이상석 · 고인곤, 「기업가 정신과 창업」, 학현사, 2006.
- 이상호, 「조직과 리더십」, 북넷, 2013.
- 이장우, 「미래경영, 미래CEO」, 한국능률협회, 2000.
- 이장우 · 장수덕 · 이병열, 「창조경제에서의 기업가정신과 창업」, 법문사, 2014.
- 임창희, 「경영학 원론」, 학현사, 2011.
- 정기만 · 장영광, 「생활속의 경영학」, 신영사, 2007.
- 정우일, 「리더와 리더십」, 박영사, 2006.
- 정우일 · 박선경 · 양승범, 「리더와 리더십」, 박영사, 2010.
- 존 맥스웰 저/홍성화 역, 「리더십 불변의 법칙」, 비즈니스 북스, 2010.
- 중앙공무원교육원, 「변화와 혁신을 선도하는 리더들」, 중앙공무원교육원, 2005.
- 지호준 · 이재범, 「21세기 경영학」, 집현재, 2013.
- 최혁준, 「창조적 자본주의」, 도서출판 이안에, 2010.
- 최훈 · 조극훈 · 전석환, 「현대사회와 직업윤리」, 강원대학교 출판부, 2014.
- 피터 드럭커 저/이재규 역, 미래경영, 청림출판, 2002.
- 한국경제신문, 「21세기 21가지 대예측」, 은행나무, 1999.
- 한국노동연구원, 「21세기형 인적자원관리」, 명경사, 2000.
- 동아일보 경제부(2002), 「한국 대기업의 리더들」, 김영사.
- 한덕웅 외, 「사회심리학」, 학지사, 2008.
- 홍성열, 「사회 심리학」, 시그마프레스, 2008.
- 박지원, "인재가 떠나는 5가지 이유", LG경제연구원, 주간경제 787호, 2004.

- A. D. Szilagyi & M. J. Wallace(1983), "*Organizational Behavior and Performance*", Scott Foreman Co., P.523.
- A. D. Szilagyi, Jr. and M. J. Wallace, Jr.(1987), *Organizational Behavior and Performance*, 4th ed., Glenview and Company.
- A. Etzioni(1961), *A Comparative Analysis of Complex Organizations*, New York: Free

Press.

- A. Etzioni(1964), *Modern Organizations* (Englewood Cliffs New Jersey: Prentice-Hall).
- A. H. Maslow(1943), "A Theory of Human Motivation," *Psychological Review*, July, pp. 370-396.
- A. H. Maslow(1953), *Motivation and Personality*, New York, Harper & Row.
- A. J. Laub(1999), *Assessing the servant organization: Development of the servant organizational leadership assessment(SOLA) instrument*, Unpublished doctoral dissertation, Florida Atlantic University.
- B. J. Sims(1997), "*Servanthood : Leadership for the group effectiveness*", The Wharton School, University of Pennsylvania.
- B. M. Bass(1985), *Leadership and Performance beyond Expectation*, New York: Free Press.
- B. M. Bass(1990), *Bass & Stogdill's Handbook of leadership: Theory, Research, and Management Application(3rd ed.)*, NY: The Free Press.
- B. M. Bass(1990), From transactional to transformational leadership, Learning to share the vision, Organizational Dynamics, 18(3), pp. 19-36.
- C. A. Smith, D. W. Organ & J. P. Near(1983), Organizational citizenship behavior: Its nature and antecedent,*Journal of Applied Psychology*, 68(4), pp. 653-666.
- C. I. Barnard(1983), *Functions of the Executive Cambridge*, MA: Harvard University Press.
- D. C. McClelland(1973), Testing for competence rather than for intelligence, *American Psychologist*, 28, pp. 1-24.
- D. C. McClelland(1985), *Human Motivation*, Scott Freshman.
- D. Katz & R. I. Kahn(1978), *The Social Psychology of Organization*, 2nd ed. New York: John Wiley.
- D. McGregor(1960), *The Human Side of Enterprise*, McGraw-Hill.
- D. P. Goleman(1995), Emotional intelligence, Imagination, Cognition, and Personality, 9, pp. 185-211.
- D. P. Goleman(1995), *Emotional Intelligence, Why It Can Matter More Than IQ for*

Development, Paper presented at *the International Institute for Human Factor Development Conference* held from July 17–18 in Harare, Zimbabwe.

- S. Chaiken(1980), Heuristic versus systematic information processing and the use of source versus message cues in persuasion, *Journal of Personality and Social Psychology*, 39, pp. 752–766.
- S. Kirkpatrick & E. Locke(1991), 'Leadership: Do Traits Matter?' *Academy of Management Executive*, Vol. 5, No 2, pp. 48–60.
- S. P. Robbins(1998), *Organizational Behavior*, 8th ed., NJ: Prentice–Hall.
- V. H. Vroom(1964), *Work and Motivation*, New York: John Wiley & Sons, Inc.

저자약력

허철선

- 가톨릭관동대학교 경영학과 초빙교수
- 강원대학교 교양학부 강사
- 강릉원주대학교 경영학과 강사

이택호

- 가톨릭대학교 글로벌융합대학원 경영학과 교수
- 사단법인 한국경영문화연구원 원장
- 한국산업경제학회 상임이사
- 한국국제회계학회 이사
- 소상공인시장진흥공단 상인대학 교수

박정우

- 신한대학교 글로벌통상경영학과 교수
- (사) 글로벌경영학회 상임이사
- (사) 한국인사관리학회 이사
- (사) 한국관광레져학회 이사
- 경기도 동두천시 기획재정 심의위원
- 중기청 소상공인협동조합 자문위원

소통과 긍정의 리더십

2017년 3월 1일 1쇄 인쇄
2017년 3월 5일 1쇄 발행

저 자 허 철 선·이 택 호·박 정 우
발행인 조 승 옥
발행처 도서출판 사람과경영

주 소 경기도 고양시 일산서구 대화1로 70, 706-201
등 록 2010년 6월 7일 / 제 2010-000069호
전 화 (070) 4255-1095
팩 스 (031) 922-1095
ISBN 978-89-98581-30-5

정가 18,000원 *인지는 저자와 협의하에 안붙입니다.